本书系国家社会科学基金教育学青年课题
"西部乡村教师激励机制优化与政策供给的实证研究"
(课题批准号：CHA170262)阶段性成果
陕西师范大学优秀著作出版基金资助出版

农村教师
社会地位研究

周兆海◎著

中国社会科学出版社

图书在版编目（CIP）数据

农村教师社会地位研究／周兆海著 . —北京：中国社会科学出版社，
2021. 10

ISBN 978 – 7 – 5203 – 9101 – 6

Ⅰ.①农…　Ⅱ.①周…　Ⅲ.①农村—教师—社会地位—研究—中国
Ⅳ.①G451. 4

中国版本图书馆 CIP 数据核字（2021）第 184172 号

出 版 人	赵剑英	
责任编辑	张　林	
特约编辑	肖春华	
责任校对	李　莉	
责任印制	戴　宽	

出　　版	中国社会科学出版社	
社　　址	北京鼓楼西大街甲 158 号	
邮　　编	100720	
网　　址	http://www.csspw.cn	
发 行 部	010 – 84083685	
门 市 部	010 – 84029450	
经　　销	新华书店及其他书店	

印刷装订	三河弘翰印务有限公司	
版　　次	2021 年 10 月第 1 版	
印　　次	2021 年 10 月第 1 次印刷	

开　　本	710 × 1000　1/16	
印　　张	18	
插　　页	2	
字　　数	296 千字	
定　　价	99.00 元	

凡购买中国社会科学出版社图书,如有质量问题请与本社营销中心联系调换
电话:010 – 84083683

序　言

　　农村教师社会地位问题是农村教师队伍建设中各类问题的集中反映。提升农村教师社会地位不仅有益于改善农村教师职业群体的社会发展境况，而且有助于以此为突破口带动农村教育的总体性发展。长期以来，社会各界深刻认识到农村教师社会地位不高的事实及其问题，也通过多种途径提升他们的社会地位。尤其是近年来，党和政府把教师定义为具有战略意义的"第一资源"，同时高度关注农村教师的社会地位问题，并以农村教师队伍建设为施策方向来提升农村教育发展质量，颁布实施了系列倾斜性政策以推动农村教师在薪酬、职称、编制和荣誉等方面的问题解决。然而，在强有力且有针对性的政策支持下，农村教师的获得感和社会地位虽有改观，但相应问题仍未得到根本性解决，教师社会地位提升的自我感知依然有限。针对这些问题，教育学界亦是基于不同的学科视角、理论基础、研究方法和资料占有等给出了不同的学理阐释和理论判断。这一方面表明农村教师社会地位问题作为学术聚焦点和重难点之一，学界期以探寻该问题的本质与解决之道，以为后续的学术研究和政策设计提供理论借鉴，另一方面说明此问题的解决在理论和政策层面均具有一定难度，需要各方持续努力以揭示该问题的复杂面相和政策着力点。

　　众所周知，对某个职业社会地位的研究必须将其放置于社会系统中加以比较性分析。相对而言，农村教师社会地位研究则有着三大难点：一是社会地位的分析维度、参照系和判断标准的选择与确定；二是理论基础的适切性，抑或是农村教师社会地位的特殊性问题，即在避免陷入到薪酬待遇的一般性讨论的同时兼顾到尊师重教文化和城乡社会结构对农村教师社会地位的影响分析；三是对策建议的针对性和有效性，力求把社会地位相对宽泛的学术概念和学理研究转化为精细化可操作的政策。《农村教师社会地位研究》一书作为专门研究农村教师社会地位的著作，在既有研究的基础上，试图在理论基础、历史审视和未来判断上贡献自己的学术努力。首先，作者对社会地位理论和农村教师社会地位研究做了学术史考察，从而建构起了以稀缺性知识、礼制规约和城乡社会等级结构为核心的理论解释框架；其次，作者以建构的理论基础为衡量尺度，结合宏大叙事与细节深描，对农村教师社会地位变迁做了历史审视，探析了农村教师社会地位在总体性社会系统和农村社会系统中的升降之因；最后，作者基于理论和历史分析，回归到问题本身，从问题的实际背景出发，提出了未来提升农村教师社会地位在劳动力市场竞争、政策制度安排和师道文化支撑等方面的着力方向。总体上，该书虽然有些论述和观点有待进一步论证和验证，但对农村教师社会地位研究的核心议题和重难点做了积极的理论回应，并给出了富有启示意义的学理判断。通读下来，该书饱含着对农村教师和农村教育发展的关怀之情，具有融合各方观点、突破既有理论框架的学术勇气，也持有一颗学术立论和助力农村教师社会地位提升的热忱之心。

　　该书作者周兆海博士是我的博士生，博士毕业后他精心修改博士学位论文。而今即将出版他学术生涯的第一本学术著作，籍此机会向学界新锐表示诚挚祝贺的同时，也真心为他的学术成长而感到由衷地高兴。一方面，论文成书代表着他自本科以来对农村教师社会地位问题的阶段性认识成果，这是青年学者长年累月工作后的收获季节；另一方面，成书出版意味着需要接受教育学界和读者朋友的更高要求与标准的检视，这对青年学者来说既是挑战也是荣誉。作为他的硕士生和博士生导师，我知道做这个问题是不容易的。因为，一是相关研究已经较多了，而且核心概念较为抽象，可能的学术创新空间极其有限；二是需要开展跨学科研究，对研究者的理论素养和问题把握能力均是挑战；三是本研究的核心问题是什么，还需深度追问与沉思。尽管面对诸多困境，兆海还是坚持下来了，在此过程中不断征询师友意见和广泛收集各类资料，陆续明确核心问题和搭建起研究框架，在一定程度上写出了理论高度、历史厚度和实践温度。我希望他能以此书的出版作为新的学术起点，持续深化对农村教师队伍建设问题的研究，在夯实原点理论问题的基础上，扎根中国大地和农村教育田野沃土，拓展基于一手资料与数据的实证研究，以丰富自身的研究范式和学术视阈，继续为农村教师队伍建设的理论研究与实践改进贡献力量。

　　是以为序！

邬志辉

东北师范大学中国农村教育发展研究院

2021 年 6 月 30 日

前　言

这是一个教师的时代，也是一个属于农村教师的时代。在教师被定义为"第一资源"的时代背景下，社会各界越来越关注与重视农村教师队伍建设，并渐次增强对农村教师的政策支持。在 21 世纪伊始的 2003 年，国务院首次召开全国农村教育工作会议，旨在从教育发展的战略高度认识到教师队伍建设的重要性，并颁布了《国务院关于进一步加强农村教育工作的决定》（国发〔2003〕19 号），其中指出"加快推进农村中小学人事制度改革，大力提高教师队伍素质"。此后，《国家中长期教育改革和发展规划纲要（2010—2020 年）》、《国务院关于加强教师队伍建设的意见》（国发〔2012〕41 号）、《教育部、中央编办、国家发展改革委、财政部、人力资源和社会保障部关于大力推进农村义务教育教师队伍建设的意见》（教师〔2012〕9 号）、《教育部、财政部印发关于落实2013 年中央 1 号文件要求对在连片特困地区工作的乡村教师给予生活补助的通知》（教财函〔2013〕106 号）、《国务院办公厅关于印发乡村教师支持计划（2015—2020 年）的通知》（国办发〔2015〕43 号）和《中共中央、国务院关于全面深化新时代教师队伍建设改革的意见》（中发〔2018〕4 号），均在政策制度层面明确了对乡村教师加强政策供给的方向，着力提升农村教师的薪酬待遇、专业水平与社会地位，旨在复归农村教师的道德荣光。

事实上，现有不断加持的政策支持已在较大程度上改善了农村教师的薪酬待遇与工作环境，但与根本性解决农村教师队伍发展困局相比仍存在较大差距，尤其是作为高度集中反映其职业发展状态的社会地位，似乎在总体性社会高速向前发展的过程中提升空间略显"有限"，甚至被"压缩"。而此问题的解决关系农村教师队伍建设的发展走向。针对此况，学界或借用社会学理论解释框架，或通过实证调研的数据分析，或基于中外经验开展比较分析等多种途径已给出诸多解释，相关研究成果较为翔实，这也为本书的顺利推进提供了巨大的学术支持。然而，现有研究多数聚焦于农村教师作为一般职业层面的经济、权力和声望等方面的探讨，但未针对性地回应农村教师作为一般教师，以及作为"农村"教师的职业属性问题。为此，本书的学术努力之一，即把关于农村教师社会地位的研究放置在"教师职业属性"与"农村社会属性"的学术框架下展开探讨，试图为农村教师社会地位形成逻辑与未来走向作出更为精准的解答。

鉴此，在既有社会地位相关学术理论与（农村）教师社会地位相关学术研究的基础上，本书建构了理论解释框架。首先，社会地位是指群体（个体）在等级社会结构中的位置。群体（个体）的社会地位是以其社会特质参与社会运行与竞争过程中获得稀缺性资源和社会规约体系认可的结果。其次，不同的社会形态、社会地位形成所具备的稀缺性资源和规约体系认可有所不同，这决定于社会系统中生存性资源和道德性资源的平衡情况。当生存性资源与道德性资源处于紧张时，侧重于占有稀缺性资源；当生存性资源与道德性资源处于平衡时，侧重于获得规约体系认可。最后，与此对应，农村教师社会地位的形成受三大因素影响：一是稀缺性知识是决定性因素；二是礼制规约是约束性条件；三是城乡社会等级结构属于空间性限制。

而本书的学术考察发现，农村教师社会地位总体经历了从道德去魅化到地位边缘化的变迁。传统社会的生存性资源总体趋于平衡，社会亦即追求道德性资源的扩展，随即建构起以"长者""师者"为核心的社会伦理等级结构和一套完善且缜密的社会规约体系——文教道统。作为"长者""师者"具体践行者的农村教师则被赋予道德性符号。然而，受王朝更替和近现代革命运动的影响，传统"长者""师者"阶层群体和意识形态被打倒，替之以权力和利益为主的主导思想。因而，农村教师逐步失却了来自社会结构和文教道统的道德性支持和道德权威，转而依附于权力和利益支配系统。而在生存性资源紧张而道德性资源式微的当代，农村教师社会地位由其占有生存性资源的情况决定。但受知识稀缺性弱化、城乡社会与教育等级关系强化的三重因素影响，农村教师在生存性资源的占有和支配过程中处于明显弱势，以致地位的下沉有因而上升乏力。

因此，在城乡社会等级结构既存的情况下，农村教师社会地位的提升有赖于实现知识的相对稀缺性、社会提供竞争性的薪酬待遇以及尊师的社会道德使命化。然而，考虑到远离知识中心、知识网络化、城乡社会与教育极化发展、生存性资源持续紧张、社会分配重竞争性而轻公益性以及社会个体化过度等社会实际情况，农村教师在未来较长时间段难以实现知识相对稀缺性、获得竞争性薪酬待遇和赢得道德尊重。为进一步提升农村教师社会地位，仍需在总体性社会职业评价体系与尊师重教，以及农村教师专业性教学能力和薪酬待遇等方面持续发力。

目　　录

第一部分　农村教师社会地位的理论审视

第二部分　农村教师社会地位的历史变迁

第 一 章

绪　　论

真正绵延至今而且时时影响着今天的生活的，在我看来至少还有两种东西：一是几千年来不断增长的知识和技术，前人的智慧和辛苦积攒了许多生活的知识和技术，使后人得以现成享用，也使后来的人们可以把前人的终点当起点；二是几千年来反复思索的问题以及由此形成的观念，多少代人苦苦追寻的宇宙和人生的意义，多少代人费尽心思寻找的有关宇宙、社会、人生问题的观念和方法，影响今天的思路，使今天的人依然常常沿着这些思路思索这些难解的问题。

——葛兆光《中国思想史·导论》①

一　研究缘起

（一）农村教师理应有较高的社会地位但实际却日渐边缘

传统中国农村是一个礼制文教社会。《国语·晋语》中"民生于三，事之如一，父生之，师教之，君食之。非父不生，非食不长，非教不知，生之族也，故一事之"所指的"天地君亲师"即是礼制社会的核心价值观。其中，"天地"代表神权系统，"君"代表政权系统，"亲"代表族权系统，神权、政权、族权构成我国传统农村社会的权力支配系统。农村教师尽管在这个权力支配系统中没有明确定位，但是"天地""君""亲"都可担任"师"角色，履行教化职责，农村教师则是依托于这种教

---

① 葛兆光：《中国思想史·导论》，复旦大学出版社 2001 年版，第 2 页。

化名望，共享农村社会中存在的"族权"和"神权"，享有较高的社会地位。虽近代以降，历次革命和社会运动瓦解了我国传统的社会结构，从而使得传统的礼制文教失去了社会支撑，但新中国成立之后社会新秩序仍然在理念上尊重教师，也遵循传统，把教师赋予道德性符号——教师是阳光下最光辉的职业，尊师重教等——被普遍宣传。从文化传统和社会舆论上讲，农村教师社会地位理应较高，或者至少不是当前状况。①

此外，农村教师群体的受教育水平普遍较高，尤其是近些年，农村教师学历以大专和本科为主，且受过专门职业化训练，比之农村社会乃至全社会的受教育水平、人文素养都高。在注重学历的当下，农村教师社会地位理应较高。再之，农村教师经济生活水平窘迫，此非个人能力低下和慵懒所致，乃是现有工资制度造成。农村教师虽受经济困扰，但仍从教于农村，培养农村子弟，造福万家百姓，促进社会整体性发展。因此，从道义上讲，农村教师理应受到农村社会和全社会的普遍尊重。然而，实践表明，农村教师在社会结构中的位置日渐边缘。

（二）提升农村教师社会地位的政策诸多但问题仍未得到有效解决

改革开放是我国现代社会发展史的分水岭。在这之前是新民主主义革命取得胜利后逐步开展社会改造和探索社会发展道路的时期，在这之后是国家社会发展秩序恢复，开始实现社会主义现代化的时期。改革开放以来，教育秩序得到恢复，教育功能得以发挥。相应地，教师的社会地位问题得社会各界的关注，党和政府也陆续颁布实施诸多惠及教师的重大政策。尤其进入 21 世纪以来，农村社会和农村教育问题进入党和政府决策议题的中心，相关农村教师政策更有针对性和力度，意在提高农村教师的社会地位。

1978 年 4 月，邓小平在《全国教育工作会议上的讲话》指出："要提高人民教师的政治地位和社会地位。不仅学生要尊重教师，整个社会都应该尊重教师。" 1985 年 5 月颁布的《中共中央关于教育体制改革的决定》提出："要采取特定的措施提高中小学教师和幼儿教师的社会地位和

---

① 当然也有学者认为，农村教师社会地位偏低是社会发展的必然，是社会分工细化的结果。他们反问，（当今）农村教师凭什么要拥有较高的社会地位呢？

生活待遇。"1993 年 2 月颁布的《中国教育改革和发展纲要》提出:"振兴教育的希望在教师……要下决心采取重大政策和措施,提高教师地位……努力使教师成为最受人尊敬的职业。"1993 年颁布 1994 年实施的《中华人民共和国教师法》第四条提出:"各级人民政府应当采取措施……提高教师的社会地位。全社会都应当尊重教师。"1995 年颁布实施的《中华人民共和国教育法》第三十三条提出:"国家保护教师的合法权益,改善教师的工作条件和生活条件,提高教师的社会地位。"2006 年修订后的《中华人民共和国义务教育法》第三十一条更具体地指出:"各级人民政府保障教师工资福利和社会保险待遇……教师的平均工资水平应当不低于当地公务员的平均工资水平。"1999 年颁布的《中共中央国务院关于深化教育改革全面推进素质教育的决定》提出:"继续关心和改善教师的工作条件和生活待遇。"2001 年颁布的《国务院关于基础教育改革与发展的决定》提出:"确保农村中小学教师工资发放是地方各级人民政府的责任……"明确了从中央、省级、县级到乡镇的四级政府职责。2010 年颁布的《国家中长期教育改革和发展规划纲要(2010—2020 年)》提出:"保障教师地位,维护教师权益,提高教师待遇,使教师成为受人尊重的职业。"2013 年颁布的《教育部、财政部关于落实 2013 年中央 1 号文件要求对在连片特困地区工作的乡村教师给予生活补助的通知》提出:"地方自主实施,中央财政奖补",落实乡村教师生活补助。2015 年颁布的《乡村教师支持计划(2015—2020 年)》提出:"要把乡村教师队伍建设摆在优先发展的战略位置,多措并举,定向施策,精准发力……提高乡村教师生活待遇。"

改革开放 40 多年,提高农村教师社会地位的政策越积越多,但实际状况并未发生实质性改变。乡村教师的边缘化、[1] 乡村教师社会功能的弱化、[2] 农村教师是"体制内弱者"地位[3]等命题均揭示着农村教师社会地位偏低的事实。作为研究者,试问:若上述政策得到了贯彻实施,为何

---

① 张玉林:《关于当代中国乡村教师的边缘化问题》,《华南师范大学学报》(社会科学版)2006 年第 1 期。

② 张济洲:《国家与社会关系视野下的乡村教师社会功能的弱化》,《菏泽学院学报》2009 年第 1 期。

③ 葛春:《中国农村教师社会地位演进概述》,《江苏社会科学》2010 年第 12 期。

问题得不到解决，难道是农村教师社会地位问题非政策所能解决吗？若上述政策没有得到贯彻实施，那么是何种因素使得政策无法落实？笔者认为，只有从学术上厘清农村教师社会地位政策与实践二者之间的关系，才能为有针对性且有效的政策的制定提供理论支持，从而解决农村教师地位偏低的问题。

（三）农村教师社会地位问题的相关研究繁多但有待深度挖掘

任何时代都有其关注的教育主题，历史背景不一样，教育主题所折射的问题情境也不一样，但问题的核心是一样的——人如何通过教育实现自我和社会的达成。若要把教育理论问题界定清晰明白，解答探索得容易有效，必然要回归到问题的源流中，在清楚的问题意识下丰富掌握有关于教育问题的资料，切实把握教育问题的本真。在社会转型的大背景下，教育问题层出不穷，纷繁复杂，深究其原因以提出适切性建议对策解决之，是教育研究者使命之应然。然而，针对教育问题，学者锢于教育领地来见仁见智，以至于问题的分析泛泛而建议对策无良方，使得教育问题依旧乃至积重难返。如何实现对教育问题研究在学理和实践层面的突破，这既要有丰富的教育实践来体悟之，更要有深入的教育理论研究来支持之。

针对提升农村教师社会地位之于农村教师队伍建设、农村教育质量提升和城乡教育均衡发展具有重大的战略意义，学界早有共识，以此而展开的研究繁且多。但在众多的教师社会地位研究中，农村教师的社会地位研究少，学界关于农村教师社会地位的研究多散见于有关农村教师的职业声望、经济收入、生存境况、专业发展和师资建设等问题研究丛中。既有研究总体上聚焦于农村教师社会地位当下状况的经验性调查，借用社会地位理论的简单分析和判断，进而从逻辑层面推断出政策建议，陷入"现状问题—政策致因—增加政策给予改善—出现问题—政策致因—再增加政策给予改善"的研究逻辑中，缺乏对农村教师社会地位的深度挖掘。可以想见，简单地套用教育和社会理论对农村教师社会地位问题加以解释，无异于在理论上为自己的研究自设樊篱，严重地束缚了自身的思维能力，遮蔽了对农村教师社会地位问题的真解释。郑新蓉认为，人们之所以对教师社会地位的认识有种种误区，主要原因之一是对教师社会地位的历史变迁过程不甚了解。[1] 阎光才认为，在中国，教师的社会地位究竟如何？其实，直到今天还依旧是一个众说纷纭而为人们所广泛争议的问题……通过教师地位的历史与现实分析，或可有望祛除迷障而洞见真实。[2]

（四）提高农村教师社会地位是否是伪命题：个人的疑惑与思考

有史可查，有据可证，剔除"文化大革命"十年动乱时期教育系统处于失序外，新中国至今，无论是在国家层面还是在地方层面，乃至于农村教师自身层面，无论是在社会层面还是在教育系统内部，无论是在理论层面还是在实践层面，均努力促进农村教师社会地位的提高。尤其近十年，国家公共财政支出能力增强，相应对农村社会和农村教育的向农供给力度加大，针对农村教师的优惠政策陆续颁布实施。在此时代背景下，农村教师社会地位的境况理应得到相应改善。然而，历史实践表明，无论在社会处于资源困乏、经济贫穷时期，还是处于资源丰富、经济富足时期，无论在教育数量扩张时期，还是在教育质量提升时期，无论是在城乡社会二元结构时期，还是在城镇化推动下城乡社会趋于融合的当下，农村教师社会地位偏低问题均未能得到实质性的解决，反而在历史向前发展的进程中黯然失色。反观历史我们可知，我国富有尊师重教的传统，而农村则是我国传统继承的最基本社会载体，即从道义上讲，农村教师的社会地位更能够得到农村社会的支持，但实际状况是现在的农村社会以及多数农村民众对农村教师缺乏认可和尊重。基于对农村教师社会地位的现代史考察似乎可以得出结论：农村教师社会地位偏低是一种社会运行结构中的客观事实，非人为性政策和努力所能改变。换而言之，提高农村教师社会地位在当下的社会情境中，似乎是一个伪命题。

然而，时下农村社会与农村教育的双重黯然已极大地伤及我国社会各群体间的团结与融合，伤及城乡社会的整体性进步和结构性转型。毫无疑问，农村教师是扭转农村社会和农村教育颓势和使二者走上"常识

---

① 郑新蓉：《论教师社会地位及法律地位》，《教育研究与实验》1998 年第 1 期。

② 阎光才：《教师"身份"的制度与文化根源及当下危机》，《北京师范大学学报》（社会科学版）2006 年第 4 期。

性"发展道路的关键性力量之一。因此，持续性地提高农村教师社会地位是建设一支有尊严感、有使命感且高质量的农村教师队伍的前提条件。但又是什么深层性力量使得农村教师社会地位长期处于偏低的"超稳定"状态，又是何种力量排斥或者消解了社会各界长期以来的各种努力，乐观以期，这种力量被发现、被发展，进而是否能转化为提高农村教师社会地位的推动力。环顾社会我们可知，同为教师群体，为何大学教师的社会地位总体偏高且城市中小学教师的社会地位问题并不让人忧心？难道农村教师仅仅因"农村"二字才导致社会地位偏低？若是如此，农村社会的尊师重教传统是否存在？为何弱化或是消失？而"农村"又是如何成为农村教师社会地位的"负重"的？我们又该如何面对？而在农村社会全面且深入卷入市场经济中，以及人口向城流动加剧的当下，附着在农村教师身上的"农村"已经并且将会发生剧烈的变迁，那么农村教师的社会地位又会走向何方？尊师重教的文教氛围能否在农村社会复归？这些都是提高农村教育和农村教师队伍质量，乃至农村社会建设过程中应着重加以思考的时代命题。

笔者出生于赣南丘陵地区的一个小农村，小学和初中皆在农村受教，亲戚朋友中亦有农村教师。因此，笔者对农村教师群体饱含真切之情和感恩之念。在农村求学期间，笔者亲身感受农村教师对农民子弟的谆谆教诲和殷切期望，目睹农村教师每天骑行于乡村泥泞的道路，往返于路途较远的家校之间，风雨无阻，真切地认为农村教师在工作上是兢兢业业，良心教学。然而，农村教师虽有如此付出，除赢得学生尊敬和家长赞誉外，村民们并没有体现出对他们的普遍尊敬。反而，村民们把少数村小教师因是"民办"而视为"没用"（是指缺乏能力，这种能力是泛指，具体包括专业知识的掌握和运用能力，社会关系的经营和运作能力，经济能力，等等），带有鄙夷和夸张色彩地口耳相传民办教师为"民转公"努力奔走的过程，为村里少数几个被长辈们认为学习优秀定有出息的子弟"大学"（这里的大学是指中专。20世纪90年代，读中专是我们村里优秀学生初中毕业后的首选，而读高中则被认为是成绩二流且有钱子弟的选择。"读中专"也就成为村民认为"读大学"）毕业后终为农村教师而叹息。自然，农村教师虽身在农村，但与农村和村民之间存在某种距离，而这种距离似乎说不清道不明。一方面，农村教师在保持着身为师者的尊严，在学校尽职尽责地履行着教师工作，在往返于家校途中对学生与家长的"招呼"仅以礼貌性点头回应，同为农民的他们与我们之间很难有自然随意且深入的对话与交流；另一方面，村民也似乎并不在意农村教师的存在，但会在开学、学生家长会等特定场合和时间段流露出对他们的尊敬。村民与教师之间的尴尬处境让我极为苦恼，我在亲戚朋友和老师眼里是一名听话的学生，自小学至初中的学习成绩在学校均名列前茅。我很尊敬我的老师，很羡慕教师的工作，也觉得我能做好这份工作，当时胸怀"大志"的我也认为考上中专，毕业回到乡里当一名教师，这样就能为家乡做贡献，实现为"振兴中华而读书"价值。然而，我害怕对我赞赏有加的亲戚朋友，尤其是父母对我这种选择的失望，害怕他们背后对我"说三道四"。我很苦恼，农村教师无论在具体的学历水平上、在抽象的专业知识上，还是在工作的辛苦程度上，都不比一般百姓差，却为何不能在社会上"体面"地工作和生活？

这种苦恼至今未能化解。中考那年（2002），"乡里的学习出息论"已转向"读高中"而摈弃"读中专"，县里高中的招生扩招和农村教师的经济窘境也加剧了这种升学转向。自然而然，我中考后升学入读县里高中。因为复读，高中4年的苦读，我没有放弃"教师梦"，高考填报志愿时稳健地填报了提前批录取的师范院校。梦想终归要面对现实，而现实有时又是如此地无情和冰冷。大学本科4年，每每回家总能听到亲戚朋友谈及当教师的清苦，以及对我未来工作与生活的忧心，也对我工作后能否与同辈出外打工一样给家里带来经济支持，我对此往往无言以对，或许只能用言语上的沉默和学习上的努力来维护些许的信心和尊严。大学二年级时，颇为有幸，在恩师的指导下和同学的共同努力下，由笔者主持的学生项目"关于欠发达地区农村基础教育教师队伍结构的调查"成功申请为2007年度国家大学生创新性实验计划项目。在此项目开展过程中，笔者通过当年寒假和来年暑假两次的问卷调研与农村教师的访谈，更加了解到农村教师的生活清苦与诸多无奈，了解到许多优秀农村教师"出走"，了解到现在农村教师的精气神大不如前，也了解到现在学生和家长对农村教师多有不敬。这些让我郁闷，神州大地的经济发展处处"风生水起"，为何农村教师的生存境况反而不尽如人意呢？这些也让我有些沮丧，甚至惶恐，担心因所学专业的专业性、技术性不强，加之本科学历在职业竞聘场中硬气不够，只能到县级及以下的学校工作。大四那年，考虑到本专业就业难和以后更好地发展，班上同学十之八九选择考研，我也加入考研的队伍之中。承蒙恩师的信任，我有幸保送读研。读研期间，跟随老师、师兄、师姐、同班同学到过吉林省、贵州省、重庆市和江西省等地的农村就农村教师的相关问题开展调研。在此过程中，诸多农村教师得知我们来自高校研究所，以为直接向我们反映问题能够得到有效解决，于是在访谈中向我们饱有殷切之情地提及生活和工作上的困境，然而我此时只能默默地倾听，内心却极为复杂：我们能做些什么呢？能改变多少呢？

虽然在职业选择上，我与农村教师"渐行渐远"，但在学术成长道路上，我与农村教师是"渐行渐近"。本科至今，在个人旨趣、亲戚朋友中多有农村教师、参与导师课题研究和实地调研经常接触农村教师等多种因素的作用下，自入大学本科至今的学术问题关注点未曾脱离"农村教师"。从"农村教师的队伍结构问题"到"农村教师质量提升问题"，从"农村教师津补贴问题"到"农村教师职业吸引力问题"，这些问题在实践中历经政策努力仍未能得到有效和实质性解决，不禁令我反思，是何种隐秘的力量在缠绕着农村教师的发展？这种力量能否转化为积极建设性推动力？也尝试着亦步亦趋地破解萦绕在个人思绪中苦恼的农村教师发展时代困局。我时常在想，整个社会为何不能向宣传中一样尊敬农村教师，赋予农村教师以体面的社会地位？为何社会进步越快"抛弃"农村教师的"步伐"越快？难道农村教师最终会成为历史的"弃儿"？基于个人生活经验、学术经历和思考的整理，笔者认为，农村教师社会地位问题不仅仅是一个纯粹的教育系统内部的问题，更是一个城乡社会运行的结构性问题，其问题的最终解决会影响到我国未来城乡社会结构和社会道德体系的形态重塑。

二 文献述评

农村教师社会地位问题既关涉农村教师队伍归属感问题，也关涉农村教师队伍结构优化和质量提升问题。此问题的解决和改善是农村教育质量提升的前提。长期以来，由于农村教师特殊的战略价值和文化意义，围绕其社会地位的研究层出不穷，纷繁复杂，较为零散，且呈现出跨学科（教育学、社会学和经济学等）特性。无论出于文献考察，还是出于问题研究的考虑，均有必要对此作一个较为系统的文献整理和评析。本研究聚焦于"农村教师社会地位"，源此展开的文献述评包括三大部分：国内研究的述评、国外研究的述评以及总结与展望。

（一）我国农村教师社会地位的相关研究

1. 农村教师社会地位文献的总体描述

对文献的总体描述，是为人们了解某一研究课题的现有知识服务的，可提供环境和背景性信息，并列出逻辑论据来证明有关某一论题的观点。[①] 截至 2021 年 1 月 5 日，在中国知网以"农村教师社会地位"或者"乡村教师社会地位"为主题词，仅搜到 37 条结果，其中"学术期刊"论文 22 篇、"学位论文" 7 篇、其他的 8 篇。为最大化地呈现该领域的研究成果，本研究扩大了搜索范围，最终确定以主题"农村教师＋社会地位"和主题"乡村教师＋社会地位"进行检索，得到文献 407 篇，其时间跨度是从 1984—2020 年共 37 年。其中，"学术期刊"论文 139 篇、"学位论文" 217 篇、报纸 7 篇、其他类别 44 篇。因此，就目前而言，有关"农村教师社会地位"问题的相关研究主要集中于"学位论文"和"学术期刊论文"。当然，由于数据库的收录方式与检索方式无法包含所有关于此问题的研究文献，但笔者认为以上述 407 篇研究文献为基础，也可大致反映出农村教师社会地位这一问题的研究现状。

总体而言，随着城乡教育差距的拉大严重威胁到国家整体教育水平的提升，随着这种差距所带来的问题日益凸显，随着官方文件、媒体舆论对农村教育和农村教师问题的关注，农村教师问题也越来越受到学术界的关注。自 1984—2020 年，有关农村教师社会地位研究的文献数量也呈现递增态势。从所查到的文献来看，社会对于农村教师的日益关注，不仅仅表现在文章数量上的变化，而且表现在参与群体的广泛和关注角度的深入上。在参与群体上，不仅农村教育研究者，还有各级政协人大

---

① ［美］劳伦斯·马奇、布伦达·麦克伊沃：《怎样做文献综述》，陈静等译，上海教育出版社 2011 年版，第 3 页。

代表、社会公共知识分子，以及农村教育一线教师等。在关注角度上，不仅仅包括农村教师的工资收入问题、社会声望问题、社会地位问题、生存状态问题，还包括农村教师社会地位的历史变迁问题、农村教师社会地位与文化互动问题，以及农村教师社会地位改进对策建议等。

表1.1　　1984—2020年我国农村教师社会地位研究的文献分布

年份（年）	文献数量（篇）	所占比例（%）	年份（年）	文献数量（篇）	所占比例（%）
1984	1	0.25	2003	1	0.25
1985	0	0.00	2004	3	0.74
1986	0	0.00	2005	3	0.74
1987	0	0.00	2006	6	1.47
1988	0	0.00	2007	9	2.21
1989	0	0.00	2008	8	1.97
1990	1	0.25	2009	8	1.97
1991	0	0.00	2010	23	5.65
1992	1	0.25	2011	33	8.11
1993	0	0.00	2012	26	6.39
1994	0	0.00	2013	17	4.18
1995	0	0.00	2014	22	5.41
1996	0	0.00	2015	30	7.37
1997	0	0.00	2016	43	10.57
1998	0	0.00	2017	46	11.30
1999	1	0.25	2018	43	10.57
2000	0	0.00	2019	61	14.99
2001	0	0.00	2020	20	4.91
2002	1	0.25	总计	407	100

有关农村教师社会地位研究的最早的文献是《人民教育》1984年第11期发表的《农村教师的基本收入应该保证》。该文首先指出，"建立稳定合格的教师队伍，是普及教育，提高中小学教育质量、发展教育事业的关键。要实现这一目标，必须提高中小学教师的社会地位和改善教师的生活条件"。纵观1984—2020年37年间的文献数量走势（参见表1.1

和图 1.1），可以较为清晰地分为四个阶段。

第一，1984—2003 年的"散光"阶段。在此 20 年间共有 6 篇。"文化大革命"结束，文教秩序逐步正常化，传统尊师重道的风气亟待恢复。上至中央下至地方多方努力试图扭转社会教化风向，倡导尊重教师。社会各界的重点也在关注普通教师的社会地位问题上，并在 1993 年推动了《中华人民共和国教师法》的颁布实施，但暂未把农村教师社会地位问题列为教育战略发展重要议题之中，与此相关的讨论多零散分布于农村教师的尊重程度在农村社会的遭遇、经济待遇、民办教师的身份困境等少数几个问题上，且讨论多以描述为主，少有深入的学理分析。

第二，2004—2009 年的"聚焦"阶段。在本阶段 6 年间共 37 篇，年均约为 6 篇，比之第一阶段明显大幅增加，这表明学界之于教师社会地位的关注中心逐步下移和聚焦到农村教师问题上来。进入 21 世纪，社会各界认识到城乡社会和教育发展不平衡问题的严重性，以及农村教师队伍建设之于提升农村教育质量和促进城乡教育平衡发展的关键作用，并试图着力加以解决。此间，围绕该问题的政策也随之颁布实施，2003 年国务院颁布《关于进一步加强农村教育工作的决定》，从国家层面重视农村教育工作，同时重点突出了农村教师待遇改善问题，重申了"建立农村中小学教职工工资保障机制"的建议。随着教育政策向农村教育和农村教师下移，相关的研究也随之增加。其中，有关农村教师社会地位的研究也由过去注重描述性分析，转向探源历史、文化、体制、法律、经济等多种因素对其的影响，意图提供有针对性的可行建议。有关农村教师社会地位讨论的广度与深度均渐次增强，涌现诸多博士学位论文学术精品，如《中国民办教师始末研究》[①]《中国农村教师发展研究》[②]《国家与教师身份：华北某县乡村教师流动研究》[③] 《一个阶层的消失》[④] 和《弹性与韧性：乡土社会民办教师政策运行的民族志》[⑤] 等。

---

① 王献玲：《中国民办教师始末研究》，浙江大学博士学位论文，2005 年。
② 唐松林：《中国农村教师发展研究》，浙江大学博士学位论文，2005 年。
③ 闫引堂：《国家与教师身份：华北某县乡村教师流动研究》，华东师范大学博士学位论文，2006 年。
④ 蒋纯焦：《一个阶层的消失》，华东师范大学博士学位论文，2006 年。
⑤ 魏峰：《弹性与韧性：乡土社会民办教师政策运行的民族志》，上海三联书店 2009 年版。

第三，2010—2015 年的"焦点"阶段。在本阶段 6 年间共 151 篇，年均约为 25 篇。随着中央财政向农村倾斜性供给力度和密度的大大增强，但农村教育发展仍面临着系统性困境，[1] 农村教师社会地位偏低状况仍未得到实质性改观。这种理论与实践、政策与实际之间的矛盾使得农村教师队伍建设成为当前社会的重大议题，也促使更多研究者投入其中，研究探索领域扩展至农村教师专业化、农村教师乡村化与身份认同、城乡教师社会地位比较等，并转向教育领域外寻求和借助理论资源的支持。此时期涌现诸多学术精品，例如《义务教育教师职业城乡分层问题研究》[2] 和《一个西部县农村教师结构五十年的变迁》[3] 等。

第四，2016—2020 年的"全方位关注"阶段。在本阶段 5 年间共 213 篇，年均约 43 篇。其中，"硕士学位论文" 118 篇、"博士学位论文" 7 篇、"学术期刊"论文 64 篇、"报纸" 5 篇、其他类别 19 篇。2018 年 1 月颁布的《中共中央、国务院关于全面深化新时代教师队伍建设改革的意见》明确提出："各级党委和政府要切实负起中小学教师保障责任，提升教师的政治地位、社会地位、职业地位，吸引和稳定优秀人才从教。"受此影响，相关研究开始从各种学科视角分析农村教师社会地位的各类问题。

宽泛意义上的农村教师社会地位研究，可追溯至南北朝时期的《颜氏家训》，其中提出蒙师之被轻视的社会动向。后至中晚唐时期韩愈作《师说》，充分阐释师道之于时代的遭遇。宋明清皆有相关论述。在现代，严格意义上有关农村教师社会地位的文献已达 400 多篇，研究时段将近 40 年，然而这并不能判定该领域的理论研究已臻成熟。若对其中文献做细致区分和有所扬弃，可以发现该领域的相关问题仍需进一步厘清，相关理论解释框架还需进一步建构。

2. 农村教师社会地位内涵研究

社会地位作为一个社会学概念，概念本身包含的内容是抽象的，缺

---

① 周兆海：《重视农村教育的三重向度》，《中国社会科学报》2015 年 10 月 8 日第 4 版。

② 张源源：《义务教育教师职业城乡分层问题研究》，东北师范大学博士学位论文，2011 年。

③ 王安全：《一个西部县农村教师结构五十年的变迁》，陕西师范大学博士学位论文，2012 年。

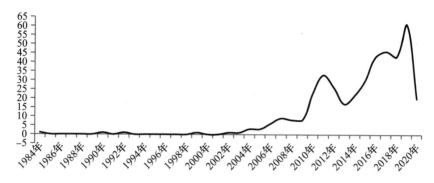

图1.1　1984—2020 年我国农村教师社会地位研究的文献分布（单位：篇）

乏具体的量化的内容。在日常的学术研究中，我们常用经济待遇、社会权力和社会声望等三大方面作为衡量某个职业社会地位的指标或标准。这也是被教育研究者所认同，并常常运用于教师社会地位相关问题的研究。1966 年由政府间国际教育会议通过的《联合国教科文组织——国际劳工组织关于教师地位的倡议》，其中规定："教师地位，指的是给予其地位或关怀，这种地位或关怀可以从对其职责重要性及其完成职责的能力的评价的高度中看出来，也可以从与从事其他职业的人们相比较时，给予其工作条件、报酬和别的物质利益中看出来。"《教师的社会地位》①《试论判定教师社会地位的标准》②《探讨教师的社会地位》③ 3 篇文章以1966 年 6 月联合国教科文组织通过的《关于教师地位的建议书》为参考，对教师的社会地位及其判定标准做了相似的界定，认为教师的社会地位与教师的经济收益、政治待遇及社会声望密切相关。在我国，目前人们（包括一些研究者）常常仅凭教师的经济收入来指称教师的社会地位，即把教师的经济收入与其他社会阶层相比较而得出关于教师社会地位状况的结论。④ 在日常的解读中，所谓的经济收入即是教师的薪酬水平，所谓的政治待遇即是国家在制度法规中、政府活动中对教师的认定程度，所谓社会声望即是教师在公众心目中的形象及教师岗位的社会吸引力。

---

① ［苏］弗·加·扎亚季诺娃：《教师的社会地位》，黄蓉娣摘译，《国外社会科学文摘》1991 年第 5 期。

② 田国秀：《试论判断教师社会地位的标准》，《思想理论教育导刊》1994 年第 12 期。

③ 徐静、任顺元：《探讨教师的社会地位》，《现代教育论坛》2009 年第 1 期。

④ 吴康宁：《教育社会学》，人民教育出版社 2007 年版，第 197 页。

而 *Sociology of Teaching* 一书作者、美国教育学者沃勒（W. Waller）认为，教学作为一种职业，有许多与众不同的特征：报酬和社会地位都较低，与学生的交往方式迫使那些进入教学领域的人的行为要有所节制、有所尊严并能接受日常的规则。[①] 教师职业在社会生活中实现的经济利益，政治待遇及社会声望。它不仅是生产力发展水平的标志，也同社会制度、文化背景和教育功能的实现程度密切相关。[②] 教师的社会地位是指教师职业作为在社会结构和功能运作中的一个相对独立的运作单元，与社会整体功能运作效果的相关程度。[③] 在我国，传统文化情境中的教师是以传统价值代表的社会形象出现的，但在现代价值标准的影响下，教师职业的专业化要求日渐强烈，并重新确立了素质标准，从社会形象的角度加以分析可以真实把握教师社会角色的真实意义。[④] 有学者基于对教师发展史的探源，认为教师的社会地位是一个含多要素在内的总体性范畴，具体由三个部分组成：经济地位、文化地位和政治地位。其中经济地位可以量化，而文化和政治地位不可量化。[⑤]

可见，教师社会地位不能简单地用经济地位加以衡量。与其他职业相比，教师社会地位受社会整体功能运作过程中的社会制度、文化价值和社会评价取向等的影响。而农村教师是教师群体中的一个特殊群体，其社会地位与其他教师群体一样同自身在社会生活中实现的经济利益、政治待遇及社会声望相关，但不同的是，农村教师不仅与整个大社会发展相关，而且与自身生活工作所处的农村社会密切相关。

3. 农村教师社会地位历史变迁研究

基于对研究资料掌握程度、所采用的研究方法和研究视角的不同，各位学者对农村教师社会地位在历史变迁中的判断也不同，概括而言，有如下四种观点。

---

① ［澳］L. J. 萨哈：《教育大百科全书·教育社会学》，刘慧珍译审，西南师范大学出版社2011 年版，第 167 页。

② 孟育群、宋学文：《现代教师论》，黑龙江教育出版社 1991 年版，第 26 页。

③ 薛天祥、阎光才：《台湾中学教师社会地位的现状分析》，《上海高教研究》1998 年第10 期。

④ 叶映华、刘宣文：《专业化与教师社会形象的重建》，《教育发展研究》2006 年第 7 期。

⑤ 赵卫：《教师职业威信及社会地位问题的教育学考察》，《教育研究》1994 年第 10 期。

第一，我国古代（农村）教师社会地位偏低说。19 世纪末来华的美国传教士明恩溥（Arthur H. Smith）认为中国乡村教师经常难以保持灵魂和肉体的统一，而且常常不得不借别人的衣服穿，学堂教师这种职业声誉很高的同时报酬很低。另有学者追溯历史考察了教师在历史上的地位，分析指出我国古代教师社会地位低下，而今天教师的政治、经济、社会地位和职业声望得到大幅度提高。①

第二，我国古代（农村）教师社会地位较高说。美国传教士丁韪良（William Alexander Parsons Martin）认为没有任何一个国家的教师职业能比在中国那样受崇敬，人们不仅尊崇活着的老师，就连抽象意义的"师"这一名字本身也几乎是偶像崇拜的对象。② 张仲礼认为，在中华帝国，教学被认为是绅士荣耀的职业，族谱上记载的有绅士身份的塾师，他们都占有有力的经济地位，即使是这些穷塾师仍比普通百姓生活要好得多。③

第三，我国现代（农村）教师社会地位偏低说。有学者考察了 20 世纪 30 年代四川乡村小学教师，指出其经济收入微薄，福利待遇低下，职业岗位得不到保障，社会声望不及塾师。④ 有学者从政治社会学视角审视新中国成立 30 年（1949—1979 年）教师专业化发展，认为在这段时间内中小学教师受政治影响，政治地位不稳定，工资收入低，社会认可和职业吸引力低，教师权威不容乐观，且缺乏基本的专业自主。⑤ 有学者认为，新中国成立以来，政府努力促进农村教师进入体制内，虽然农村教师最终成功进入体制，实现了社会地位的提升，但是与其他体制内人群相比，他们又处于"体制内"的底层，是体制内的"弱者"。⑥ 零点调查公司于 1999 年在北上广等 11 个城市做了一项调查，调查显示：尽管市民认为中小学教师社会作用非常重要，但多数人认为教师地位得到提高，

---

① 邵燕：《我国教师地位的历史检视与现实思考》，《当代教育论坛》2006 年第 6 期。

② ［美］丁韪良：《汉学菁华：中国人的精神世界及其影响力》，沈弘等译，世界图书出版公司 2010 年版，第 191 页。

③ 张仲礼：《中国绅士研究》，上海人民出版社 2008 年版，第 284 页。

④ 侯明喜、曾崇碧：《试论民初乡村小学教师的社会地位——以 20 世纪 30 年代四川为例》，《四川师范大学学报》（社会科学版）2007 年第 4 期。

⑤ 张秀荣、贾德芳：《建国三十年中小学教师地位的嬗变》，《内蒙古师范大学学报》（教育科学版）2011 年第 8 期。

⑥ 葛春：《中国农村教师社会地位演进概述》，《江苏社会科学》2010 年第 12 期。

但是中小学教师更是一个被社会弱势群体看重的稳定型职业。[①] 有学者通过文献梳理得出，新中国成立至 2002 年间，中小学教师社会地位不稳定，总体低于其他行业。[②] 有学者通过参加 2002—2004 年东北师范大学农村教育研究所对我国浙江、黑龙江、吉林、河南、贵州、四川 6 省 60 多个乡镇农村教师的调查活动，发现农村教师经济社会地位低，主要体现在经济收入低和住房困难两个方面。[③] 有研究者通过对 2000 年、2004 年、2007 年对甘肃省的 20 个县 42 个乡 100 个村教师的跟踪调查发现：教师的工资待遇和社会地位变化不明显，一直较低，反而教师工作量猛然增加、培训机会减少，与社区联系日益减少。[④] 有学者的调查显示，虽然教师职业声望很高，但与医生、律师、公务员相比，教师的经济地位和社会地位还处于较低水平。[⑤] 有学者以农村教师身份认同为题，选取湖北省黄冈市、鄂州市、荆州市和宜昌市农村教师为研究对象，以问卷调查的方式得到，92.3% 的农村教师认为自己属于"社会中下层"，96.4% 的村小学教师选择了"社会下层"；78.6% 的农村教师认为自己的社会经济地位与 3 年前"基本一样"，有 17.7% 认为"下降"。[⑥]

第四，我国现代（农村）教师社会地位较高说。有学者基于对我国教师职业地位的历史演变分析认为，解放后教师是国家干部，被誉为"人类灵魂的工程师"，教师职业也成为了"阳光下最崇高的职业"，特别是改革开放以来，教师的政治地位和经济地位都有了极大的提高。[⑦] 另有学者补充认为，改革开放以来，政府逐步提高了教师的政治地位，通过设立教师节给予教师荣誉彰显了教师作用，赋予教师职业荣誉引导尊师

①　黄淑华、陈幼华：《教师社会地位对师资队伍建设的影响》，《江西社会科学》2000 年第 5 期。

②　钟瑞武：《关于建国以来我国中小学教师社会地位发展变化问题的研究》，华中师范大学硕士学位论文，2002 年。

③　梁东奇：《农村教师队伍现状、原因与改善对策研究》，东北师范大学硕士学位论文，2004 年。

④　常宝宁、崔岐恩：《农村中小学教师生存状态变革：2000—2007》，《教育科学》2010 年第 3 期。

⑤　董新良：《中小学教师职业声望调查研究》，《教师教育研究》2011 年第 6 期。

⑥　李金奇：《农村教师的身份认同状况及其思考》，《教育研究》2011 年第 11 期。

⑦　刘建国：《中国教师职业地位的历史演变》，《凉山日报（汉）》2005 年 9 月 10 日第 6 版。

重教风气。① 中小学教师群体的社会经济地位在逐步提高，只是教师对目前的社会经济地位状况满意度不高。② 另有学者认为，改革开放以来，教师职业发展历经 20 世纪 80 年代"蜡烛"型教师，到 20 世纪 90 年代"一桶水"型教师，再到 21 世纪至今专业化教师，而教师职业的专业化使得教师社会地位有了明显提高。③ 刘晖认为改革开放 30 年来，教师社会地位属于：政治地位由"边缘"到"中心"，经济地位由"无产"到"有产"，行业地位由"职业"到"专业"。④

作为职业社会地位的重要维度，诸多学者通过借用或自行设计"职业声望量表"来测量分析各种职业的职业声望，以反映社会对某种职业在收入、权力、声望方面的总体评价。例如许欣欣 1999 年的"中国城市居民职业声望量表"，李国强 2002 年的"中学教师职业声望认同量表"，李春玲在 2004 年对全国 81 种职业的社会声望与社会经济地位指数进行了测量，以及李强在 2008 年将职业指标转换为国际社会经济地位指数（ISEI）对我国职业地位进行测量，等等。笔者依据文献资料，综合了自 1983 年以来有关职业声望的调查研究，收集整理了教师职业声望在改革开放以来的变迁（见表 1.2）。由表 1.2 可知：一是教师的职业声望呈现等级特征。具体体现为大学教授职业声望 > 大学普通教师 > 中学教师 > 小学教师，并且大学教师的职业声望自改革开放以来基本稳定在前列，而中小学的教师处在中等偏下状态且不稳定。二是中小学教师职业声望呈现区域差异特征。具体体现为，在北京、上海和南京等发达地区的中小学教师职业声望普遍偏高，处于中等偏上的位置，而在郑州以及其他 10 个县市等欠发达地区的中小学教师职业声望较低，处于中等偏下位置。基于教师职业声望的等级和区域特征，由此可推断农村教师职业声望偏低的实际处境了。

---

① 金连平：《提升教师地位：历史回顾与政策分析》，《江苏教育研究》2010 年第 9 期。
② 董新良：《中小学教师社会地位状况调查研究——以山西省为例》，《教育理论与实践》2012 年第 1 期。
③ 毕艳锋：《从职业走向专业——改革开放 30 年来教师社会地位变化的回顾与反思》，《中国教师》2008 年第 8 期。
④ 刘晖：《改革开放 30 年教师职业地位的变迁》，《中国教师》2008 年第 11 期。

4. 农村教师社会地位成因研究

由上可知，多数研究认为我国农村教师社会地位偏低，那为何会有如此境况，综合而言，大体有如下六种成因分析。

表1. 2　　　　　改革开放以来教师职业声望的社会变迁①

年份（年）	调研地点	大学教授（比例）	大学普通教师（比例）	中学教师（比例）	小学教师（比例）	中小学教师（比例）	文献来源
1983	北京	—	3/50	9/50	21/50	—	林楠等，1988②
1983	北京	—	1/50	9/50	19/50	—	宣兆凯，张江等，1984③
1989	北京	1/100	10/100	24/100	45/100	—	沈纯道，1996④
1992	10个县市农户	1/100	10/100	24/100	45/100	—	折晓叶，陈婴婴，1995⑤
1996	南京		1/50	3/50	8/50	—	叶南客，1997⑥
1997—1998	北京	2/100	14/100	—	—	29/100	李强，2000⑦
1999	北京	1/76	6/76	—	—	22/76	田志鹏，邝继浩等，2013⑧
1999	全国63个城市	3/69	—	—	—	30/69	许欣欣，2000⑨

---

① 本表格的设计和内容扩充，参考了《我国中小学教师职业声望研究考察》[王凯著，发表于《山西师大学报（社会科学版）研究生论文专刊》，2010年11月第16—17页]一文中"表1 中小学教师职业声望调查排序统计表"。

② 林楠等：《中国城市职业声望》，黄育馥译，《国外社会科学》1988年第6期。

③ 宣兆凯、张江、谢文：《职业评价的调查与研究》，《社会》1984年第4期。

④ 沈纯道：《职业声望与职业排行榜》，《人才开发》1996年第3期。

⑤ 折晓叶、陈婴婴：《中国农村"职业—身分"声望研究》，《中国社会科学》1995年第6期。

⑥ 叶南客：《南京市民对职业声望的评价》，《社会》1997年第1期。

⑦ 李强：《转型时期冲突性的职业声望评价》，《中国社会科学》2000年第4期。

⑧ 田志鹏、邝继浩、刘爱玉：《社会转型时期大学生职业声望评价——以北京大学本科生调查为例》，《青年研究》2013年第5期。

⑨ 许欣欣：《从职业评价与择业取向看中国社会结构变迁》，《社会学研究》2000年第3期。

续表

年份（年）	调研地点		大学教授（比例）	大学普通教师（比例）	中学教师（比例）	小学教师（比例）	中小学教师（比例）	文献来源
1999	上海		1/50	—	—	—	15/50	仇立平，2001①
2000	郑州大学生		—	7.5/43	32/43	—	—	李永鑫、赵国祥等，2001②
2001	全国12省（市）73个区县	全国	7/81	8/81	12/81	35/81	—	李春玲，2005③
		城镇	7/81	4/81	9/81	35/81	—	
		农村	7/81	9/81	17/81	38/81	—	
2001	深圳市		2/81	11/81	16/81	31/81	—	迟书君，2003④
2002	厦门大学生		3/93	24/93	—	—	36/93	胡荣，2003⑤
2004	武汉		2/100	26/100	—	—	41/100	祝丽怜，2005⑥
2004	长春		1/69	—	—	—	30/69	宋爽，2007⑦
2005	北京		2/76	11/76	—	—	38/76	田志鹏，邝继浩等，2013⑧
2006	辽宁10大城市		4/40	—	18/40	23/40	—	王立波，王炳德，2007⑨

---

① 仇立平：《职业地位：社会分层的指示器——上海社会结构与社会分层研究》，《社会学研究》2001年第3期。

② 李永鑫、赵国祥、申淑丽：《大学生职业声望评价研究》，《信阳师范学院学报》（哲学社会科学版）2001年第1期。

③ 李春玲：《当代中国社会的声望分层》，《社会学研究》2005年第2期。

④ 迟书君：《深圳人职业声望评价的特点》，《社会学研究》2003年第4期。

⑤ 胡荣：《大学生对职业的评价及分析》，《厦门大学学报》（哲学社会科学版）2003年第6期。

⑥ 祝丽怜：《城市居民职业声望评价的一致性与差异性研究》，华中科技大学硕士学位论文，2005年。

⑦ 宋爽：《对长春市职业声望调查的深层探究》，吉林大学硕士学位论文，2007年。

⑧ 田志鹏、邝继浩、刘爱玉：《社会转型时期大学生职业声望评价——以北京大学本科生调查为例》，《青年研究》2013年第5期。

⑨ 王立波、王炳德：《权力尊崇与依赖——辽宁职业声望的调查研究》，《社会学辑刊》2007年第5期。

续表

年份（年）	调研地点	大学教授（比例）	大学普通教师（比例）	中学教师（比例）	小学教师（比例）	中小学教师（比例）	文献来源
2006	江苏沿海城镇——掘港镇	1/81	3/81	10/81	25/81	—	袁丽丽，顾雪英，2007①
2009	北京	3/99	18/99	—	—	32/99	李强，刘海洋，2009②
2011	北京	4/76	22/76	—	—	35/76	田志鹏，邝继浩等，2013③
2012	合肥	2/81	5/81	15/81	22/81	—	连瑞瑞，2013④

说明：表中前面数字是本职业声望具体排序，后面数字是此次所调查的职业数。

第一，经济收入说。张玉林认为以政治为中心的革命年代造就了乡村教师的无足轻重，而随后的以经济为中心的改革年代，乡村教师的境遇也并没有好转。乡村教师工资不仅低而且被拖欠成为许多地方的常见现象，乡村教师自然成了社会弱者的象征和令人同情的对象。⑤ 经济收入说，是多数学者和研究普遍采用和认同的观点。无论在实践层面还是理论层面，农村教师经济收入偏低导致农村教师社会偏低是一个不争的事实。

第二，文化资本说。李荣华等认为我国农村教师处于弱势地位有四种表现：素质低，所处环境差，工资偏低甚至拖欠和专业发展机会少。⑥ 金柱伟、段兆兵认为，具体形态文化资本缺失致使农村教师发展机会丧失，客观形态文化资本缺失导致农村教师生存质量降低，体制形态文化

① 袁丽丽、顾雪英：《江苏沿海城镇——掘港镇人的职业声望评价》，《社会心理科学》2007 年第 5—6 期。

② 李强、刘海洋：《变迁中的职业声望》，《学术研究》2009 年第 12 期。

③ 田志鹏、邝继浩、刘爱玉：《社会转型时期大学生职业声望评价——以北京大学本科生调查为例》，《青年研究》2013 年第 5 期。

④ 连瑞瑞：《社会转型期职业声望测量与变迁研究》，《长春理工大学学报》（社会科学版）2013 年第 11 期。

⑤ 张玉林：《关于当代中国乡村教师的边缘化问题》，《华南师范大学学报》（社会科学版）2006 年第 1 期。

⑥ 李荣华、赵芙蓉：《关于农村教师弱势地位的研究》，《当代教育论坛》2004 年第 6 期。

资本缺失导致农村教师社会地位下降。① 唐松林等学者认为，随着现代文明与教师专业化的发展，乡村教师之于乡村的知识分子身份日渐式微，"知识者"角色正在弱化。②

第三，社会资本说。有学者研究指出，影响农村教师社会地位原因是农村教师多数为农家子弟，而这些身为农村教师的农家子弟缺乏社会资本，甚至见识不如打工仔，从而被农民看不起，加之工资待遇低且不稳定、没有保障，就更加重了农村教师社会地位低的境况。③ 有学者从社会资本角度分析认为农村教师的社会资本在维持和改善农村教师社会地位的同时，也因为保守性和贫困性阻碍着农村教师社会地位的获得与发展，要切实提升农村教师的社会地位，一方面，农村教师要丰富自身的社会资本，另一方面政府也要从改革社会结构入手，建立并完善有利于资本均衡供给的农村教师地位保障制度。④ 魏峰基于社会学领域的"熟人—陌生人"分析框架认为，在我国农村社会由熟人社会向陌生人社会变迁过程中，农村教师与农村社会在文化传承、社区建设、百姓沟通等方面的联系越发疏远，农村教师在农村社会的角色也从农村民众中的"熟人"转变为"陌生人"，这种转变影响了农村教师在农村社会的地位获得。⑤

第四，国家权力说。马戎等人认为，自清末以来，乡村教师的报酬一直不高，社会地位一直不尽如人意，乡村教师社会地位低下与国家权力进入乡村学校有直接的关系。⑥ 张济洲认为，20 世纪以来，国家权力介入乡村社会使得新式教育在课程、教法、师资等方面与乡土社会产生种

① 金柱伟、段兆兵：《农村教师低职业吸引力的社会学分析》，《教育探索》2013 年第 10 期。

② 唐松林、丁璐：《论乡村教师作为乡村知识分子身份的式微》，《湖南师范大学教育科学学报》2013 年第 1 期。

③ 李慧敏、马振中：《转型时期农村义务教育师资队伍的培养和发展》，《河北师范大学学报》（教育科学版）2003 年第 3 期。

④ 周守军、袁小鹏：《农村教师的社会资本及其社会地位》，《教育发展研究》2010 年第 23 期。

⑤ 魏峰：《从熟人到陌生人：农村小学教师的角色转变》，《南京师大学报》（社会科学版）2010 年第 5 期。

⑥ 马戎、龙山：《中国农村教育问题调查》，福建教育出版社 2000 年版，第 159 页。

种不适应和冲突，而乡村教师也逐步失去了乡村的滋养进而在乡村社会功能弱化。① 另外有学者研究认为，要改变教师社会地位偏低的状况……重要的还是对官本权力核心体系的解构，使得所有职业的从业人员都能成为真正意义上的职业主体，包括党政官员在内的所有职业，都能真正成为具有平等地位的不同的社会分工。② 一方面指出国家权力之于乡村教育的介入剥离了乡村教师的乡土性，另一方面强调乡村教师社会地位之于权力抑或体制的依赖性。

第五，社会文化说。该观点认为，当教育还处于文治隆行、儒学昌明、攉升多用儒士和以儒治国的时期时，教师的职业威信建立在"唯仁者宜在高位"的理念基础上。当手工业、商业为代表的实业经济置殖产兴业为第一要务的时代来临时，古代士大夫阶层出身的教师们立即身价暴跌，优越的职业地位所铸起的精英意识被教育的日见显著的工具主义倾向所冲淡。③ 而新中国成立以来至 2002 年间，中小学教师社会地位不稳定，总体低于其他行业。原因在于，轻视科学文化和歧视知识分子等左的思想长期影响；干部任用制度与现行义务教育投资体制的固有缺陷；对基础教育的功能及特点认识不清，在指导思想上急于求成；社会对中小学教师职业认识的偏颇；以及中小学教师队伍本身存在的一些问题。④ 阎光才认为，尊师重教的习俗和传统根植于社会文化与制度，传统教师"显赫"身份地位的构建也根基于此，而随着我国社会文化变迁，尤其是市场的介入，教师身份日益职业化和世俗化，传统意义上的尊师重教也面临着"去根化"的危险。⑤

第六，法律地位说。郑新蓉认为古代教师的社会地位依赖于文教道统，而现代教师的职业化则依赖于法律的确认。而刘冬梅、陈黎明、劳

---

① 张济洲：《国家与社会关系视野下的乡村教师社会功能的弱化》，《菏泽学院学报》2009年第1期。

② 郭常亮、陈行龙：《教师地位浅论》，《江西社会科学》1999年第3期。

③ 赵卫：《教师职业威信及社会地位问题的教育学考察》，《教育研究》1994年第10期。

④ 钟瑞武：《关于建国以来我国中小学教师社会地位发展变化问题的研究》，华中师范大学硕士学位论文，2002年，中文摘要。

⑤ 阎光才：《教师"身份"的制度与文化根源及当下危机》，《北京师范大学学报》（社会科学版）2006年第4期。

凯声、蔡金花等人①结合《教师法》，从法律层面探讨了教师的法律地位，并认为自 1993 年颁布《教师法》来，教师的法律地位并不乐观。

除此之外还有综合说，认为农村教师社会地位的升降原因是上述所提及的双重因素、三因素及更多因素综合作用的结果。

综合上分析可知，各位学者之于农村教师社会地位在历史上和当下的具体境况及其原因的研究虽存在分歧，但大致有如下共识：传统中国农村教师社会地位很低；当前农村教师社会地位偏低；农村教师社会地位比之新中国成立前更高，且目前在逐步提高；农村教师社会地位偏低的原因是经济收入、文化资本、社会资本、国家权力、社会文化和法律地位等因素作用的结果。虽然已有研究从不同侧面剖析了农村教师社会地位的社会变迁之径和成因之道，为当下理解农村教师社会地位提供了诸多可资借鉴的学术见解，但在总体上，多数学者的研究或偏重于对农村教师经济收入的直观性量化分析，或偏重于基于农村教师社会地位"应该怎样"的具有感情色彩的逻辑分析，或用"古代中国教师的声望、职业道德规范来衡量和要求现代的教师而不能正视商品经济冲击下教师队伍变化的必然性"。② 由上可知，正是各位学者的研究视角和价值立场不同，以致研究结论和政策建议存在分歧，另外，也正是多数学者较为简单地套用马克斯·韦伯的经典社会地位理论，过于注重对经济收入的分析，使得多数研究集中于经济收入的经验性讨论，"停留在对现象的描述以及生存状态的体认上，只看到乡村教师现状的艰难性"，③ 而忽略了农村教师在职业群体中的特殊性。唐松林认为，乡村教师是共享、联系与社会责任的公共性存在，而我们常常把乡村教师的公共性与其专业性对立，只重视专业性而忽视公共性。④ 正如已有研究所提及的，农村教师的社会地位是包含教师自身因素、文化价值因素和社会变迁因素等学术

---

① 刘冬梅：《教师的法律地位问题探讨》，《教育评论》2000 年第 1 期；陈黎明：《我国中小学教师的法律地位》，《中国教师》2006 年第 5 期；劳凯声、蔡金花：《教师法律地位的历史沿革及改革走向》，《中国教育学刊》2009 年第 9 期。

② 郑新蓉：《论教师社会地位及法律地位》，《教育研究与实验》1998 年第 1 期。

③ 张济洲：《历史人类学视野下乡村教师的社会功能重释》，《鲁东大学学报》（哲学社会科学版）2010 年第 4 期。

④ 唐松林：《公共性：乡村教师的一个重要属性》，《大学教育科学》2008 年第 5 期。

问题的综合体，因此要确切深入且客观地分析问题，就应把农村教师放在社会变迁的大学术框架下，从社会分工、文化传统、职业分化等角度加以审视和解剖。

（二）外国教师社会地位的相关研究

比较是为了更好地借鉴。教师是当今世界最大的职业群体之一。据UNESCO 的统计资料表明，1997 年全球人口总数为 59 亿人，在 15—64 岁全球人口中，教师人数约占 1.6%。[①] 教师社会地位在世界各国的状况如何、存在何种问题、是何种因素促成的，与我国教师社会有何异同，对这些问题的理解和明晰能够为提高我国教师社会地位提供诸多可资借鉴的经验启示。教师社会地位问题很早就受到世界各国的广泛关注。早在 1966 年 6 月由政府间国际教育会议通过的《联合国教科文组织——国际劳工组织关于教师地位的倡议》，就教师的专业素质、职前职后培养、社会地位、专业角色等作了阐释并提出了指导性原则。在 2000 年，由联合国教科文组织、联合国儿童基金会、联合国开发计划署等国际性组织联合主办的"世界教育论坛"通过的《达喀尔全民教育行动框架》，把"提高教师地位、道德和专业素质"作为实现所提出的六大目标的重大战略之一。世界各国也致力于提高本国教师社会地位以提高教育质量和教育的国际竞争力。

1. 国别教师社会地位研究

教师社会地位在世界各国间差异较大，其中受到文化类型、政治架构和经济发展程度等因素影响较大。对此，本研究主要选取文化同源型国家——日本，国情相似型国家——俄罗斯（苏联）和西方发达国家——美国、芬兰等三大类型 4 个国家的教师社会地位问题加以考察比较分析。

（1）文化同源型国家——日本教师社会地位研究

虽然日本在近代对我国掠夺侵略，但是中日两国一衣带水、文化同源。有史证明，日本多次派遣遣唐使，学习中国文化和政制。另外，"二

---

① ［美］马里斯·特蕾莎·西尼斯卡尔科：《世界教师队伍统计概览》，丰继平、郝丽平译，华东师范大学出版社 2007 年版，第 1 页。

战"后日本迅速崛起，直至今日仍属世界经济发展的翘楚，原因之一便是日本良好教育基础的推动。教师作为一种文化符号的携带者和传播者，其社会地位更多地体现在具体社会的教育文化架构和对待教育文化的态度上。日本与我国文化同源，教育体系先进发达，考察比较日本教师社会地位问题对我国教师队伍建设具有极大的启示意义。

在日本，教师素有"圣职"之称。如同中国，教师被赋予诸多道德层面、政治层面和社会层面的符号意义，与之对应的是，在有效社会支持下日本教师社会地位整体较高。有学者综合考察了唐泽富太郎博士的论文《教师的历史》、石户谷哲夫博士的论文《日本教员史研究》、海源彻博士的论文《明治教员史的研究》和阵内靖彦教授的论文《日本的教员社会》，笔者认为上述四者的研究有如下共识：在明治20年代（1888）中叶之前，日本小学教师来自士族，其社会地位很高，而1897年之后，日本小学教师因工资的低廉以致社会地位下降。但此学者根据日本在甲午战争后有关小学教师的政策、小说、杂志等信息整理，得出日本小学教师在甲午战争后社会地位未必很低，原因便是日本在明治时期对小学教师在任官、义务、身份保障和工资方面给予诸多法律规定和保障。[①]"二战"后，美国对日本社会进行了部分改造，使之步入现代资本主义发展轨道。日本社会分工更为细化，群体的职业特征更为明显。据日本广播协会于1968年关于"日本人的职业观"的调查结果，在13种职业中，小学教师的收入居第11位，社会贡献居第3位，社会评价亦为第3位。[②]据1975年的调查，在日本的82种职业中，小学教师居第18位，校长居第9位。[③]美国教育部于1987年发表的《今日的日本教育》认为，日本中、小学教师的社会、经济地位不仅在亚洲，而且在全世界名列前茅。[④]

综上可见，日本教师社会地位自明治至今虽有起伏但总体较高。其原因：一是日本有尊师传统，且尊师传统得到较好的延续，以致日本社

---

① 邰宝文：《试论日本明治时期小学教师的身份及地位》，《天津外国语学院学报》2003年第4期。

② 陈桂生：《略论教师职业的声望》，《当代教育论坛》2008年第8期。

③ 关浩峰：《日本小学教师的地位和培训透视》，《外国中小学教育》1998年第4期。

④ 《高师函授》编辑：《日本中小学教师的社会、经济地位及培养制度》，《高师函授》1988年第4期。

会虽历经多次更迭，但教师仍受到社会普遍尊重；二是日本教师社会地位的社会支持性力量一直存在，并随着社会变迁有所调适。在明治前期，教师因出身于士族而有天然的社会地位优势，此后，教师的职业化带来教师出身的多元，但日本政府仍通过立法和出台相应政策保证教师社会地位。明治23年（1890）《地方学事通则》第8条规定：教育事务乃国家专有事务，教师虽为地方官吏，但与一般地方官吏不同，其惩戒规程依据敕令的规定。① 明治45年（1912）10月30日《教育敕令》第273号规定：各道、府、县中，只限3名月工资在50日元以上，具有20年以上小学正教师资历的小学校长，可享受奏任文官的待遇。② "二战"后，日本在1947年通过《国家公务员法》进一步明确了国立学校教师的国家公务员身份。在政治高度集权和官僚体系高度发达的日本，通过各种法律规定凸显教师的公务员身份，并确保该身份在经济上优渥，从而使得日本教师社会地位一直处于较高位置。

日本是一个岛屿国家。日本陆地主体呈现南北走向的狭长地带分布，其中主要由丘陵、山地和平原相间构成，此外周边分布大小远近不等的岛屿。日本对山地、岛屿等离日本城市较远的地区统称为偏僻地区，在广义上也可理解为农村地区。日本非常重视偏僻地区的教育发展，在该地区从事教育的教师除享有一般教师的相应待遇外，还享有诸多津补贴。日本于1954年颁布实施《偏僻地区教育振兴法》，对教师薪酬待遇、住房保障、晋升职称和政府应承担的职责等都做了明确且细致的规定。

（2）国情相似型国家——俄罗斯（苏联）教师社会地位研究

俄罗斯（苏联）与我国国情存在诸多相似之处：一是在政治体制和意识形态方面，苏联时期治下的俄罗斯是社会主义国家；二是苏联瓦解后，俄罗斯社会面向市场经济转型；三是国家领导人曾就教师社会地位问题发表多次讲话，也设立"教师节"以彰显和引导社会尊师氛围。虽然在苏联，教师一向被社会所尊重，但其具体的境况与尊重存在较大

---

① 摘自郜宝文《试论日本明治时期小学教师的身份及地位》，《天津外国语学院学报》2003年第4期。

② 摘自郜宝文《试论日本明治时期小学教师的身份及地位》，《天津外国语学院学报》2003年第4期。

差异。

有学者研究认为，19世纪末20世纪初俄国乡村教师，虽然自身也在积极地塑造良好的社会形象，并在乡村起着文化传播者、农村恶习改造者、潮流引导者和乡村医生等社会角色，但是乡村教师整体的工资待遇低、工作和生活环境差、生活负担大。另外，教师与农民、神甫、政府乃至同事之间关系较为紧张，缺乏信任。总体上，彼时俄国乡村教师一方面比农民的地位高，另一方面与其他知识分子群体相比其地位较低。正如契诃夫所说，国民教师是俄国最不幸的人群之一。[①] 十月革命后，直至20世纪50年代，苏联快速推动工业化，对脑力劳动者高度重视，老师也因此享有较高的社会地位。有学者指出，此时期的教师同工程技术人员、医生一样社会地位很高，收入多，受人尊重，而到了20世纪七八十年代，教师职业的光环暗淡了，社会地位下降了。[②] 苏联在五十年代和六十年代初期，教师工资仅达到国民平均工资水平的84.7%，因而师范院校考生有62.5%的人是不热爱教育工作的，毕业生有28.2%不愿当教师，在职教师弃职改行现象也很严重。[③] 1985年，苏联颁布实施《苏联和各加盟共和国国民教育立法纲要》提出，对培养新一代、工人和专门人才做出突出贡献的人授予苏联勋章和奖章等奖励，对有突出贡献者给予经济奖励和提高工资等。[④] 但鞑靼教师进修学院在1988年年底至1989年年初对800多位教师、学生和父母发放关于教师社会地位的调查表，调查结论是教师社会地位偏低，待遇偏低，学生和家长都不愿意自己（子女）从事教师职业。教师社会地位十分低下是当时全苏人民教育工作者代表大会上议论最多的话题。[⑤]

由上可见，俄罗斯（苏联）教师的社会地位自19世纪末以来总体趋于下降的态势。只有在苏联十月革命后至20世纪50年代间快速推动工业化时期，对人才的需求转化为对包括教师在内的知识分子的尊重，并给

---

① 张广翔、张文华：《19世纪末20世纪初俄国乡村教师的社会地位》，《河南师范大学学报》（哲学社会科学版）2014年第2期。
② 黎方：《苏联"脑体倒挂"现象一瞥》，《世界知识》1989年第3期。
③ 何国华：《外国中小学教师的培养和地位》，《外国中小学教育》1985年第5期。
④ 奕星：《苏联教师的地位和待遇》，《今日苏联东欧》1988年第10期。
⑤ ［苏］弗·加·扎亚季诺娃：《教师的社会地位》，《苏联研究》1990年第6期。

予经济优待。随着苏联社会经济结构的转型，教师的经济待遇下降，尽管俄罗斯（苏联）从国家层面倡导尊重教师，也实施了教师奖励计划，但教师的社会地位和职业声望并未得到实质性改观。

（3）西方发达国家——美国、芬兰教师社会地位研究

西方发达国家拥有世界上先进的教育系统。近代以降，我国教育发展一直取道西方以求自强。教师作为教育发展环节最为关键一环，西方发达国家也极为重视教师的教育、聘任和待遇等方面的制度建设。西方发达国家和我国在文化传统、社会结构和政治建设等方面存在较大差异。因此，在先进教育系统建设过程中，西方发达国家教师的社会地位状况如何、支持性力量有哪些、相对应的问题和对策有哪些，对这些问题的厘清对我国教师社会地位的改善具有极高的启示作用。本研究仅选取美国和芬兰两国作为西方发达国家的代表。

①美国教师社会地位问题的相关研究

美国社会学家劳蒂（Dan C. Lortie）综合考察了美国在殖民地时期至20世纪七八十年代的教师社会地位情况，指出："教师的社会地位特殊而又暗淡……它既受尊敬，又被鄙弃……社会真正给予从事教学工作者的尊重从来都与公开声称的尊重不相匹配。教学工作被赋予了某种高度体面的身份地位，但从事教学工作的人们并没有获得像那些专业工作者、政府高官或成功商业人士所享有的类似的尊敬。"① 美国社会学家林德夫妇（Robert & Helen Lynd）发现在（20世纪）20年代美国中部的小镇上，中小学教师是无足轻重的人物。民意研究中心（NORC）于1947年在美国展开的一项职业声望排名调查，结果表明教师一直排在医生与律师等专业之下，排在其他公共服务性专业之上。有学者指出，美国在"二战"之前，教师待遇是不高的，1929年美国教师平均工资额低于全国工资的平均额，"二战"后，美国注意增加教师工资，1953年教师工资平均额已高于全国工资的平均额。② 另有学者指出，20世纪60年代以前，美国教师和教授确实享有来自学生的尊敬，但在60年代以后，这种尊敬开始稳

---

① ［美］丹·克莱门特·劳蒂：《学校教师的社会学研究》，饶从满等译，人民教育出版社2011年版，第8—9页。

② 全廷建：《美国教师地位低导致教育质量低》，《比较教育研究》1984年第3期。

定地下降。① 有学者研究指出，进入（20世纪）70年代以来，美国中小学教师的社会地位江河日下，主要表现就是工资收入低于同等学力人员和其他职业人员。② 有学者在20世纪80年代的调查表明，在美国，大约半数教师有第二职业，其中72%的男性教师有第二职业，而女性教师是33%。教师从事与他们的教育并不一定相称的第二职业，降低了教师在公众眼中的地位。③

由以上资料，我们可以总体勾勒出美国教师社会地位自殖民地时期至今的变迁脉络：虽看似受人尊重，但总体处于较低状态，趋于现代越发下降。美国教师社会地位为何如此偏低，多数学者认为美国是一个分工细化和职业化非常高的社会，教师作为社会分工和职业的一种，其薪酬待遇是决定其社会地位的核心因素，而美国教师薪酬待遇普遍偏低。除工资低外，有学者认为20世纪60年代美国教师社会地位下降成因还包括：一是占多数的黑人和拉美学生家长对教师的不理解，认为教师在政治、经济和教育上打压他们；二是家庭离婚率和问题学生增加使得学校承担了过多的教育责任；三是教书是一项大家熟悉的工作，缺乏资格准入门槛和神秘性。④ 还有学者认为，美国教育市场化推动了美国教师的分层，⑤ 另外美国教师职业的供求关系也影响着教师的社会地位。⑥

自20世纪80年代以来，美国社会的教育危机感普遍存在，推动教育改革和提升教育质量成为美国社会各界努力实现的目标。在此过程中，美国先后出台多项教育政策和发表多项影响广泛的研究报告，包括《国家在危急中：教育改革势在必行》（1983）、《准备就绪的国家：21世纪的教师》（1986）、《明日的教师》（1986）、《国家为培养21世纪教师做准备》（1986）、《明日的学校》（1990）、《明日的教育学院》（1995）、

① 梅尔文·霍华德：《美国教师的社会地位》，《教学与管理》1988年第3期。
② 傅松涛：《美国中小学教师社会地位述评》，《外国教育研究》1988年第3期。
③ ［澳］L.J.萨哈：《教育大百科全书·教育社会学》，刘慧珍译审，西南师范大学出版社2011年版，第123页。
④ 梅尔文·霍华德：《美国教师的社会地位》，《教学与管理》1988年第3期。
⑤ 鞠玉翠、王佳佳：《美国教育市场化影响下的教师分层趋势评析》，《外国中小学教育》2007年第1期。
⑥ 程晋宽：《劳动力市场中美国教师职业的供求关系与社会地位分析》，《比较教育研究》2014年第4期。

《什么最重要：为美国未来而教》（1996）、《做什么最重要：投资于优质教学》（1997）、《2000 年标准》（2000）、《不让一个孩子掉队法》（2002）、《改革蓝图：重新修订初等和中等教育法》（2010）和《我们的未来，我们的教师：奥巴马政府教师教育改革计划》（2011）等。20 世纪八九十年代的教育改革运动让美国中小学教师成为公众关注的中心，也给各州和各学区施加压力以增加教师的工资，教师的社会地位和经济收入都得到实质性的提高。①

②芬兰教师社会地位问题的相关研究

与美国不同，同为发达国家的芬兰，教师的社会地位极高，他们在整个芬兰都备受尊敬，拥有毋庸置疑的信任。的确，芬兰人一直认为教育是一份高贵且极具威望的工作——如同医生、律师或经济学家——但不是因为物质利益、职业前途或者奖励，而是因为教职的道德意义。② 正是因为芬兰教师社会地位高，申请教师岗位的竞争非常激烈。2011—2012 年间，赫尔辛基大学的师资培育系提供了 120 个小学师资培育学历名额，一共吸引了将近 2400 名申请人。③ 芬兰发行量最大的报纸《赫尔辛基日报》国际版新闻曾经针对芬兰全国中学生做了问卷调查，结果显示，"教师"是中学生心目中最受欢迎的职业。有 26% 的中学生希望成为教师，19% 希望成为工程师，18% 为心理学家，18% 为艺术家。④

由此可见，芬兰教师在芬兰社会结构处于较高的位置。究其原因，在于芬兰社会对教育的高度重视与尊重教师的双重吻合。在芬兰，教育被认为担负着维系国家文化和建构开放社会的使命。由于过往受瑞典和俄罗斯两个强邻长期统治和打压，芬兰人尤为注重国家认同、文化传承和自有价值的实现，也希望通过教育、识字与自我完善成为芬兰个体。因此，芬兰的教师与教育变成了非常崇高的职业。基于对国家民族命运

---

① 程晋宽：《劳动力市场中美国教师职业的供求关系与社会地位分析》，《比较教育研究》2014 年第 4 期。

② ［芬兰］帕思·萨尔伯格：《芬兰道路：世界可以从芬兰教育改革中学到什么》，林晓钦译，江苏凤凰科学技术出版社 2015 年版，第 101 页。

③ ［芬兰］帕思·萨尔伯格：《芬兰道路：世界可以从芬兰教育改革中学到什么》，林晓钦译，江苏凤凰科学技术出版社 2015 年版，第 105 页。

④ 陈之华：《芬兰教育全球第一的秘密》，中国青年出版社 2009 年版，第 57 页。

的高度警示，芬兰社会形成了重视教育的共识，并且这种共识更接近于一种教育文化或社会使命感，进而转化为对教师的重视和尊重。教师在芬兰一直有着承担社会心智启蒙的重要责任，因为自从芬兰独立后，芬兰人知道唯有靠着教育，才能走出自己的一条康庄大道，并能完全独立于两大强邻之间。① 芬兰的教师在管理课堂、帮助所有学生成为成功的学习者方面具备的专业判断力和决策力，使得他们赢得了家长和全社会的信任。② 正是芬兰社会赋予教师如同东方国家的道德、文化乃至社会符号，使得芬兰教师无论在社会地位还是职业声望上具有较高的表现。也正是在这种社会氛围下，在奉献教育界或另寻发展的抉择面前，芬兰年轻人的首要考虑，就是工作条件以及具备职业道德的专业环境。③ 已经在中学教了 24 年物理的史亚力指出，他每月收入扣税之后，大约有 2000 欧元，跟大学毕业生差不多，他说："做老师不是为了钱，是因为我们真的相信这份工作对芬兰很重要。"④

综合美国和芬兰两个西方发达国家的教师社会地位问题研究，我们可知，尽管西方发达国家经济社会发达，社会分工和职业分化细致化，但教师社会地位的高低并不简单依赖于教师职业性的经济收入。在美国，教师虽然受到社会不同程度上的尊重，但社会地位的高低更多依赖于职业性的经济收入，并且受到市场化因素的影响颇多。以致在深受金融危机的美国当下，教师的经济收入和供需关系较为紧张，社会声望亦受影响。可见，教师在美国更多是一种市场经济中的职业性存在。与此相反，芬兰教师在芬兰社会结构中不仅是一种职业性存在，更是一种具有社会责任感的道德性存在。芬兰教师社会地位很高，这并非来自职业性的经济收入，而是决定于芬兰社会重视教育和尊重教师的高度的双重吻合。虽然美国社会也有尊重教师的一面，但芬兰社会不仅把这种尊重放在一般的社会礼仪层面，而且提升到关系芬兰国家和民族命运的高度，并使

---

① 陈之华：《芬兰教育全球第一的秘密》，中国青年出版社 2009 年版，第 58 页。

② ［美］马克·塔克：《超越上海：美国应该如何建设世界顶尖的教育系统》，柯政主译，华东师范大学出版社 2013 年版，第 65 页。

③ ［芬兰］帕思·萨尔伯格：《芬兰道路：世界可以从芬兰教育改革中学到什么》，林晓钦译，江苏凤凰科学技术出版社 2015 年版，第 107 页。

④ 何树彬：《芬兰：实现师范生好中选优》，《上海教育》2011 年第 6 期。

之成为全社会共享的一种价值理念。因此，尽管芬兰教师的职业性经济收入并不很高，但其社会地位却很高。

2. 国外教师社会地位研究：整体的比较分析

有学者研究指出西方古代教师社会地位如同古代中国，帝王之师备受尊崇，平民之师则地位偏低，甚至不如古代中国。资产阶级革命后，由于工业化大生产带来对劳动者文化素质的较高要求，提高了以传授知识为业的教师的社会地位。[①] 但提拉克（Edward A. Tiryakian）关于菲律宾的研究和托马斯（M. Thomas）关于印度尼西亚的研究发现：落后国家与发达国家的教师职业声望结构相似，对于中小学教师的评价都不是太高。有学者研究指出，各个国家都非常重视通过在社会上造成尊师爱师的良好风尚来提高中小学教师社会地位，例如苏联（现俄罗斯）规定每年的 9 月 1 日为苏联的"知识节"，设置各种针对教师的荣誉；日本非常注重对教师尊重且仪式化；罗马尼亚和朝鲜则在社会服务各方面优先照顾教师；捷克的学生和家长很感念教师，等等。[②]

世界各国教师社会地位具体状况如何呢？国际组织 Varkey GEMS Foundation 以比较中小学教师与其他职业群体的等级排列（Ranking primary school teachers against other professions；Ranking secondary school teachers against other professions），考察其他职业相近群体对中小教师的等级排列（Ranking of teachers according to their relative status based on the most similar comparative profession）和考察学生对教师尊重程度的等级排列（Rating perceived pupil respect for teachers）等三大类问题构建了教师社会地位指数。在此基础上，该组织通过问卷调查分析出了对 21 个国家的教师社会地位指数（见表 1.3）。通过表 1.3，我们大致可以得出如下结论：一是各国教师社会更多来自国家内部的社会比较，以教师平均收入为例，中国教师平均收入为 17730 美元，在 21 个国家中排在第 20 位，但教师社会地位指数排在第 1 位，而德国、日本的教师平均收入达到 4 万美元以上，但社会地位指数排在后列；二是东方国家抑或有尊师传统的国家的教师

---

① 王健：《发达国家教师社会地位演进及其启示》，《集美大学学报》2010 年第 7 期。

② 上海教育科学研究所情报研究室：《各国在教育改革中注意改善和提高中小学教师的地位和待遇》，《现代外国哲学社会科学文摘》1985 年第 8 期。

社会地位指数较高，在 21 个国家中，中国、韩国、新加坡均排在前列，但日本较为靠后；三是经济收入对教师社会地位很重要，但非决定性因素，西班牙和葡萄牙教师工资高于 25—64 岁受过高等教育的全职全年劳动者收入，但教师社会地位并不很高，而新西兰教师低于全职全年劳动者收入，在 21 国中排第 5 位。当然，Varkey GEMS Foundation 组织此次发布的 21 国教师社会地位指数仍有值得商榷的地方，如日本无论国内的尊师传统，还是教师本身的经济收入，都在东方国家中处于前列，但这次却排在后端。可见，教师社会地位问题是一个很复杂的问题，不能简单地用经济待遇一以概之，而要关注到不同国家内部的社会和教育结构问题。

表 1.3　　　　　　2013 年 21 国教师社会地位指数排名①

国家	教师地位指数	教师平均收入（以美元 $ 为折算标准）	教师工资与 25—64 岁受过高等教育的全职全年劳动者收入的比率②		PISA 成绩排名（1 = 最高排名；20 = 最低排名）
			小学阶段	初中阶段	
中国	100	17730	—	—	3
希腊	73.7	22341	—	—	17
土耳其	68.0	25378	—	—	19
韩国	62.0	43874	1.31	1.30	4
新西兰	54.0	28438	0.98	1.01	6
埃及	49.3	10604	—	—	
新加坡	46.3	45755	—	—	1
荷兰	40.3	37218	0.70	0.84	7
美国	33.4	44917	0.67	0.69	12
英国	36.7	33377	0.99	1.09	10
法国	32.3	28828	0.73	0.79	11
西班牙	30.7	29475	1.21	1.35	16

① Varkey GEMS Foundation. 2013 *Global Teacher Status Index*, https：//www. teachertool-kit. co. uk/wp-content/uploads/2014/03/2013globalteacherstatusindex. pdf.

② 经济合作与发展组织：《教育概览 2012OECD 指标》，中国教育科学研究院译，教育科学出版社 2012 年版，第 506—508 页。

续表

国家	教师地位指数	教师平均收入（以美元＄为折算标准）	教师工资与25—64岁受过高等教育的全职全年劳动者收入的比率		PISA成绩排名（1＝最高排名；20＝最低排名）
			小学阶段	初中阶段	
芬兰	28.9	28780	0.89	0.98	2
葡萄牙	26.0	23614	1.19	1.19	14
瑞士	23.8	33326	—	—	8
德国	21.6	42254	0.88	0.97	9
日本	16.2	43775	—	—	5
意大利	13.0	28603	0.57	0.60	15
捷克	12.1	19953	0.53	0.53	13
巴西	2.4	18550	—	—	20
以色列	2.0	32447	0.95	0.92	18

针对教师社会地位高低的成因分析，总体而言有如下几种观点：一是经济收入说。现有研究表明，教师获得的工资大约与他们的声望成比例，高于支付给蓝领工人的工资但低于支付给多数专业职业的工资。[1] 教师工资必须确保教师的生活达到理想的标准，使教师能投身于专业的可持续发展。[2] 这也是多数学者和研究的通行观点。麦肯锡（McKinsey & Company）通过研究当前世界上最顶尖学校系统中教师质量问题后指出，这些国家和地区可以吸引毕业生队伍中的前5%—30%来当老师，因为他们提供的底薪占人均国内生产总值的95%到141%。相比之下，在美国一些表现较低的学校系统，教师是来自学生队伍中的后30%；他们平均底薪是人均国内生产总值的81%。[3] 二是职业末端说。仅有的研究往往把教师放在中产阶级职业的末端和那些被认为是专业职业的底层。而且，这

---

[1] ［澳］L. J. 萨哈：《教育大百科全书·教育社会学》，刘慧珍译，西南师范大学出版社2011年版，第164页。

[2] ［美］马里斯·特蕾莎·西尼斯卡尔科：《世界教师队伍统计概览》，丰继平、郝丽平译，华东师范大学出版社2007年版，第27页。

[3] 联合国教科文组织国际教育局：《教师管理与教育改革：范式转变》，华东师范大学出版社2012年版，第78页。

种地位排列往往支配整个工业化国家。① 三是入职门槛说。为什么教师没有得到较好的工资，主要原因大概是他们从来没有阻止"无资格"人员进入这个职业，而在医学中广泛使用这种资格。② 以芬兰为例，通过提高教师入职门槛、赋予教师专业权、提升教师工作环境等措施使教师队伍能同律师、医生一样具有吸引力，吸引排名前25%的芬兰高中生毕业后进入竞争激烈的教师培训项目。四是科层体制下教师权威说。像医院、监狱或大学一样，学校是一个塑造人的组织，而且多数学校系统的特征是科层等级，教师是其中的"工人"。正是这种低权威职位，教师必须接受全体员工中多数人的命令：部门领导、学科专家、校长和他们的助手、主管以及学校委员会。③ 五是教学主权说。劳蒂认为教师有"专门的但附有阴影"的声望地位。一方面教师的工作被看成附有"专门使命"的光环，另一方面教师在很大程度上失去了他们曾经用来管理教学和课程的各种自主权，因为他们已经变成等级组织中的职员。④ 六是教师群体女性化说。人们认为教师声望相对低的一些原因有：妇女在教师职位中盛行、期待的教师角色缺乏特异性、教师主要为年轻人工作、教好课所必需的知识贬值、大量的人被雇用或可被雇用成为教师等。⑤ 七是政治代理人说。有学者认为教育是政府的武器，为统治阶级利益服务，教师则是它的代理人。无论教师作为个体还是职业群体，这种观点将教师排斥在重要的政治参与之外，而是把他们看作矛盾的阶级参与者，他们的政治行动是他们在阶级结构中地位的结果。⑥

---

① ［澳］L. J. 萨哈：《教育大百科全书·教育社会学》，刘慧珍译，西南师范大学出版社2011年版，第164页。

② ［澳］L. J. 萨哈：《教育大百科全书·教育社会学》，刘慧珍译，西南师范大学出版社2011年版，第164页。

③ ［澳］L. J. 萨哈：《教育大百科全书·教育社会学》，刘慧珍译，西南师范大学出版社2011年版，第164页。

④ ［澳］L. J. 萨哈：《教育大百科全书·教育社会学》，刘慧珍译，西南师范大学出版社2011年版，第164页。

⑤ ［澳］L. J. 萨哈：《教育大百科全书·教育社会学》，刘慧珍译，西南师范大学出版社2011年版，第164页。

⑥ ［澳］L. J. 萨哈：《教育大百科全书·教育社会学》，刘慧珍译，西南师范大学出版社2011年版，第168页。

（三）总结与展望

综合上述关于国内外（农村）教师社会地位的相关研究可知，尽管对农村教师社会地位问题判断和对策已有部分有价值的成果，但迄今为止，以农村教师社会地位为对象的系统性研究并不多见。纵观国内外研究成果，大致可分为两类：一类是宏观层面的研究，即通过国家公布的教师政策和数据来推导和分析农村教师社会地位问题；另一类是微观层面的研究，即通过具体的调研数据来开展农村教师社会地位的现状、原因和对策研究。概要而言，当前研究又呈现出两种问题：一是对宏观政策的研究虽较详细深入，但政策究竟如何影响农村教师社会地位则较少涉及，反而是简单化地借用马克斯·韦伯提出的经济、权力和声望三重社会地位分析维度加以分析，而缺乏与社会地位理论的互动。马克斯·韦伯所提出社会地位理论是根植于西方甚至就是德国在工业化初期所出现的社会结构变迁而提出的理论思考。我国与西方社会差异显著，固然社会地位的形成逻辑有着自身特点。若简单套用某一理论，不可避免地会使问题简单化，学术研究重复化。二是微观具体化的调研虽能对问题作出较为直观的判断，但缺乏对问题原因及其背后所体现的城乡社会发展逻辑作出的诊断。我国城乡社会差距显著，尤以近代城乡社会自成系统，再之现代农村社会卷入以城市为中心的市场浪潮中。这种社会结构差异和变迁必然会对结构内群体社会地位获得产生影响。三是无论宏观还是微观层面的研究都是截面式、片段式，缺乏对农村教师社会地位理论、所在的社会结构、所处的社会空间特质作立体的、全面的考察分析。纵观国内外教师社会地位的社会变迁和形成逻辑，以及列位社会学家关于社会结构和社会地位的理论研究，不难发现，教师社会地位并非简单地由经济收入所决定，也并非一两项教师待遇的优惠政策所能决定，而是由其本身所具有的特质和所处的社会形态、社会结构决定的。只有把学术研究的目光投射到农村教师本身所具有的特质和所处的农村社会形态、结构之中，才能真正找到决定农村教师社会地位的支持性力量。正因如此，农村教师社会地位问题不能仅仅放在薪酬待遇等一般性职业地位层面去分析，而应回归农村教师本身，置其于"农村教师社会地位如何形成、由何决定"等前提性问题的思考之下。只有以对农村教师本身所具有的特质的分析为前提，把农村教师放在社会变迁之维、城乡社会之维、社会分工之维、职业分化之维和文化传统之维等全面考察之下，才能真正找到农村教师社会地位提升的支持力量，再结合既有的农村教师政策，才能从根本上提出适切性的建议对策。

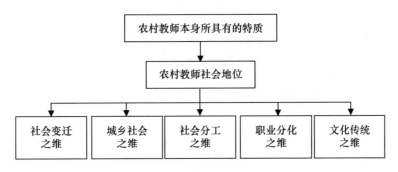

图1.2　农村教师社会地位逻辑分析

三　研究问题与意义

（一）研究问题

本研究的核心问题是农村教师社会地位的核心支持力量是什么，在当前农村教师社会地位普遍偏低的实际情况下，如何挖掘和发挥支持力量，以更好地促进农村教师社会地位的提升。具体来说，主要有如下三个方面的问题。

1. 群体（个体）的社会地位由什么来决定？在不同历史背景下，社会地位的决定因素是否存在差异？又会呈现怎样的特征？是否存在契合中国社会的社会地位判定标准？

农村教师社会地位问题理论基础和分析视角是社会学中的社会地位理论和视角。而已有的农村教师社会地位问题研究中理论部分基本是拿来主义，缺乏对社会地位理论的反思。群体（个体）自出生以降，都会被动或主动地内嵌于社会秩序之中，并获得一种特殊的区分彼此的社会符号——社会地位。尤其在等级分明和阶层固化的社会中，社会地位之于个人（群体）的符号作用更为明显。那么，个人（群体）的社会地位是由什么来决定？已有的社会地位理论的出发点是什么？其所提出的决定因素包含哪些？由于古今中外的历史背景不同，社会秩序的建构逻辑不同，那在不同的历史背景下，社会地位的决定因素是否存在差异？其具体体现是什么？中国历来等级分明又经历多次社会大转型，社会秩序结构虽有变动但基本属于"超稳定"状态，而既有社会理论以西学为主，尤以经典社会学为主，那么基于中国实际，是否存在契合中国社会的社会地位判定标准？

2. 农村教师社会地位是由什么来决定？与其他职业有何异同？在不同时代背景下，农村教师社会地位的决定因素包括哪些？这些决定因素的转换蕴含怎样的历史逻辑？农村教师社会地位与农村社会这一特殊社会场域存在怎样的互动逻辑关系？

如上所述，群体（个体）的社会地位根植于社会秩序结构。时下，学者多数借用一般的社会地位理论来分析和评判教师的社会地位。固然，教师作为社会职业的一种，与其他职业存有共性。但教师工作发挥着教书育人、塑造人类灵魂和增进人类发展能力等诸多重大社会功能，对群体（个体）社会地位的获得也起着决定性作用，这些是其他职业所不能比拟的。因此，教师的社会地位根本上是由什么来决定的？是否有基于教师职业特性而生成的适切于教师社会地位的分析维度？这个评判标准是什么，与当前一般意义上的社会地位评判标准有何区别？在不同的社会时空背景下，教师的社会地位决定因素是否存在差异？与此对应，农村教师社会地位的决定因素和影响因素又是契合怎样的运行逻辑？

总体而言，众人共享的认识是，农村教师从古代至今均处于社会底层。然而，试想在一个等级分明、普遍不富且有尊师重教传统的古代中国，农村教师的社会地位会很低吗？首先我们能否用当代的社会地位判断标准来评判蕴含历史文化意蕴的农村教师？是否要回归历史，基于传统社会结构及其内在运行逻辑来分析当时的农村教师社会地位？其次，当前农村教师社会地位为何偏低？为何各位学者之间也存在观点差异和争论？能否仅仅用政治、经济、社会等常规社会地位评判维度来分析教师社会地位？最后，农村教师社会地位变迁为何发生？变迁的路径是什么？农村教师社会地位变迁与农村社会场域有何种关系？清末以来，我国社会结构经过多次的改革和转型，那农村教师社会地位变迁与社会结构变迁之间的关系如何？互动逻辑是什么？

3. 基于此，农村教师社会地位能否提高，会受何种因素制约？在当前城乡教育发展略显分裂以及公共服务向农供给不断增强的情况下，我们又该如何提高农村教师社会地位呢？

在当前的时代背景下，农村教师社会地位提高的可能性该如何实现？又会受何种因素的制约？基于中国社会秩序的建构逻辑和未来发展态势，农村教师社会地位偏低问题能否得到根本性改善？农村教师、各级政府和社会是如何以及应该如何应对？

（二）研究意义

长期的城乡二元治理方式导致城乡差距扩大，从而使农村教师向城区流动，以及农村教育的普遍衰落。尤其在新型城镇化政策施行的大背景下，城乡社会、经济和文化的关系和发展动向未尽明朗，农村教育和农村教师不知何去何从。因此，准确理解和把握"农村教师社会地位"的真实状况和复杂变迁路径有着重要的理论和实践意义。

第一，对该问题的研究有一定的理论意义。农村教师社会地位问题更是农村教育研究领域的亟待破解的理论难题。关于农村教师社会地位问题的研究，大多比较零散且多有不尽如人意。要么过多注重于经济要素对农村教师社会地位偏低的分析，而忽视社会学领域中社会地位理论的学术争论和时代进步，以致理论基础存在前提性偏差；要么过分强调经验层次的判断，将教师和农村教师放在职业地位的一般层面去讨论，忽视了教师职业的特殊性和农村教师所处社会结构的特殊性。因此，本书将农村教师放在社会结构变迁的时间视角下和城乡社会特质的空间视角下加以讨论分析，注重探究作为农村社会文化符号和经济符号的农村教师与农村社会网络结构变迁的互动与冲突关系的分析与讨论，这有助于我们从理论上厘清农村教师社会地位的历史变迁过程，并建立一个符合农村教师地位乃至农村教育发展与农村社会结构关系的分析模式。同时，本书也力图对既往农村教师社会地位研究作一个理论总结和为未来的研究提供一个理论视角。

第二，教师社会地位问题一直以来是教育社会学研究领域的核心主题。然而，已有的研究主要是直接借用相关社会分层理论对教师地位加以论述，忽视了教师职业的复杂性。本书力图从已有社会分层理论出发，总结提炼社会地位、我国社会范畴下社会地位、教师社会地位的生成逻辑，进而期以从理论上丰富（教师）社会地位的内涵，并拓展此类研究的广度与深度。在此基础上，从社会学的学科角度出发梳理和厘清农村教师在传统中国和当代中国的社会地位，并从农村教师所处场域——农村社会的等级结构、社会网络和社会资本的维度出发，生成农村教师社会地位分析维度，期以为更好地分析和提升农村教师的社会地位提供理论依据。

第三，对上述问题的研究有助于学界对农村教师政策与城乡社会结构变迁之间的互动关系展开探讨。由于我国城乡社会空间早已有之且存在等级结构特征，而农村教师乃至农村教育发展植根于城乡社会空间之中，加之当前农村社会的衰落初见端倪、人口向城流动持续加剧、新型城镇化政策逐步落实等，这些将对农村教师政策产生最直接的影响。因此，在一个更为广泛的社会结构和制度背景下，去分析农村教师社会地位和农村社会之间的关联性及其对农村教师队伍未来发展的影响，将有益于加深对我国社会变迁对教师发展的影响，尤其是农村社会变迁对农村教师发展的影响。

第四，对上述问题的探讨有助于解决农村教师社会地位问题。农村教师队伍建设一直以来是我国教育治理中的薄弱环节。有关此问题的研究甚多，但迟迟未能找到令人信服的办法，也迟迟未能打破业已形成的政策困局。国发〔2012〕41号文件《国务院关于加强教师队伍建设的意见》明确提出"农村教师社会地位亟待提升"，并把"教师地位待遇不断提高，农村教师社会地位明显增强"作为到2020年加强教师队伍建设的重要战略目标之一。2015年6月国务院通过《乡村教师支持计划（2015—2020年）》，推出八大惠及乡村教师的举措。近前一系列农村教师政策的出台和实施，社会舆论对此普遍叫好，对农村教师队伍建设的未来发展态势乐观多于悲观。然而被看好的政策出台不久，2015年8月便曝出新闻，甘肃省会宁县的警察招考引发当地一线教师的离职潮，招录的189名警察中有171名来自教师行业。① 农村教师们为何作出如此选

① 马富春：《甘肃会宁：一次警察招考引发的教师离职潮》，《中国青年报》2015年8月12日第6版。

择，或许只有切身经历了他们在农村的生活与工作后才有感知和体认。前后鲜明的对比以及社会认知与诸多农村教师选择的落差表明，农村教师问题的复杂性和艰巨性，绝非某一两项政策就能过扭转局面。本书期以通过建构理解解释框架、梳理农村教师社会地位的历史变迁和归纳农村教师的当代境况为人们思考农村教师社会地位问题提供理论的参考和比较的依据，为切实地提升农村教师待遇和社会地位提供可资借鉴的理论思路和政策建议。

第五，推进对农村教师的道德和制度双重关怀，以及对农村教师相关政策的理论观照和反思。依据实际状况可以判断，分布广泛、数量庞大的农村教师群体弱势化明显。近前城镇化的快速推进更加加剧了农村教师的这种趋势。城镇化的实现需要能力和资本。作为个体而言，实现由农村向城区的流动和定居，背后需要付出诸多努力和资本。可以断言，城镇化是一个社会进化的过程，是一个社会"优胜劣汰"的过程。留在农村的且未能实现城镇化的，多数是在能力和资本方面存在先天和后天所致的弱势。农村教师从教于农村必然被这宏大且个人意志无法左右的社会背景所影响。若从人口流动和社会进化的角度而言，农村教师任教于乡校的行为多少存在"逆城镇化"和"逆社会发展"的意味。因此，如何改进和制定有针对性的农村教师政策，如何保障并提高农村教师的社会地位是实现农村教师队伍质量提高的关键，是实现城乡社会和教育有序且均衡发展的关键，是农村社会实现文化传承、推新乃至再造的关键，是农村社会实现现代性转化的关键。显然，社会各界对此问题已有长期关注，行政部门亦是采取了多方措施。尽管如此，相应的关注和对策应更进一步，除现有的道德关怀和近期有所增强的制度关怀外，更需基于我国社会运行逻辑和未来发展需要，加强对农村教师社会地位问题的道德和制度双重关怀，同时对相关政策加强理论反思。

四 研究思路与方法

（一）研究思路

本书研究初始目的旨在解析农村教师社会地位由古至今的社会变迁，意欲借助相关历史证据对农村教师社会地位加以深描，进而转向历史的背后达到寻觅决定农村教师社会地位的"密码"之目的。本书在准备阶段即通过文献资料的梳理后，结合我国社会古今之变、社会地位获得方式转化和农村教师在古今时期的社会地位，初步确定以"身份"和"职业"这两个在古今时代具有充分代表意义的社会学概念来囊括农村教师社会地位变迁的学术韵味，题目也拟为"从身份到职业：农村教师社会地位变迁研究"。然而，随着对此问题的持续研究，加之与导师、同学的讨论，逐步深切地认识到农村教师社会地位研究中涉及的两大问题仍存有歧义且有待进一步明晰：一是社会地位是什么？二是农村教师的社会地位是什么？而这两大问题是本书的理论前提和贯穿全文的思考工具。毫无疑问，本书若要继续推进和顺利开展，必然要回应这两大问题。而要回应此两大问题，必然要占用大量宝贵又紧张的时间，压缩社会变迁部分的内容。正是基于如此的理论困扰、研究需要和现实观照，本书确立起"理论解释框架的建构→基于社会变迁的应用研究→观照现实和未来展望"的研究理路，以此为主线依次架构起研究框架（见图1.3）。相应地，本书论述的谋篇布局也作了调整，具体如下。

第一部分"农村教师社会地位的理论审视"主要解决"社会地位"和"农村教师社会地位"的理论建构问题，即我们应用什么样的理论框架来审视农村教师的社会地位。首先，论述了"社会地位的生成逻辑"问题。具体包括：一是基于既有学说观点对社会地位作了理论界定，回应"社会地位是什么"的问题；二是基于理论和史实展开丰富的"社会学的想象力"，回归人类社会原初，提炼出"是否占有稀缺性资源决定着社会地位"和"是否获得规定性地位是影响社会地位升降"等两大观点，回应"如何获得社会地位"的问题；三是基于对人类社会发展史的理论省思，总结归纳出不同社会类型下获得社会地位的逻辑取向，回应"社会变迁是否会影响社会地位获得"的问题。其次，论述"农村教师社会地位的形成机制"问题。基于前述构建的社会地位理论解释框架，结合农村教师职业发展特点和已有关于农村教师社会地位的理论观点，提炼出"知识稀缺性是农村教师社会地位获得的决定因素""礼制规约是农村教师社会地位获得的约束性条件""城乡有别是农村教师社会地位获得的空间性限制"等三大观点。

第二部分"农村教师社会地位的变迁"主要是遵循第一部分构建起

的理论解释框架，对自近代以来农村教师社会地位之历史变迁作应用性研究，也是为检验第一部分的理论解释模式是否经得起经验的审视和批判。其中，第三章"去魅化：农村教师职业的现代性转化"着重于论述农村教师由古代向近代，直至现代的历史变迁。主要以礼制规约对农村教师社会地位影响的变迁为线索，剖析在这巨大的社会转型中农村教师社会地位的渐次下降。第四章"边缘化：农村教师社会地位的当代窘境"则着重于论述农村教师社会地位的当代遭遇。主要以"社会分工带来的职业分化"和"城乡二元体制带来的制度排斥"两大时代背景为依托，分析农村教师社会地位下沉的原因和实现提高的困境。

第三部分"农村教师社会地位的未来展望"是在第一、第二部分论述的基础上探讨提高农村教师社会地位的可能性问题。主要是围绕"知识资源""薪酬待遇""社会道德使命"等关涉到农村教师社会地位的三方面而展开。虽然基于理论和实际证明，实现知识资源的相对稀缺性是提高农村教师社会地位的决定因素，提供竞争性薪酬待遇是关键因素，实现尊师与社会道德使命的相吻合是约束性条件，但本书设计三方面自成一章，意在表明在现有社会条件下，其中任何一方面的突破或实现均能够推动农村教师社会地位的积极变动。而上述三方面的实现，均会面临各种不同的挑战和难度。最后，总结了历来提高农村教师社会地位的各种举措是"从道德关怀到制度关怀"，重申了农村教师社会地位的获得实质性提高需要"道德和制度的双重关怀"。

（二）研究方法

研究是一段在已知与未知之间反复挣扎与互为交错的学术探险过程。研究者需要进行逻辑思考、遵从规则……运用自己的想象力与创造力，以及一种系统的方法，将理论与事实结合起来。[①] 在这个过程中，研究者就需要对研究方法作出甄别和选择。而研究方法选用是否得当直接关系到研究能否顺利开展和能否达到预期目标。本书主要围绕农村教师社会地位"由什么决定"和"未来发展态势如何"展开论述，原初拟定以实

---

① ［美］劳伦斯·纽曼：《社会研究方法：定性与定量的取向》（第5版），郝大海译，中国人民大学出版社2007年版，第4页。

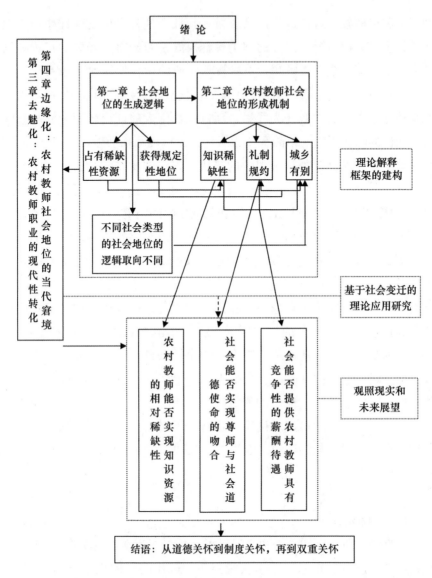

图1.3 研究框架

证研究的形式呈现，但担心于所得材料流于表面，无法获得隐匿在表象背后的真正的农村教师社会地位运行逻辑，从而使得本书有如"学术纪实作品"。但要"洞见或透识隐藏于深处的棘手问题是艰难的，因为如果只是把握这一棘手问题的表层，它就会维持原状，仍然得不到解决。因此，必须把它'连根拔起'，使它彻底地暴露出来"。① 结合师长的建议，本书转向理论研究，以求寻得问题本真。鉴于本书的学术定位和理论追求，最终确定所采用的研究方法主要有文献分析法、逻辑思辨法和历史研究法。

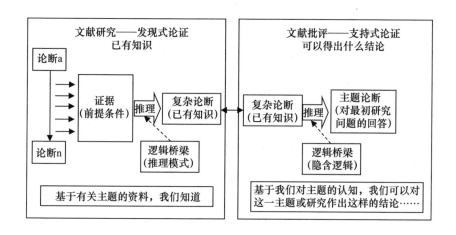

图1.4 文献综述研究方案②

1. 文献分析法

文献分析法是指根据一定的研究目的或课题需要，通过查阅文献来获得相关资料，全面地、正确地了解所要研究的问题，找出事物的本质属性，从中发现问题的研究方法。学术研究是讲求源流，是要有所本的，这个源流和本，不仅是基于各自研究主题与对话理论在学术研究路线的相应位置……同时也指研究方式，乃至文本表述特征在方法史中的承接与探索。③ 前人研究为后继研究提供了包括思想、方法论、经验和问题等方面的启迪。相对于整个学术发展史而言，生命有限的个体是极其渺小的。现时问题只有放之于学术场域中加以审视，方有可能知其研究的价

① ［法］皮埃尔·布迪厄、［美］华康德：《实践与反思》，李猛、李康译，中央编译出版社1998年版，第1页。

② ［美］劳伦斯·马奇、布伦达·麦克伊沃：《怎样做文献综述》，陈静等译，上海教育出版社2011年版，第69页。

③ 萧楼：《夏村社会》，生活·读书·新知三联书店2010年版，第6页。

值、可行性、突破路径和创新性。牛顿所言"站在巨人的肩膀上"或许就是这个意思。倘若一个学者想要建构出一个新的理论，他必须对相关文献作批判性的回顾（critical review），① 以此形成逻辑思维和论据链条，从而推进本研究的开展（见图4）。

　　本书选用文献分析法即是梳理本问题研究的学术发展史，问题演变，以求与前人研究开展学术对话，所使用范围包括：一是关于农村教师社会地位已有研究的文献综述，主要是整理、评析相关文献，梳理前人研究成果和观点，提炼已有研究存在的问题，明晰本研究的研究问题和视角。二是关于社会地位界定和获得途径的研究，提取社会学者对此概念的解释和核心关键词，在此基础上再做归纳性分析，奠定本研究的理论基础。三是关于农村教师社会地位决定因素的研究。本书需要综合知识社会学、教师社会学和社会地位相关理论，需要对"知识为何能够成为资源""什么知识才能成为教师拥有的稀缺性资源""知识资源又如何决定教师社会地位"等问题开展跨学科的学术理论对话，进而得出结论。四是关于农村教师社会地位变迁的研究。与此相关的研究散落在各类著作、学位论文、期刊和报纸中，且存在时间跨度较大的特点，因此需要对相关素材加以整理和归类分析。

　　2. 逻辑思辨法

　　逻辑思辨法是将事物的发展过程在思维中以逻辑的形式表现出来，从而制定理论体系的方法，包括分析与综合的辩证统一、归纳与演绎的辩证统一。② 对于本书而言，"农村教师社会地位是由什么决定的"是研究主轴，起着引领和导航的作用，采用实证的研究方法似乎更能够接近事实本身、更易操作和更快成文，亦是符合时下的研究潮流。其实不然，注重于集体非个体的学术研究时常担忧且可能发生的事情是，基于实证获得经验或许会遮蔽问题本真。正如有学者指出的，"当代的教育学研究缺乏的是真正关心实践本身的思想，因为缺乏思想，也不能真正地指引

---

① 黄光国：《社会科学的理路》，中国人民大学出版社2010年版，第10页。

② 裴娣娜：《教育研究方法导论》，安徽教育出版社2009年版，第327—329页。

或涉入实践"。① 因此，为寻觅一个具有普适性和规律性理论观点和体系，最为可能和有效的路径即是理性地对既有理论加以分析、综合和类比等，符合逻辑地推演和生成新的理论观点或体系。在本书中，主要通过逻辑思辨法对社会地位的概念、特征、获得路径、社会变迁，农村教师社会地位的决定因素、约束条件和限制性条件，以及农村教师未来发展趋势等问题进行研究。

3. 历史研究法

历史研究法是指依据客观历史史实，深入分析相应时空背景下事物的历史属性、特征和发展过程，进而把握其本质与规律的研究方法。古人云，以古为镜，可以知兴替。研究过去有助于更合理和更有条理地了解现在。不了解历史，个人只能依靠自己的有限经验作为思考和行动的依据。正如一位学者所说："（历史）是一种更普遍的经验，它确实比一切个人经验都更长久，更广阔，也更多样。"② 事物的发展总是在一定的社会情境下发生，只有置于其相应的历史中并串联起历史发展的各阶段加以比较分析，才能突破时代给予个体经验的有限性。历史研究可以增强概念化和理论的建构，通过检验历史事件或不同的文化情境，研究者不仅能够产生新的概念，并且还能拓展自己的观点。③ 本研究中，主要运用历史研究法对梳理农村教师社会地位由古代向近代至现代的转化，以及当代遭遇的变迁脉络，结合已建构的理论解释框架对农村教师社会地位的古今之变和现实处境作系统性反思和评价，旨在明晰农村教师社会地位变迁路线、未来发展态势和强化已建构的理论解释框架的解释力。

需要说明的是，在研究过程中，对上述研究方法的运用并非单一和孤立，而是相互依存和相得益彰的，共同服务于论点的论证和思绪的延展。例如，在第一部分理论解释框架的建构过程中，文献分析法和逻辑思辨法就交互使用。

---

① 金生鈜：《回归生命的诗学——感悟"生命·实践"教育学》，《当代教育与文化》2015年第3期。

② ［美］丹尼尔·A. 雷恩：《管理思想的演变》，李柱流、赵睿等译，中国社会科学出版社1997年版，第3页。

③ ［美］劳伦斯·纽曼：《社会研究方法：定性与定量的取向》（第5版），郝大海译，中国人民大学出版社2007年版，第515页。

五　创新与不足之处

（一）创新追求

学术创新是学术永葆生命力的关键所在，也是身为学者的当仁不让的使命所在。在社会转型的大背景下，各种教育问题层出不穷，尤以农村教育问题为甚。这为专注农村教育研究的各类人员提供了研究创新的契机。"农村教师"作为实现农村教育质量提升、缩小城乡教育差距的决定性力量之一，其所衍生出的问题历来备受社会各界关注。而在笔者看来，上述问题均受到一个问题所牵制——农村教师的社会地位问题。显然，学界早已把"农村教师社会地位"纳入研究视界，并围绕此课题做了大量富有意义的研究。这些研究概括而言又主要集中在两大方面：一是基于传统社会地位理论的声望、经济和权力三个维度的一般层面的量化调查的比较研究；二是基于文化传统针对古今农村教师社会地位的理论思辨研究。由此而生成的建议对策或过于物化，或过于理想化，对问题缺乏理论解释力。此种研究境况出现均源于缺乏强而有力的理论解释工具。基于此，本书期以弥补现有研究理论解释不足，力图在理论解释框架上进行创新。

1. 社会地位生成逻辑的理论创新

社会学诞生至今已近两百年，相关学说成熟且自成体系，社会地位理论更是如此。就目前而言，国内学界多用韦伯的社会地位理论来阐释相关问题。有学者指出，要站在民族的立场上来研究整个西方世界的事实，就要把这些事实从西方的话语中剥离出来，进入我们的视野加以研究。[1] 为了避免落入过往经验性研究的套路，为了突破社会地位生成逻辑在理论和实践解释中的困境，本书在借鉴和批判国内外相关社会地位理论的基础上，提出了一个新的理论视角。首先，建构获得社会地位的理论解释系统。借鉴迈克尔·哈纳（Michael Harner）、莫顿·弗里德（Mor-

---

[1]　曹景清：《如何研究中国》，上海人民出版社2010年版，第26页。

ton Fried）等人关于社会分层的资源稀缺理论，[①] 以及李春玲等学者综合哈罗德·克尔博（Harold R. Kerbo）、罗伯特·罗斯曼（Robert A. Rothman）等人归纳的社会分层的七种资源，[②] 进一步从社会地位获得的具象中抽离出来，提炼出"占有获得稀缺性资源与否决定群体（个体）的社会地位"的观点，同时，基于人类社会稳定发展的秩序需要，概括出社会地位的获得也受文化传统、制度规定的影响的观点，从而建构起获得社会地位途径的理论体系。其次，建构起社会变迁与社会地位互为影响的理论解释系统。基于对既有社会学者对社会地位理论的梳理和批判性反思，得知在不同社会地位类型下社会地位的具体解释和获得方式有所不同，进而在前述分析的基础上演绎归纳出以"生存性资源与道德性资源"相互作用而演变成四大社会类型，并且明晰了各自特征、变迁路线，及其对社会地位的影响。迄今为止，国内学界尚未就"社会地位"作纯思辨、系统性和具有本土意义的理论建构。本研究关于社会地位理论的思考丰富和深化了社会地位理论，对当前社会发展进行了理论反思，同时也为未来社会发展作了前瞻性反思。

2. 农村教师社会地位形成机制的理论创新

有学者指出，我国关于教师社会地位的研究总是留有遗憾：一是感情色彩重于理性分析，用教师地位"应该怎样"代替教师地位"是怎样"；二是在方法论和立足点上缺乏科学性和客观性。[③] 概而言之，既有研究缺乏客观理性的理论依据和方法论。正是如此，使得相关研究流于表面分析和做出结论，以致所提建议难得实践要领。因此，为实现研究上的突破，首要前提是确立可依循的农村教师社会地位解释框架。因此，鉴于既已建构起的社会地位理论，本书进一步基于农村教师职业特性建构起其社会地位的形成机制。首先，从农村教师作为教师赖以存在的教学中，抽离出知识作为其所拥有的资源，而该资源的稀缺性与否决定其社会地位。其次，考究我国古今社会变迁，特有的礼制规约维护了社会

---

① ［美］斯蒂芬·K. 桑德森：《宏观社会学》（第 4 版），高永平译，中国人民大学出版社 2013 年版，第 78 页。

② 李春玲、吕鹏：《社会分层理论》，中国社会科学出版社 2008 年版，第 4—7 页。

③ 郑新蓉：《论教师社会地位及法律地位》，《教育研究与实验》1998 年第 1 期。

发展系统千百年的"超稳定"，其功效之大的原因之一就是恰当地规定了社会各色人等角色扮演和功能定位，即农村教师社会地位亦受外在宏大的礼制规约所影响。最后，社会地位根植于社会结构，农村教师亦然。在总结前贤关于城乡社会关系研究的基础上，本书构建起城乡社会等级空间结构，并把农村教师社会地位放在城乡结构下加以审视。

（二）不足之处

本书力争思路清晰、逻辑严密、论证充分和观点鲜明。但限于能力，终留有遗憾，且存在如下三大不足。

1. 宏大理论叙事与教育实践对接的不足

本书意在借鉴前人研究的基础上，抽离出农村教师社会地位的决定和影响因素，并放之于宏大的理论和社会背景中加以分析，进而建构起理论解释框架。受制于个人理论驾驭能力有限，理论初创并需加以论证，不可避免会"顾此失彼"，理论与实践结合并不充分。具体表现是，弱化了对农村教师社会地位微观实际方面的细腻描述和分析，进而无法提供针对性和可操作的对策建议。总体而言，本书主要是为农村教师社会地位问题的研究和解决提供理论视角和思考方向，兼顾论及当下社会发展的病理和未来社会建设需要着力的方向。

2. 学术概念厘定和分析的不足

概念体系在一定程度上构成理论或思想体系。本书核心所在即是建构农村教师社会地位的理论解释框架。在此过程中，为更好地帮助观点的澄清和表达，提炼和借用了诸多学术概念，如稀缺性资源、知识资源（稀缺性）、生存性资源和道德性资源等，并对这些概念做了界定，尤其对其中某些概念的内涵做了扩展性分析。这可能会引起误解和争议。正如有学者所言，"在所有概念中，最为抽象和最具争议的不是那些我们用来把世界划分成为可以理解的各个部分的概念，而是那些我们试图用来理解世界之整体含义的大概念"。① 例如知识资源（稀缺性），对农村教师与（农村）社会互为比较而言，什么样的知识是稀缺的？这是一个教

---

① ［美］罗伯特·所罗门：《大问题：简明哲学导论》，张卜天译，广西师范大学出版社2011年版，第19页。

育学界至今还在为此努力研究的问题。再如道德性资源，就字面而言似乎就构成争议——道德可是资源？道德性资源的内核可是道德？等等。在行文中，为支撑和论证观点，也努力最大化地对上述概念做了界定，以便于区分和意义表达。

3. 相关农村教师史料的欠缺

本书第二部分主要以史论证，故要收集农村教师史料。然而，中国古代历史多为"帝王将相"之史，涉及教师部分也多为记述帝王之师，或官学之师。农村教师作为基层教师，身处社会中下层，在封建王朝时代难以进入正史，有关其生活和教学的素材零星反映在各种文学作品、地方县志和族谱传记中。因此，相关方面的史料较难获得。本书所用史料多是根据已有研究所提及的历史素材：或转摘引用，或依循线索找得史源加以甄别引用。因此，本书在史料方面的收集和整理较为欠缺，需要加强和丰富。

第一部分

农村教师社会地位的理论审视

农村教师作为个体或者群体，其社会地位根植于所处的社会，决定于其在社会结构中的位置。农村教师社会地位问题研究是在社会地位相关理论框架下针对教师这一专指社会群体的社会地位问题而展开的研究。就研究的核心问题而言，是农村教师社会地位的相关问题；但就研究的理论基础而言，则是社会地位的相关理论。因此，厘清社会地位的相关概念和理论脉络是推进农村教师社会地位问题研究的前提和关键。虽然农村教师社会地位升降反复，对此问题的判断和感受，各界也存在一定的分歧，但是学界从未间断对此问题的关注和研究。目前，无论在教育学研究领域，还是社会学研究领域，已有学者就相关问题加以阐释和深刻剖析。不过，已有研究仍有两大方面需进一步加强和拓展。一是农村教师社会地位在理论上和实践中的特性。毫无疑问，农村教师因附着"农村"二字而充满学术韵味和时代意义。关于其社会地位的研究必然要实现对"农村"和"教师"的双重观照，尤其是对"农村"所折射的理论意义加以解释。若用一般性职业社会地位评判方式对其简单地量化分析，不可避免地会稀释和忽略"农村"的意义。二是社会地位的理论理解和运用问题。"社会地位"作为社会学领域的核心词汇和关键问题，相关的研究体系和理论解释均是相当成熟。但不可否认的是，已有的社会学研究表明，不同的社会学者抑或社会学学派对"社会地位"的解释和界定有异。若仅仅以其中一家之言分析农村教师社会地位问题，难免会遮蔽问题真相。

只有通过检验各种社会理论为理解社会世界而预设的、被视若当然的那些假定，探讨它们所依据的基础和所持有的主张……才能明智地利用这些社会理论，并获得丰富的成果。[①] 基于对已有研究的思考和本书研究的实际需要，本部分旨在建构本研究的理论解释框架。具体而言，主要着力于"社会地位"和"农村教师社会地位"两大核心关键词和理论问题而展开思考和理论建构。一是社会地位的生成逻辑是什么。结合现有的社会学理论，通过对社会地位进行"还原"到社会发展的"初始状态"和"逻辑初端"，探寻人类群体的形成、组织方式和社会结构的"本

---

① ［英］提姆·梅伊、詹森·L.鲍威尔：《社会理论的定位》（第2版），姚伟等译，中国人民大学出版社2013年版，第1页。

真状态"来缕析社会地位。具体内容包括如何理解社会地位？如何实现社会地位的获得和转化？在不同的社会类型下社会地位的生成逻辑是否存在差异？这种差异的具体体现是什么？二是农村教师社会地位的生成机制是什么？在对"社会地位的生成逻辑"建构的前提下，结合农村教师特质和教育实践，推演农村教师社会地位的生成机制。具体内容包括是什么决定着农村教师的社会地位？是什么影响着农村教师的社会地位？城乡社会结构又是如何影响和作用于农村教师的社会地位的？

第 二 章

社会地位的生成逻辑[①]

真理之所以是有效的，并不是因为它在直觉上是有理的，也不
是因为一个有声望的人或群体主张了它，而是因为它和已知事实之

[①] 基于研究的需要，本章旨在建构社会地位的理论解释框架，以为农村教师社会地位的理论解释框架建构提供参考。一般情况，对"社会地位"作理论分析需要因循某种理论，至少在学理上需要回应社会学领域的几大理论派别对此问题的关注。然而，本书理论建构并非按照"从理论到理论"逻辑思路，而是选择"问题—回归人与社会发展本身—寻找理论支撑—归纳总结论点"的推理方式，力争做到从具体和现成的理论中抽离出来，思考问题本身所蕴含的意义。具体而言，就是以问题推进点的展开，最终形成一个整体性的理论框架。在对既有社会学理论的选择和引用上，尽量做到超越各大学派的理论歧见，更多体现的是"为我所用"——所用理论观点皆服务于本书论点的论证。实际上，本书意欲建构超越（结构）功能主义、冲突理论、（后）现代性理论等既有社会学理论派别之于社会地位的理论建构。本书所做到的"超越"：一是在借鉴既有理论的基础上，试图整合社会结构中常见的功能和冲突解释；二是基于人类发展的原初，以理论思辨的方式不断对"社会地位是什么""获得社会地位的途径有哪些""社会地位又是如何变迁的"，以及"又会受何种社会因素影响"等几大关键问题展开讨论和凝练论点；三是在核心观点上，通过研究得出，正如多数社会学研究证明的，社会地位不是单一的、线性的和平面的，而具有复杂的面相。具体而言，社会地位应在如下三种情境中加以理解：一是社会结构，处在一定的等级社会结构中；二是社会制度（规则），这个等级社会结构依照一定的规则运行；三是资源，必须占有一定的利益和资源。而获得社会地位的途径有三种：一是占有稀缺性资源；二是获得社会规定性地位；三是社会地位在道德性资源和生存性资源丰富程度不一的社会情境中，人们判定社会地位逻辑会不同。总体上，本书试图以一种对人类社会发展终极关怀的宏观视角来审视农村教师社会地位问题，同时分析人类社会当下发展的困境和未来的前景。而这里又需要特别给予说明或者作出区分的是，美国社会学家塔尔科特·帕森斯（Talcott Parsons）在其巨著《社会行动的结构》（*The Structure of Social Action*）指出，经济学所提出的稀缺资源理论无法解释社会秩序，无法保障社会团结与协作，并认为人类共享价值观和规范（文化传统）能够保障经济活动和社会秩序（参见［美］塔尔科特·帕森斯：《社会行动的结构》，张明德、夏翼南等译，译林出版社 2012 年版）。针对理论和实践困境，帕森斯发展出一种跨学科的社会科学解释模型，认为社会是两种要求之间的复杂动力：稀缺资源的分配（经济学和政治学）以及社会整合（社会学和心理学）（参见［英］布莱恩·S. 特纳、克里斯·瑞杰克《社会与文化——稀缺与团结的原则》，吴凯译，北京大学出版社 2009 年版，前言）。与帕森斯一致，本书亦以

间具有较高的一致性。

——［美］斯蒂芬·K. 桑德森《宏观社会学》①

自诞生起，人类就构建起以"社会地位"为主轴的人与人之间的关系，而在历史发展的长河中，人类也不断地围绕社会地位关系的变动、调整和确立而争斗和博弈。可以断言，"社会地位"广泛分布于人类社会的各个角落，每个人均会或主动或被动地贴上不同社会地位的"标签"。直至誉为民主、自由和开放的今日，"社会地位"也伴随着人的一生，或带来困扰，或带来幸福，仍是人们在生活、学习和工作中普遍为之努力的价值目标。然而，至于社会地位为何物，如何生成，各界持有歧义。目前而言，社会地位的理论主要来自经典社会学。经典社会学产生于西方传统社会与现代社会交替之际。正是由此，经典社会学是西方社会学的最初形态，它是现代工业社会的产儿，用吉登斯的话来说，是与"现代性"（modernity）共生的现象。②而工业社会的社会地位分析，一般着重于职业的评价和对社会资源的获取，而忽略社会结构本身对人之社会地位的规定。就连约翰·罗尔斯（John Rawls）对此也不太满意，"用于判断社会和经济不平等的代表人的定义却不是那么令人满意。其中一点是，当我把这些人看作是由收入和财富水平决定的时候，我假定这一类基本社会善③与权威和责任是紧

<hr/>

（接上页）社会结构功能主义为视角，为社会秩序提供辩护，一方面解释社会发展动力问题——对稀缺资源的需求与交换，另一方面解释社会团结协作问题——稀缺资源带来冲突后如何实现社会秩序，在此基础上尝试实现对二者的整合。但也有不同之处，一是逻辑起点。帕森斯作为伟大的社会学家是从学科（经济学、社会学等）理论出发，本书尝试从一种假定的人类原初出发推导观点。二是概念界限。本书所提出的稀缺性资源和社会规约，以及生存性资源、道德性资源概念的边界、内涵和具体所指与帕森斯所提及的稀缺资源、共享价值有异。

① ［美］斯蒂芬·K. 桑德森：《宏观社会学》（第4版），高永平译，中国人民大学出版社2013年版，第2页。

② 周晓虹：《经典社会学的历史贡献与局限》，《江苏行政学院学报》2002年第4期。

③ "基本善"是约翰·罗尔斯在论述"正义论"中主要概念之一。在《正义论》初版中，"基本善"是指"理性的人无论他们想要别的什么都想要的东西"。罗尔斯认为此界定比较含糊，在修订版中，修正为"是人在其完善一生中作为自由和平等的公民、作为社会正常和充分合作成员的人所需要的"。具体参见［美］约翰·罗尔斯《正义论》（修订版），何怀宏、何包钢、廖申白译，中国社会科学出版社2010年版，第69—73页。

密相关的",① 这样就很难确定出社会系统中不走运或者最少受惠群体。

此外,社会地位作为人与人之间建构的关系,社会群体建构社会地位关系的一般性、普遍性动机和逻辑何在?再之,人类社会关系演变时间之长、跨度之大、形式之复杂,与之相应背景下的社会地位又有何特征?最后,我国工业化发展滞后,至今仍未完成现代化转型,考虑到我国社会发展与西方社会的时空差异,若仅用经典社会学理论显然不足以深刻分析我国群体(个体)社会地位的历史样态和变迁路径,基于中国当代实际的社会地位生成逻辑又有何要义?这些均是在破解农村教师社会形成机制之前需要澄清和解答的问题。因此,基于现有社会学理论来凝练社会地位的内涵、梳理社会地位的类型,是学理阐释农村教师社会地位相关问题的前提之要。

一 社会地位的界说

虽然"社会地位"与日常生活、工作紧密相关,在多种场合左右着人们的言行举止,但人们并不时常提及,多数时候只是默许和遵从这种社会安排。可以说,"社会地位"体现的是一种显而又隐的社会运行逻辑,也如同一只"看不见的社会之手"。② 至于社会地位是什么,人们似乎并不十分明了,也不十分用意澄清,而更在意了解自身社会地位的处境、如何处事得当和努力提高社会地位。事实上,对社会地位的界定在根本上是受到社会观的影响,不同的社会地位界定反映了不同的社会观。具体而言,对人存在的意义、人与人及人与社会之间的关系、社会结构如何组成和社会存在的意义等的看法基本决定了对社会地位的认识。因此,对社会地位的理解是价值选择的高度反映。对其作界定,难以突

---

① [美]约翰·罗尔斯:《正义论》(修订版),何怀宏、何包钢、廖申白译,中国社会科学出版社2010年版,第74页。

② 把"社会结构"喻为"看不见的手"而影响干预社会资源分配最早见于李培林(李培林《另一只看不见的手:社会结构转型》,《中国社会科学》1992年第5期)。李在文中指出,相对于国家干预之有形之手、市场调节之无形之手,社会结构转型属于第三只手——另一只看不见的手。1994年李对此理论做了进一步阐释(参见李培林《再论"另一只看不见的手"》,《社会学研究》1994年第1期)。

破价值困境，实现客观中立。然而，社会地位作为个体与社会关系的集中体现，核心在于这种关系如何处理的问题。本章以此为线索，以各家学说为参考，进而寻得对社会地位的界定。

（一）社会地位的内涵

众所周知，人是社会性动物，会有意识、有目的地选择群居生活模式，以便更好、更持续地生存下去。人与人之间自然而然会相互作用，从而形成复杂的社会关系，进而形成社会。在业已形成的社会中，人与人之间由于血缘远近、能力高低、努力程度等方面的差别造成社会关系的差别，比如父母与子女，亲戚与好友，教师与学生，官员与普通百姓等。有社会学家指出，我们在这个世界上作出区隔和划界的能力，包括区分"我们"与"他们"，一方面代表我们觉得自己所从属并能理解的群体；另一方面与此相反，代表我们不能进入或不愿归属的群体。[1] 人类群体之间的区隔和划界会造成、拉大彼此之间的社会距离，衍生出不同群体的从属意识、认同心理，以及社会排斥等。当人们随着时间的推移不断进行互动，他们会在彼此之间建立关系，会定位自己相对他人的位置和等级，会在互动中学习和扮演这样的角色。[2] 这种有差别的社会关系随着群体间互动的增加，逐步被认同、控制和立定规矩，渐渐形成稳定的社会结构。至此，各群体就会在社会结构中确定自己的位置，生成社会秩序，实现社会的正常运转和维续。一旦社会结构形成，群体间角色扮演和社会功能就相对固定。人们的日常生活工作、言行举止便会受此约束。因此，每一个社会系统均存在一定的社会关系和社会结构。社会地位作为一种社会关系，存在于社会结构之中。群体（个体）互动构成社会关系，其社会地位受制于这种社会关系。社会关系的变动支配着社会结构和社会地位的变动。显然，一个脱离社会关系的个体，无法产生社会地位一说。当然，一个脱离原有社会结构的群体（个体）可以进入另

---

① ［英］齐格蒙特·鲍曼、蒂姆·梅：《社会学之思》（第 2 版），李康译，社会科学文献出版社 2010 年版，第 31 页。

② ［美］乔尔·查农：《社会学与十大问题》（第 6 版），汪丽华译，北京大学出版社 2010年版，第 50 页。

一个社会结构，实现社会关系的转化和社会地位的转变。换而言之，群体（个体）所处的社会情境不一，其社会地位有别，关键要看群体（个体）在所处社会情境中社会结构的位置。

在社会学研究领域，社会地位所依赖的社会结构即是社会分层（social stratification）。社会分层是社会学家借用地质学"分层"（stratification）词汇组合而成的学术概念。在地质学中，"分层"是指经过千百万年地壳运动形成的一层一层相连的岩石。"分层"在社会学中是指一个社会划分为许多层级（strata）或阶层（layer），这些层级加以叠加（one above the other）的方式排列。① 即按社会地位等级排序形成的不同社会群体。进一步分析可知，社会地位关注的是群体（个体）在社会分层结构中的具体位置，而社会分层则关注的是群体间社会地位不平等的集中分布状态。社会分层提出的主要是一个地位的问题，但它尤其与等级相联系，社会阶层直接与某种地位相联系。② 简要而言，社会地位是社会分层问题的具体分析，社会分层则是社会地位问题的宏观概括。但在一般的分析之中，"社会地位"常与"社会分层"二者概念混用。有些社会学家则倾向于将地位与阶层认同为一，甚至连阶层与阶级也混为一谈。③ 在通常情况下，人们也更多使用社会分层指代社会地位。之所以出现二者的混用，一是截至目前人类发展历经的各个社会形态均存有社会地位和社会分层问题，且每个个体自出生起也面临如此问题；二是社会地位和社会分层这两个概念都旨在阐释社会不平等状态，旨在分析个体（群体）处在社会结构中的位置，是分析社会结构问题的有力工具。

在现代社会，工业化大生产促进社会分工，每一个个体逐步脱离以家庭为单位的农业生产，转向参与社会大生产，以此获得经济、政治、文化等方面的资源，从而维持生存。每一个到了可以参加劳动年龄且步入社会的人都会进入劳动市场，选择某项工作长期从事之，以此来维持

---

① ［英］T. H. 马歇尔、安东尼·吉登斯等：《公民身份与社会阶级》，郭忠华等编，江苏人民出版社 2008 年版，第 155 页。

② ［法］让·卡泽纳弗：《社会学十大概念》，杨捷译，上海人民出版社 2003 年版，第 123 页。

③ ［法］让·卡泽纳弗：《社会学十大概念》，杨捷译，上海人民出版社 2003 年版，第 124 页。

生计和供养家庭。我们通常把这种长期从事相对稳定的工作类别称为职业（profession），例如理发师、公交车司机、公务员、教师等。随着社会分工的细化和高度化，个人终身从事的职业相对固定和单一，与社会的互动愈加依赖职业，职业活动成了生活起居外的全部社会活动。因此，职业成为现代社会群体（个体）最主要的社会标识和属性，职业在社会结构中的位置就决定了群体（个体）的社会地位。在当今工业化社会，职业地位的高低往往成了一个人在社会中地位高低的指示器，并影响着人们的择业行为和流动趋向，职业地位和声望的变化因此也成了预测社会结构分化方向和程度的重要指标。[①] 因此，每一个个体都试图谋得更好的职业，谋得更好的社会位置。

综合而言，社会地位是指在一个群体或社会中所界定的社会位置或在一个社会等级体系或分层系统中的等级位置。[②] 群体（个体）总是处在一定的社会体系中，并会按照群体（个体）能力和群体需要完成相应的工作和扮演不同的角色，在此过程中就会形成群体（个体）在社会体系中具有等级性质的位置。社会地位就是群体（个体）在社会关系中的总和。这种社会关系包括家庭内部的、职场中的和交易网络的，等等。对于分工细化和职业本位的当下而言，社会地位关注的是根据认为必要的特征来对社会职位进行排队。当社会职位的成员能够吸引不属于这个社会职位的成员的恭敬行为时，他们就有声望；当他们被给予或允许控制商品时，他们就有财富；当他们能让他人遵循他们的指示时，他们就有权力。[③] 因此，社会地位应在如下三种情境中加以理解：一是社会结构，处在一定的等级社会结构中；二是社会制度（规则），这个等级社会结构依照一定的规则运行；三是资源，必须占有一定的利益和资源。

---

① 刘爱玉：《社会转型过程中的职业地位评价——以北大本科学生调查为例》，《青年研究》2005 年第 6 期。

② ［美］戴维·波谱诺：《社会学》（第 11 版），李强等译，中国人民大学出版社 2007 年版，第 268 页。

③ ［澳］L. J. 萨哈：《教育大百科全书·教育社会学》，刘慧珍译审，西南师范大学出版社 2011 年版，第 163 页。

（二）社会地位的特点

有学者认为社会地位具有如下三大特点：社会地位是由社会承认的或公认的；任何一个成员要获得某一地位都必须具备相应的能力；一定的地位是处于该地位的主体—人的一定权力、责任的象征。① 此论述是以"人与社会地位"关系互动为视角的。若把"社会地位"作为主体来进行分析，则社会地位具有比较性与排他性、稳定与继承性、竞争与可变性等特点。

1. 比较性与排他性

社会总是存在差异的。社会地位总是有高低贵贱之分，总是存在不一致性，这本身就是比较的结果。这种比较既出现在处在同一结构内部的比较，也出现在不同结构之间的比较。在一个社会系统内部，社会总是按照一定的逻辑建构社会结构，而社会的中上层的数量总是有限的。基于生存上的考虑，人们总想处于比之周遭人等更优势的社会位置。这也就自然而然产生了排他性。社会地位较高的群体会努力获取有价值的社会资源，排斥社会底层，维护自身的社会优势。② 同一社会阶层的人，为了维护或者获得更大的社会优势，也会互为排他。

2. 稳定性与继承性

在社会秩序正常和有保障的社会，群体（个体）的社会地位一旦形成，在短期内很难改变。即使群体（个体）经由后天不断努力，也很难一时半会对附着在身上的社会要素做出实质性的改变，尤其面对相对稳定的社会结构，其不仅要实现个人能力的跃升，还需面对社会结构和其他社会阶层的挑战与排斥，这种改变的力量就显得极其微弱。因此，社会地位具有稳定性。基于血缘建立起来的家庭，内部成员间构成一个整体，存在着父母对子女的塑造关系。父母的社会地位决定了其所能给予子女在物质和精神上的帮助。对于多数处在社会中下层的家庭而言，父母之于子女的这种帮助也是极其有限的。尽管做出努力，但是家庭出身

---

① 昝宝毅：《社会地位与角色》，《社会》1987 年第 1 期。
② ［美］乔尔·查农：《社会学与十大问题》，汪丽华译，北京大学出版社 2009 年版，第 75 页。

仍然会影响其社会地位的改变，影响其社会地位的选择。比如，农民工一代和农民工二代，以及农民工三代；父母是教师，子女职业选择也是教师。

3. 竞争性与可变性

美好的东西总是有限的，也很难与人分享，而人们又总是在寻求和力争获得它们。要想得到它们，固然要付出不同于常的时间和精力，固然要与他人产生竞争，甚至冲突。竞争社会地位，形式和程度可以是多元的，目的却是一致的：为了获得更好的社会地位。人类一旦找到了一个与他人竞争的目标，就会为了利益，不惜像对待牲口、对待土地一样地对待他人。[1] 在此过程中，就存在失败与成功的可能，社会地位也即存在改变的可能。不过，竞争并不是毫无前提地进行。竞争是遵循某些规则的一种合作性冲突，在这种形式的互动中，达到所追求的目标要比打败对手更重要。[2] 还需补充的是，社会地位依赖于社会结构，当处在不同的社会系统，社会结构发生变动时，围绕社会地位的竞争模式也会改变，亦即社会地位也会改变。

（三）社会地位的作用

在强调阶级斗争的年代里，社会地位往往与"剥削与被剥削""压迫与被压迫""统治阶级与被统治阶级"联系在一起。社会地位在政治、经济、文化乃至伦理上被赋予负面和消极的意义。实质上，社会地位是人类社会运行中的核心部分，也是人类社会发展过程中自发形成的秩序。正是由于社会地位，先天和后天能力存有差异的人才有联系在一起的可能，也正是由于社会地位的调节与激励作用，人类社会才能实现"各司其能，各得其所"。概括而言，社会地位的作用主要体现在如下三大方面。

1. 群体分类的作用

"社会地位"为我们提供了一个很好且理性地理解和组织世界的方

---

[1] ［英］亚当·弗格森：《文明社会史论》，林本椿、王绍祥译，辽宁教育出版社1999年版，第21页。

[2] ［美］戴维·波谱诺：《社会学》（第11版），李强等译，中国人民大学出版社2007年版，第147页。

式。"社会地位"很好地把拥有不同社会属性、存有社会距离的各类人群区分开来，同时又以等级结构的形式使其聚合起来。"社会地位"帮助人们认识世界存有差异的同时，也告诉人们彼此互动和团结的必要。人类在心理上也会"把那些具有共同特征的物体、观念或者事件分到一组，从而减少以及简化我们对环境信息进行加工的过程"。[①] 正是由于"社会地位"，让个体找到社会群体归属的同时，认识到整个社会之于自身发展的重要性。有如英国社会学家齐格蒙特·鲍曼（Zygmunt Bauman）和蒂姆·梅（Tim May）所指出，在自我形成的社会化（socialization）过程中，我们会在某个群体中掌握技能，习得行事方式，从而能够在该群体中生活、行事自如，我们也可做出选择，挑选参照群体（reference groups），依此衡量我们的行动，为所欲求的东西提供标准。[②]

2. 稳定秩序的作用

人类社会的冲突由多种因素造成：利益相悖，展示肌肉，彼此误解，不讲理，等等。在一个简单的社会系统内，实现秩序可以依靠血缘远近、年龄高低等明显的生物特征来区别长幼、亲疏关系。然而，当多个简单的社会系统连接在一起，社会关系就变得立体多维，生物特征根本无法对群体（个体）作有效的区分，此时又该如维护秩序，避免人类彼此间的冲突与践踏。社会地位就是超越人类生物特征，而以社会特征来建构社会关系，就能够超越血缘乃至地缘的限制，很好地把各不相干的群体（个体）组织在新的社会系统中，且使各方彼此认同和依循秩序。人类（以及灵长类动物）的群体都是根据地位等级而组织起来的，大概在很深的无意识层面上，只要有可能，人们都需要地位，并努力提高自己在所属社会群体中的地位。这也说明，缺失地位对人来说也是很大的威胁和创伤。[③] 社会地位的出现帮助人们更好地找到自己的位置，同样人们也在不断塑造这个社会位置的社会形象。处于类似地位的人往往具有相近的

---

① ［美］斯蒂芬·弗兰佐：《社会心理学》（第 3 版），葛鉴桥、陈侠等译，上海人民出版社 2010 年版，第 113 页。

② ［英］齐格蒙特·鲍曼、蒂姆·梅：《社会学之思》（第 2 版），李康译，社会科学文献出版社 2010 年版，第 25—26 页。

③ ［美］Robert Hogan：《领导人格与组织命运》，邹智敏译，中国轻工业出版社 2009 年版，第 5—6 页。

喜好，并会做出类似的选择。[①]如此，尽管两群体（个体）之前未曾谋面，也可在短时间内参照各自群体（个体）的价值和标准认识世界，依循既有行为逻辑行事，从而确保秩序的稳定和延续。

3. 社会激励的作用

虽然社会地位有等级差别，使得社会关系处于一种紧张状态，但因不同社会地位所附着诸多关涉生存的社会因素，为了更好地生存，为了实现社会地位的跃升，反而激励了人们充分发挥自身的聪明才智投身到社会大生产和更加依赖这个社会结构、更加维护社会的稳定发展。在诸多的社会地位等级体系中，尤以社会特征进行划分为主，这就为更多人实现地位改变提供了更多的可能。同时，社会地位的比较与排他性、竞争与可变性使得人们形成一种自在自为的向上动力，形成一种积极入世的社会风气。

当然，我们也应注意到，社会地位的等级体系很容易被社会地位较高群体（个体）所利用于打压和排斥社会底层。这种社会自发秩序也很容易被人们曲解为人格、智商和种族等方面差异的结果而以此诋毁社会底层，制造社会分裂和隔阂。除此之外，我们更应注意到，随着社会的发展，社会系统若未能有效地对各大群体（个体）做出合理的调适和有效的安排，那么就会增加社会结构关系的紧张状态，激发群体（个体）的不满情绪和消极怠工，甚至可能引发一系列社会冲突事件，最终导致社会的革命和再社会化。因此，时刻关注各大群体（个体）的价值和利益诉求，适时且合理地调整其社会位置，彰显社会关怀，是促进社会长治久安、实现人民安康的关键。

二　社会地位获得的两种途径

社会地位由什么因素决定，抑或是群体（个体）如何获得社会地位是关系到如何判定群体（个体）社会地位的形成过程、高低状态和未来走向，关系到社会地位能否通过群体（个体）的内在和外在力量给予改变。几乎所有这一领域中的大理论家们，不论他们有什么样的理论和意

---

① ［美］乔恩·威特：《社会学的邀请》，林聚任等译，北京大学出版社 2014 年版，第 9 页。

识形态偏向，都试图回答一个基本的问题：谁得到了什么？为什么会得到？这个问题是所有讨论阶级和阶层，以及它们的结构性联系时的基本问题。① 更为具体而言，人们在行事过程中时常会问，什么东西对我（们）最重要。这既是个体言行举止的出发点，也是社会运行的逻辑起点。当获得最重要的东西，也就意味着群体（个体）获得社会成功，而步入较为优先的社会序列。然而考虑到任何个体只有依附于社会才有存在的意义，以及社会地位作为群体（个体）社会关系的总和，获得最重要东西对于单个具体的群体（个体）而言固然重要，但更应注意到什么东西对于社会而言是最重要的。

目前社会学理论界较为认同获得社会地位的两大途径是先赋地位（ascribed status）和自致地位（achieved status）。所谓先赋地位是指社会"分派"给个体的，它并不把个体独特的天分或特征考虑进去，如个人的种族、性别和年龄；自致地位是经过个体的努力而取得的社会位置，如律师、钢琴家、银行家等。② 概括而言，社会地位总体上可以分为两种：一种是基于社会属性的先天所致，另一种是基于社会分工的后天努力获得。然而，无论先赋地位还是自致地位，要形成社会地位均需通过人与人之间或群体之间的比较、排他和竞争等。因此，二者一定获得某种社会特质，才能在社会结构中获得相应的位置。至于是何种社会特质，本章认为是稀缺性资源和社会规约。

（一）占有稀缺性资源：获得社会地位的社会冲突结果

群体（个体）在社会关系中是依赖何种社会特质互为比较、竞争和排他以获得稳定的社会位置呢？通常情况下，多数研究者借用韦伯划分社会阶层的财富、权力和声望三重标准作为分析社会分层的依据。在这三重标准中又以财富和声望标准的运用最为广泛。在这之前，马克思认为资本主义社会以单一的经济资源占有量把社会划分为资产阶级和无产

① ［美］格尔哈斯·伦斯基：《权力与特权：社会分层的理论》，关信平等译，浙江人民出版社 1988 年版，第 8 页。

② ［美］理查德·谢弗：《社会学与生活》，赵旭东等译，世界图书出版公司 2012 年版，第 66—67 页。

阶级，即采用"生产力决定生产关系""经济基础决定上层建筑"的社会运行逻辑。而韦伯在此基础上增加了权力和声望（荣誉）标准。美国社会学家哈罗德·R. 克博（Harold R. Kerbo）认为，在大多数人类社会里，我们都可以找到三种主要的不平等类型或者说不平等的三个主要维度，即荣誉、地位和声望的不平等；经济权力和物质报酬的不平等；武力、政治、行政权力的不平等。① 从马克思到韦伯，再到哈罗德·R. 克博，关于获得社会地位的论述均指涉社会中普遍存在但非普遍拥有的东西。无论财富、声望、荣誉，还是武力、权力，都体现着一部分人拥有就意味着另一部分人没有，体现着强者与弱者的互动关系，体现着一种"剥夺"与"相对剥夺"的关系。

1. 占有资源：获得社会地位的共同指向

迄今为止，一切现存社会的历史都是阶级斗争史。② 在不同社会类型下，阶级存在方式和社会运行方式不同，但斗争始终持续，只是激烈程度、斗争形式和参与群体的差别。社会地位代表着在社会结构中的位置，群体（个体）仅从作为人的生物特征考虑就会力争占据优势位置，以避免落入劣势的窘境。换而言之，获得社会地位是有前提的。即使是先赋地位，也是群体（个体）身上所附着的种族、性别和年龄等赋予其拥有某些前提帮之在社会结构中获得更好的位置，而这些前提是他者所不具备的。这种前提就是占有资源。人类活动的中心即是为了获得和扩大生存和生产资料的来源，为未来增加更多的信心和确定性。正如美国人类学家路易斯·亨利·摩尔根（Lewis Henry Morgan）所说，"人类从发展阶梯的底层出发，向高级阶段上升，这一重要事实，由顺序相承的各种人类生存技术上可以看得非常明显……人类进步过程中每一个重要的新纪元大概多少都与生活资源的扩大有着相应一致的关系"。③ 事实上，随着生产技术和工具的不断革新，资源的认知范畴早已超越了物质形态，能

---

① ［美］哈罗德·R. 克博：《社会分层与不平等》，蒋超等译，上海人民出版社 2012 年版，第 59 页。

② ［德］马克思、恩格斯：《共产党宣言》，中共中央马恩列斯著作编译局译，人民出版社 1972 年版，第 23 页。

③ ［美］路易斯·亨利·摩尔根：《古代社会》，杨东莼、马雍、马巨译，江苏教育出版社 2005 年版，第 15 页。

够提供、维持和满足人类生存需要的一切事物均称为资源。资源，可以是静止的，也可以是动态的；可以是物质方面的，也可以是精神方面的。而社会地位作为一种有等级差别的社会关系，其最终是凝练在对资源占有的等级差别关系上。如上文所提及，无论马克思还是韦伯，都在明示社会地位是依照或生产资料，或财富，或权力和或声望来进行区分的。他们的研究就已经隐含着结论：占有资源是获得地位的前提与基础。因为在他们所在的社会，生产资料、财富、权力和声望均可为人们生活带来直接或是间接的资源。

占有资源是获得社会地位的前提与基础已被后来者充分认同，成为社会地位理论的主导性思考方向。各位社会学者基于不同问题、场域和立场，纷纷给予不同的解读。有学者认为权力、特权和声望是数量化的，地位决定于占有量的多少。社会分层指涉这样的事实：在一个单一的社会里，存在一个或多个级别不同的群体，而这些群体控制着数量不等的权力、特权和声望。[①] 另有社会学者把这种资源做了区分和概括，分为两大类：物质性和象征性。所谓社会分层，反映的是社会上各类物质性的和象征性的资源在不同的人当中的分布情况。[②] 而有学者对资源未做进一步的区分，仅是规定为维持生命的基本资源，认为社会分层就是源自占有基本资源的不平等。一个分层的社会是这样的社会，同性别与同年的成员，对维持生命的基本资源的占有是不平等的。[③] 除此之外，还有学者更为直接地指出，社会分层的本质是关于人群之间的关系和人群占有资源的关系。[④] 可见，占有资源是获得社会地位的核心因素。至于占有什么样的资源促成社会地位的获得，在不同的社会情境下存有些许差别。各位社会学者对此也有着深刻的认知和研究。我国社会学者李春玲等综合戴维·格伦斯基（David Grusky）和哈罗德·克尔博（Harold R. Kerbo），以及罗伯特·罗斯曼（Robert A. Rothman）等人归纳的社会分配不平等资

---

① ［美］斯蒂芬·K. 桑德森：《宏观社会学》（第4版），高永平译，中国人民大学出版社 2013 年版，第 69 页。

② 李春玲、吕鹏：《社会分层理论》，中国社会科学出版社 2008 年版，第 1 页。

③ Morton H. Fried, *The Evolution of Political* Society: *An Essay in Political Anthropology* (New York: Random House, 1967), p. 186.

④ 李强：《转型期的中国社会分层结构》，黑龙江人民出版社 2002 年版，第 40 页。

源的研究成果，提炼出七种资源：经济资源、政治资源、文化资源、社会资源、声望资源、公民资源和人力资源等（见表2.1）。

表2.1　　　　　　　　社会分层的七种资源①

序号	分层依据	具体内容	代表学者
1	经济资源	拥有土地、农场、工厂、企业、劳动力，等等	马克思（Karl Marx）和赖特（Eric Olin Wright）等对此有论述
2	政治资源	拥有家庭权威（如家长、族长）、工作场所权威（管理人员）、政党和社会权威（如立法者）、克里斯马（charismatic）领袖权威，等等	韦伯（Max Weber）和达伦道夫（Ralf Dahrendorf）等对此有论述
3	文化资源	拥有高学历和具有高消费行为、良好的行为举止、有品位的生活方式，等等	布迪厄（Pierre Bourdie）和迪玛吉欧（Paul DiMaggio）等对此有所论述
4	社会资源	拥有高层社会网络和社会关系及进入各类协会、俱乐部和工会的资格，等等	沃纳（W. Lloyd Warner）和科尔曼（James Coleman）等对此有论述
5	声望资源	拥有良好的声誉和名望及种类的纯洁度和宗教信仰的虔诚度，等等	雪尔斯（Edward Shils），沃纳（W. Lloyd Warner）和崔曼（Donald Treiman）等对此有所论述
6	公民资源	享有财产权、契约权、公民权、选举权或各种国民福利以及集会、结社和言论自由，等等	马歇尔（Thomas H. Marshall）和布鲁巴科（Rogers Brubaker）等对此有所论述
7	人力资源	拥有专门技术、技能、学历文凭、资格证书以及工作方面的资历和在职培训经历等	斯瓦拉斯托加（Kaare Svalastoga）和贝克尔（Gary Becker）等对此有所论述

诸多研究表明，决定社会地位（社会分层）的资源并非是单一的经

___
① Harold R. Kerbo, *Social Stratification and Inequality: Class Conflict in Historical and Comparative Perspective* (New York: McGraw-Hill, 2003), pp. 21 – 47; Robert A. Rothman, *Inequality and Stratification: Race, Class, and Gender* (New Jersey: Prentice Hall, 2002), pp. 2 – 4. 摘自李春玲、吕鹏《社会分层理论》，中国社会科学出版社2008年版，第4—7页。

济资源，也非仅仅是韦伯所提出的财富、权力和声望三种资源。在开放、多元和复杂的当下社会，任何存在的事物皆存在可能被发现、组织和开发成资源，从而在社会中扮演重要角色。基于已有研究，我们也可以大致得出以下判断：一是社会分层决定于资源的分配情况；二是决定社会分层的社会资源是多样的；三是这些社会资源异质于人的生理特征，均非通过简单地劳动就能获得，而是需要人通过参与社会分工以能力获得；四是不同的社会结构体系中决定社会分层的社会资源是不同的；五是已有社会资源大体可以分为两类：物质性社会资源（经济资源）和精神性社会资源（政治资源和声望资源等），抑或为客观性社会资源和主观性社会资源；六是人类社会分层的决定性社会资源或物质性，或精神性，或二者的综合影响。总之，占有资源是获得社会地位的前提与基础，占有量的多少则直接决定着社会地位的高低。

2. 占有稀缺性资源①：获得社会地位的决定因素

资源有数量多少和质量优劣之分。虽然占有资源是获得社会地位的

---

① 稀缺是个经济学术语。萨缪尔森和诺德豪斯指出，"经济学是研究社会如何进行选择，以使用具有各种可供选择用途的、稀缺的生产资源来生产各种商品，并把它们在不同人群中进行分配"，"经济学以稀缺规律为基础"（参见［美］萨缪尔森、诺德豪斯《经济学》，胡代光等译，北京经济学院出版社1996年版，第18、19页）。稀缺引发了交换，促进了社会团结。社会学是研究人类团结的问题，稀缺自然成为社会学关注的议题（参见［英］布莱恩·S.特纳、克里斯·瑞杰克《社会与文化——稀缺与团结的原则》，吴凯译，北京大学出版社2009年版，第36—40页）。在社会学领域，已有资源稀缺理论。该理论派别的主要代表人物有迈克尔·哈纳（Michael Harner）、莫顿·弗里德（Morton Fried）、理查德·威尔金斯（Richard Wilkinson）和雷·莱赛尔·布隆伯（Rae Lesser Blumberg）等。该理论认为，人口增长是分层出现的主要动力。人口增长导致资源稀缺，随着资源日益稀缺，人们较为公共的所有权模式转向更为私人的所有权模式。由于某些人获得了对资源的控制权，因而他们也就获得了强迫他人生产剩余产品的能力（参见［美］斯蒂芬·K.桑德森《宏观社会学》（第4版），高永平译，中国人民大学出版社2013年版，第78—79页）。另外，我国著名社会学家郑杭生先生与其学术助手杨敏教授在论述《等级制社会——个人与社会的结构性关系的推进》中也有提及类似观点（参见郑杭生、杨敏《社会互构论：世界眼光下的中国特色社会学理论的新探索》，中国人民大学出版社2010年版，第5—6页）。本研究所着力阐释的"稀缺性资源"即是受此启发，但本书主要借鉴了"资源稀缺理论"中"资源稀缺"的概念，但在分析和理论架构上有所不同。本书对"资源"的理解不是限定在固态的、物质的生活资料，而把其内涵扩展为能够为人类生存发展服务的事物。因此，资源在不同的社会情境下，具体所指会有差别。另外，本书所用的"稀缺性资源"，不是反映人口增长与资源需求之间的紧张关系，而是把其认定为人类社会的"常态存在"，是人类在互动过程中不断比较、竞争和排他后的结果。

前提与基础，但并不只要占有就能达成。占有资源只是提供了一种可能，而真正起着决定性作用的是"资源"本身在社会系统所体现出的意义。在稀缺的情形下……我们的能力都受到限制，人们或许寻求同样的目标，但不是所有人都会如愿，因为可以得到的东西总是有限量的。[①] 人类自身的聪明才智、自在自为和情感细腻，使得业已形成的社会结构极其复杂且相当精细。社会地位绝不可能决定于简单、粗暴地对资源的数量占有。亚当·斯密认为，等级差别和社会秩序的基础，便是人们同富者、强者的一切激情发生共鸣的这一倾向。我们对地位高于自己的人所表现的顺从和尊敬，常常是从他们的优越境遇的羡慕中，而不是从他们给予善意的恩赐的任何期待中产生的。[②] 可见，主仆社会关系的构造，并不是来自主对仆的善意对待，而是源自主拥有令仆羡慕的事物。何种事物能够引起人们的普遍追求，何种事物因分配不均反而能够把不均的双方（抑或多方）建立的社会关系凝结在一个稳定的社会结构中，进而制造群体（个体）之间社会地位的不平等，那么这种事物必然关系到人类的生存发展，必然能够迫使每个人为之付出，必然与人类福祉紧密相连。由此看来，这种事物存在如下特性：一是服务于人类生存发展；二是要成为社会强者和被尊重者（成为人物），就必须拥有；三是相对于总人口的需求而言，数量是有限的。本书规定此种事物为稀缺性资源。

对于任何人类社会而言，都存在稀缺性资源。稀缺性资源是这个社会运行中人们求得更好生存但又数量有限的资源。稀缺性资源并不是固定不变的。文化不同对什么是有价值的认识也不一样，它可能是物质的（牲畜、黄金、世界锦标赛门票等），或者是非物质的（声望、尊重和荣誉）。[③] 尽管人们在占有一种稀缺性资源过程中，总会想方设法通过各种方式扩大资源总量和实现均衡分配以缓解这种资源的稀缺性，但总有一种或是多种资源替代之成为社会系统中的稀缺性资源，引导着人们在社

---

① ［英］齐格蒙特·鲍曼、蒂姆·梅：《社会学之思》（第2版），李康译，社会科学文献出版社2010年版，第18页。

② ［英］亚当·斯密：《道德情操论》，蒋自强、钦北愚等译，商务印书馆2010年版，第63页。

③ ［美］戴维·波谱诺：《社会学》（第11版），李强等译，中国人民大学出版社2007年版，第264页。

会等级秩序中的划分。在一个弹性欲望的社会，经济富足创造了一个现代化的稀缺世界，对符号和文化商品带来了一个差异社会，它有数不清的地位等级和无穷的品位差异。① 另外，稀缺性资源也不是种类单一的。它的种类的多少根据哪些资源能够决定人们的争夺取向。因此在不同的社会情境中，稀缺性资源也不同。正因为稀缺性资源有如此特性，人们会竞相参与对其占有的斗争中来。有学者指出，社会分层的实质是社会资源在社会中的不均等分配，即不同的社会群体或社会地位不平等的人占有那些在社会中有价值的事物，例如财富、收入、声望、教育机会等，② 即是财富、收入、声望、教育机会作为稀缺性资源，对其占有决定着社会地位。而日本学者天野郁夫认为，在现代产业社会，人们社会地位的高低，取决于他拥有多少社会资源，即财富、权力、威望、知识和技能，人们对这些资源的拥有量越大，其社会地位就越高。③ 天野郁夫认为除财富、权力和威望外，知识和技能在现代知识经济社会起着稀缺性资源的作用，体现着稀缺性资源的时代性与变动性。英国学者吉登斯（Anthony Giddens）认为，社会根据三种"市场能力"划分为三种阶级，即掌握生产资料的市场能力的上层阶级、具有教育和技能的市场能力阶级、具有体力劳动的市场能力的下层阶级。④ 与之前诸多社会学相比，吉登斯把各类社会资源高度凝结为"市场能力"，具体包括：占有生产资料、教育和技能的拥有和体力劳动力。这些即是吉登斯认为市场经济社会的稀缺性资源。这实则真实地道出了当前市场经济环境下，社会竞争和社会流动都归结到在市场经济浪潮中的生存和发展能力。而丹尼尔·贝尔（Daniel Bell）认为，社会分层与权力系统都以稀缺资源的分配为基础。在前工业社会中，较重要的资源是土地；在工业社会中，较重要的资源是机器；在后工业社会中，知识是最重要的资源。⑤

---

① ［英］布莱恩·S. 特纳、克里斯·瑞杰克：《社会与文化——稀缺与团结的原则》，吴凯译，北京大学出版社2009年版，第40页。

② 李路路：《论社会分层研究》，《社会学研究》1999年第1期。

③ 张人杰：《国外教育社会学基本文选》，华东师范大学出版社1991年版，第152页。

④ 李培林：《关于中国社会分层的若干问题》，载郑杭生《中国社会结构变化趋势研究》，中国人民大学出版社2004年版，第33页。

⑤ 李春玲、吕鹏：《社会分层理论》，中国社会科学出版社2008年版，第131—132页。

　　追溯历史亦可确证，稀缺性资源之于社会的存在和变化。据美国学者哈罗德·R. 克博（Harold R. Kerbo）综合 Heller、Lenski、Nolan and Lenski、Huber and Form 等人的研究，概括出人类社会自狩猎采集社会到工业社会存在五大分层体系类型（见表2.2）。在克博概括的不同社会分层体系中，人类社会从狩猎采集社会到工业社会划分等级排列的首要依据依次经历了"地位荣誉—经济—地位荣誉—经济—经济、官僚权威"的历史演进。需要特别指出的是，在地位获得合法化和首要依据方面，当合法化方式是法律意识形态时，等级排列的首要依据是"经济"，而当合法化方式是宗教意识形态时，首要依据是地位荣誉。可见，在不同意识形态的控制下，等级排列的首要依据存在很大差别。由此可知，每个社会总是存在某种稀缺性资源，决定着人们的社会地位。另外，具体的历史阶段不同但组织结构相同的社会类型，其社会的稀缺性资源可能相同。

表2.2　　　　　　　　不同社会类型的分层体系特点（部分）①

社会类型	地位获取方式	合法化方式	等级排列的首要依据
狩猎采集社会	后致	传统	地位荣誉
早期农业社会	通常先赋	法律意识形态	经济
早期农业社会后期	先赋	宗教意识形态	地位荣誉
晚期农业社会	主要先赋	法律意识形态	经济
工业社会	先赋后致混杂	法律意识形态	经济、官僚权威

　　综上可知，无论从社会地位的概念出发，还是纵观历史，均可证明占有稀缺性资源左右着群体（个体）在社会系统中关于社会地位之间比较、排斥和竞争的结果，决定着社会地位的最终获得。在不同的社会情境下，资源相对于社会的稀缺程度不一，稀缺性资源的具体形式也有区别。就目前的社会学理论界，各位社会学者提炼的稀缺性资源也存在不

---

① ［美］哈罗德·R. 克博：《社会分层与不平等》（第7版），蒋超等译，上海人民出版社2012年版，第67—68页。

同。总之，占有稀缺性资源决定社会地位的获得这一论点可以在实践和理论层面寻得广泛的证据和共识。

（二）获得规定性地位：获得社会地位的社会规约结果

如上所述，占有稀缺性资源决定着群体（个体）社会地位，但这是否是唯一起作用的因素呢？显然不是。否则，人人皆会成为暴民，整个社会也会形成"强者通吃一切，弱者寸步难行"的恶性局面，人类更是难以有效地凝结成社会，难以维持长久的和平，无法延续文明发展至今，更无法抵御外部的侵扰。虽然稀缺性资源的有限性所带来的各种冲突和暴力一直困扰着人类发展，但是人们也在持续地最大限度地制定和改进对策。显然，人类的不平等远不止是以纯粹的体力为基础。[1]

1. 社会规约：人类对社会秩序的需求

卢梭在《社会契约论》论及"社会公约"时设想，若"自然状态中不利于人类生存的种种障碍，在阻力上已超过了每个个人在那种状态中为了自存所能运用的力量""人类如果不改变其生存方式，就会消灭"。[2]人类源于原始生存的冲动历来威胁着自身的发展和社会的构建。毋庸置疑，人类在占有稀缺性资源过程中，不可避免会产生冲突、暴力乃至战争，但有别于其他动物的能动性和自主性使得人类渐次构建起等级有序和合作有别的社会规约，从而避免陷入无休止的冲突之中。人类群体生活是一个像这样来定义他人如何行动并对他人的定义进行释义的宏大过程；通过这个过程，人们使他们的活动互相适应，并形成他们自己的个人行为。[3] 随着人类的群体扩大和劳动分工细化，非血缘关系成为人类社会关系的主导，为把非血缘关系且对稀缺性资源诉求不一的各群体联结在一起，促进彼此互为认同协作，激励其以非暴力的形式共同参与到稀缺性资源的生产、分配和占有等环节中来。在此过程中，无论强者还是弱者，均会在长期的占有资源的博弈中意识到依循一定规则来约束彼此

---

① ［美］戴维·波谱诺：《社会学》（第 11 版），李强等译，中国人民大学出版社 2007 年版，第 264 页。

② 参见［法］卢梭《社会契约论》，何兆武译，商务印书馆 2010 年版，第 18 页。

③ 于海：《西方社会思想史》（第 3 版），复旦大学出版社 2010 年版，第 260 页。

行为、降低冲突的可能，是实现彼此利益最大化的可选形式。人们可以选择通过暴力来与他人争夺资源和身份，那么，一个自然的推论就是：在社会群体中可以通过限制竞争来减少暴力。① 由此，人类就自发地建构起各种社会制度、价值伦理和礼俗文化等以形成社会规约。换而言之，人类需要社会规约来限制群体冲突，形成社会秩序，同时，社会规约又强化了社会规约的重要性以及人类对社会规约的依赖。

从历史广阔的时间向度上看，人类社会规约体系日益书面化、正式化、系统化和细化。从远古神话体系到近世宗教体系，从传统身份体系到现代契约体系，从汉谟拉比法典到现代各国宪法及各类民法刑法体系，从风俗习惯到礼仪规则，等等。从最原始的直至最先进的，人们无不在自己身上施加种种约束，以此来为自己与他人的联系提供结构。② 虽然普遍存在的社会制度、价值伦理和礼俗文化多数反映了社会强者的想法、价值观、规则，好坏标准偏向于社会强者，具体制定和实施也由社会强者裁夺，主要目的也是维持既有的社会不平等体系，③ 但社会规约仍然能够得到广泛的认同与遵循。社会规约的出现使得人类社会从"自然状态转入社会状态"，④ 进而实现社会的双重平衡（double balance）。一方面强者之间、弱者之间和强弱之间互为限制暴力和冲突，依循社会规约黏合成不同群体，组成社会系统，演化成较为稳定的社会结构，强调大社会和集体观念；另一方面为各大群体的强弱转化提供可能，和为转化后的社会秩序提供再造和维护力量，强调群体（个体）能力发展和激励观念。双重平衡不仅仅意味着一个社会的所有社会系统都必须

---

① ［美］道格拉斯·C. 诺思、约翰·约瑟夫·瓦利斯、巴里·R. 韦格斯特：《暴力与社会秩序：诠释有文字记载的人类历史的一个概念性框架》，杭行、王亮译，上海格致出版社 2013 年版，第 18 页。

② ［美］道格拉斯·C. 诺思：《制度、制度变迁与经济绩效》，杭行译，格致出版社、上海三联书店、上海人民出版社 2014 年版，第 43 页。

③ 具体参见［美］乔尔·查农：《社会学与十大问题》，汪丽华译，北京大学出版社 2009 年版，第 81—82 页。

④ "由自然状态转入社会状态"是指从一个愚昧的、局限的动物一变而为一个有智慧的生物，对于他所企图的所能得到的一切东西的那种无限的权利的天然自由向被公意、社会契约所约束的社会自由的转变。具体参见卢梭《社会契约论》，何兆武译，商务印书馆 2010 年版，第 25—26 页。

保持利益的内在平衡，还意味着如果社会要保持稳定，则政治、经济和文化等系统的激励必须是相容的。① 如此就充分保障了社会系统的平衡能力，和社会结构的弹性与稳定性，以及促进社会各阶层有序的双向流动。

不过，回顾历史不难发现，在过去很长一段时间，人类所建构起的社会规约多数强调对强者利益的维护而对弱者行为的约束，促成一种"上尊下卑"的社会结构体系，稀缺性资源的分配规则固然服从于强者的意志。在强者意志形态里，除去已占有的武力优势外，也讲究于弱者从内心上对既有秩序的服从，以此常常会建构起德性社会规约体系。虽历经战争反复，这种德性的社会规约体系都能快速地得以重建和强化。直至近代，文艺复兴、启蒙运动、法国大革命等社会运动和革命的推动，自我觉醒的人们不断冲击传统的道德樊篱，逐步意识到个体的"我"在社会系统中所发挥的作用和扮演的角色，也不断提高在社会结构中位置的诉求，积极主动地参与占有稀缺性资源的竞争中。这一方面促进了个体的解放和社会发展活力的释放，另一方面也加速了社会规约缓解社会冲突、规范社会秩序功能的下降。时至今日，无论西方还是东方的社会学者，所关注的重大社会发展主题之一就是"社会规约与社会黏合"。这在社会实践中具体体现，如越轨行为②、社会失范③、社会断

---

① ［美］道格拉斯·C. 诺思、约翰·约瑟夫·瓦利斯、巴里·R. 韦格斯特：《暴力与社会秩序：诠释有文字记载的人类历史的一个概念性框架》，杭行、王亮译，上海格致出版社2013年版，第25页。

② "越轨行为"是社会学研究领域较为常用的术语，与此问题相关时人们可能提及的术语包括社会病态、社会解组、人格解组和社会解体等。至于何为越轨，这没有一个较为确切和统一的认识。有学者提出，越轨就是被社会成员判定为违反其社会准则或价值观念的任何思想进而行为。也有学者认为，越轨就是某个社会中被认为是不道德的或邪恶的所有那些行动。参见［美］杰克·D. 道格拉斯、弗兰西斯·C. 瓦克斯勒《越轨社会学概论》，张宁、朱欣民译，河北人民出版社1987年版。

③ 据美国社会学家罗特·K. 默顿（Robert K. Merton）的考证，"失范"一词最初出现在16世纪末，由思想家约瑟夫·格兰维尔提出，后由社会学家埃米尔·涂尔干重新发现并运用于社会学分析。社会会对成员做出目标限定和行为规定，当目标与手段不一致时，就会产生失范，社会就会不稳定起来。参见［美］罗特·K. 默顿《社会理论和社会结构》，唐少杰等译，译林出版社2006年版，第260—300页。

裂①和社会大分裂②等。尽管当前人们试图重振社会规约的社会效用，但社会负面事例频发表明其路途漫漫。就人类的整体性发展而言，社会规约是人类社会持续发展的核心要素，而如何实现其社会功能的最大化关系到人类社会的未来。

2. 获得规定性地位：获得社会地位的另一途径

如上所述，人类需要社会规约以维持社会秩序，保障稀缺性资源的占有过程符合不同群体的生存诉求。尤其在复杂性不断增长的人类社会进程中，若对稀缺性资源的占有放之于各群体依照自身的行为逻辑来决定，人与人之间就无法耦合和协作，也就无所谓社会系统和社会结构。正是由于社会规约能够有效地维持秩序，依赖于社会规约来规定稀缺性资源占有才被建构起来。群体（个体）获得社会规约的认可就在社会结构获得相应的位置，依此被给予相应的稀缺性资源。如表1.2所示，不同的社会类型获得社会地位的合法化形式也在法律意识形态和宗教意识形态之间互换。"宗教"和"法律"是人类有史可考以来的两大社会规约系统，以此衍生的诸多生活、工作社会规约系统分布于人类社会的各个角落。这些一同构筑人类社会的秩序屏障和稀缺性资源的占有逻辑。因此，在一个秩序能得到保障的社会系统，社会规约往往能规定群体（个体）处于社会结构的何种位置和分配多少稀缺性资源。

在理论层面，深受马克斯·韦伯影响的赖特·米尔（Wright Mills）认

---

① "社会断裂"这一概念主要由我国社会学家孙立平教授提出并对我国社会结构运行作了充分的学术解释。起初法国社会学家阿兰·图海纳（Alain Touraine）在研究法国社会运行时发现，社会运行犹如一场马拉松比赛，每跑一段，都会有人掉队，被甩到社会结构之外。被甩出去的人，甚至已经不再是社会结构的底层，而是出于社会结构之外。孙教授受此启发，提出"社会断裂"概念。参见孙立平教授的"断裂社会三部曲"——孙立平：《断裂：20世纪90年代以来的中国社会》，社会科学文献出版社2003年版；孙立平：《失衡：断裂社会的运作逻辑》，社会科学文献出版社2004年版；孙立平：《博弈：断裂社会的利益冲突与和谐》，社会科学文献出版社2006年版。

② "（社会）大分裂"这一概念由日裔美籍社会学者弗朗西斯·福山（Francis Fukuyama）在探讨"人类社会物质进步与人类道德发展的关系"问题时提出。其主要指自20世纪60年代以来，大多数发达国家的犯罪与社会混乱加剧，作为社会凝聚力源泉的家庭与亲属关系衰落，以及信任的不断下降。究其原因，除了一切宗教、政治、法律等无法解释人类物质进步与人类道德发展的不同步后果外，在根本上是由于人类的生物学使然，即随着人类生存条件的变化，人类在生理和心理上都有一个大的调适过程。参见［美］弗朗西斯·福山《大分裂：人类本性与社会秩序的重建》，中国社会科学出版社2002年版。

为"社会尊重"是社会结构运行的关键，是否被尊重与社会地位互为印证，并"根据个人获得社会尊重的机会得出等级分类的维度：职业、阶级、声望地位和权力，其中权力就是对政治决策施加影响的能力"。[①] 而另一美国著名社会学家塔尔科特·帕森斯（Talcott Parsons）也认为，在任何社会，每个人都被其他成员加以价值评估和社会等级排列，而评价和等级排列的基础就是人们共享的价值体系……社会声望是社会分层的最主要的维度。[②] 帕森斯的这一洞见表明，社会规约之于社会地位获得的重要性——社会共享价值体系作为社会规约，主导着社会分层和社会等级排列。具体是指社会成员、社会群体因社会资源占有不同而产生的层化或差异现象，尤其是指建立在法律、法规基础上的制度化的社会差异体系。[③]

也如表 1.2 所示，正是社会规约对群体（个体）社会地位的影响，才出现获得社会地位的先赋、后致、先赋与后致混杂之分。在一个社会结构相对开放的系统中，社会规约往往是开放的，强调通过群体（个体）的生存能力来占有稀缺性资源，因此，获得社会地位的方式多数是后致的。如在市场经济中，主要依靠能力参与市场生产、流通和交换等环节获得生存性资源。在一个社会结构相对封闭的系统中，社会规约往往是封闭的，强调维护既定强者的方式占有稀缺性资源。因此，获得社会地位方式多数是先天的。如在封建王朝时期，皇室处在社会结构的顶端，其换代更替主要依赖所谓"奉天承运"的社会规约体系，其家族自动获得继承权。而在一个社会结构封闭与开放兼具的系统中，获得社会地位的方式则是先天与后致混杂。如在当前，在社会大转型背景下，新旧更替，各种社会规约体系或隐或显地存在于社会运行系统中，影响着不同群体（个体）社会地位的获得。

此外，在高度分化的社会里，社会世界是由大量具有相对自主性的社会小世界构成的，这些社会小世界就是具有自身逻辑和必然性的客观关系的空间。[④] 即使同在一个社会系统，也存在着不同的社会规约体系和

---

①　［法］让·卡泽纳弗：《社会学十大概念》，杨捷译，上海人民出版社 2003 年版，第 144 页。

②　李春玲、吕鹏：《社会分层理论》，中国社会科学出版社 2008 年版，第 67 页。

③　李强：《社会分层十讲》，社会科学出版社 2008 年版，第 1 页。

④　于海：《西方社会思想史》（第 3 版），复旦大学出版社 2010 年版，第 423—424 页。

社会运作逻辑，导致社会地位的获得方式有异。又如德国社会学家费迪南·滕尼斯（Ferdinand Tönnies）基于对 19 世纪末德国社会工业化、城市化快速推进观察时所指出的，一个社会系统呈现两种社会形态：礼俗社群（Gemeinschaft）和法理社会（Gesellschaft）。礼俗社群和法理社会在具体社会形态所指上分别是乡村和都市，二者在群体生活背景和经验、互动程度、社会控制方式、道德评价、社会地位获得方式等存在巨大差别（见表 2.3）。在礼俗社群，相互依存高度互动的社会运行模式使得人们建构起非正式的社会控制方式，讲求传统道德和依据生活经验来评价和主导社会关系的建构。而在法理社会，互动较少且以任务为取向的社会运行模式，社会也以正式的社会控制为主导。

表 2.3　　　　　　　　礼俗社群与法理社会的比较①

礼俗社群	法理社会
乡村生活是典型	都市生活是典型
人们的背景与生活经验类似	人们的共识不高，相异处多于相似处
社会互动紧密且熟悉	社会互动是任务取向
由非正式的社会控制主导	由正式的社会控制主导
比较强调先赋地位	比较强调自致地位

（三）占有稀缺性资源与获得规定性地位的关系

占有稀缺性资源和获得规定性地位是群体（个体）获得社会地位的两大途径。总体而言，占有稀缺性资源对群体（个体）获得社会地位起着决定性作用。群体（个体）依据自身的社会特质参与社会系统的各类社会活动中获得稀缺性资源，从而确立在社会结构中位置。而获得社会规定性地位则是群体（个体）所具备的社会特质契合社会规约体系的某种规定，进而给予其稀缺性资源来实现社会地位。显而易见，获得社会规定性地位有赖于社会规约体系的存在，一旦其不存在或者得不到保障，群体（个体）就很难或者无法获得社会地位，就得回归到依据社会特质

① ［美］理查德·谢弗：《社会学与生活》，赵旭东等译，世界图书出版公司 2012 年版，第 75 页。

直接参与到对稀缺性资源的"争夺"中来获得社会地位（见图2.1）。

　　因此，群体（个体）获得社会地位核心在于其所具备的社会特质，决定因素是参与社会系统的社会活动中占有稀缺性资源。在此过程中，一旦群体（个体）确立了在社会结构中的位置，反过来则会强化或提升其社会特质。与此类似，群体（个体）若得到社会体系的认可及获得社会规定地位，这些均会反过来强化或提升其社会特质。概括而言，群体（个体）获得社会地位是一个静止与动态兼具的动态过程，是一个"群体（个体）社会特质→（获得社会规定性地位）→占有稀缺性资源→获得社会地位→群体（个体）社会特质"循环反复的过程。因而，群体（个体）一旦获得社会地位，就很容易进入良性循环或者恶性循环。若要打破这种相对固定的循环，一方面有赖于群体（个体）的社会特质获得质的改变，另一方面有赖于社会规约体系的崩塌、再构或者改进。

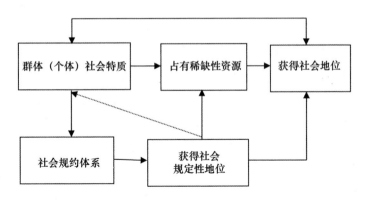

图2.1　占有稀缺性资源与获得规定性地位的关系

三　不同社会类型下获得社会地位的逻辑取向

　　通过上述两节的论述有一共识已现端倪：群体（个体）获得社会地位的方式并非一成不变，在不同社会情境下会有所不同。具体而言，一是稀缺性资源具体所指有差别；二是社会规约内容有不同。而这在纵向历史发展维度上体现得尤为突出（见表2.2）。在横向上也有反映，如表2.3提及的礼俗社群与法理社会（城乡社会）。社会地位本质上指在社结构中的位置，相对而言，社会结构是稳定的，社会地位也应较为稳定。为何会出现如此情形？根本上在于支配人类行为的原生力量会在不同社会情境下出现变化，以致围绕社会情境形成的社会力量相应出现变化，从而形成不同社会情境下的社会地位判定逻辑。社会地位作为人与人之间力量对比和社会秩序构建方式在群体（个体）身上的集中体现，力量对比的内容和社会秩序建构的具体方式还应由支配社会力量决定。随着这种支配社会力量的变化，稀缺性资源和社会规约也会发生变化，人们判定某个群体（个体）社会地位的逻辑取向就会变化。

我国社会历来注重社会等级序列的构造，也"超稳定"运行了五千多年，又有着互为匹配的未曾断续的文化传统及被其长久塑造的国民心性，因此，社会地位的逻辑取向有着更为复杂的一面。而近现代以来多次的社会革命运动不断冲击着既有社会结构和社会规约体系，社会结构和社会规约体系在实现多次反复解构和再造的同时，也不断荡涤掉既往社会的糟粕和精华。更令人担忧的是，改革开放以来市场经济发展迅猛，仅历经 30 年我国即成为世界第二大经济体①，对应的社会发展却未能与经济发展相调适。"文化大革命"刚结束，社会结构初立，转而就得面临巨大的社会转型，这难免使得社会新旧继承延续方面出现问题，难免出现扬弃过度而转化不足的局面。这既是当下我国的社会结构和社会秩序优化面临的挑战，也是任何群体（个体）在社会地位获得过程中均得面临的挑战。

（一）社会地位获得方式与社会形态的互动变迁

自人类诞生起，群体（个体）就在为生存和持续生存奋斗，在为获得更好的生存空间和社会地位奋斗，而奋斗的形式、过程和结果在不同的历史情境下亦有区别。这种区别的集中体现就是处在社会结构中的不

---

① 据日本共同社（2010 年）2 月 14 日消息，日本内阁府 14 日发布的数据显示，2010 年日本名义 GDP 为 54742 亿美元，比中国少 4044 亿美元，排名全球第三（参见新浪网《日本公布 2010 年 GDP 数据，被中国赶超退居世界第三》）。另据环球网报道，（2014 年）10 月，IMF 发布了一项比较各国调整后的 GDP 总值的报告，该报告中的最新数据显示中国 GDP 总量超越美国。IMF 指出中国今年的 GDP 总额为 17.6 万亿领先美国 17.4 万亿的 GDP 总量（参见环球网《IMF：中国超越美国，成为世界第一大经济体》）。目前，国内普遍认可中国属于第二大经济体。

同位置。有学者认为，社会分层是人类社会的普遍现象，存在人与人之间、群体之间的资源分配的不平等。① 在所有人类社会中，个体和群体之间的等级差异（rank differences）的存在构成了人类社会本质的一个基本特征。② 社会分层不仅存在于当下，也存在于历史中。从古至今，任何种类的人类组织都以各种方式进行分层构造，表现为一种社会地位的系统，个人在系统中聚类分群，各得其所。③ 然而，这种"聚类分群"和"各得其所"的方式在历史中又是多样的。在不同社会形态下，社会分层和社会不平等程度存在差别。也有学者认为社会分层绝不是人类社会的普遍特征，虽然并不存在所有人都绝对平等的社会，但确实有很多不分层的社会。④ 由此可知，各位社会学者虽然对社会分层在人类发展史上的时间定位存有分歧，但总体认为人类社会的社会分层发展史较为久远。然而，人类不平等社会发展过程中，并非所有的社会都以同样的方式和机制来决定群体（个体）的社会地位和社会分层。已有的社会学理论告诉我们，在不同的社会形态下社会结构的构造方式不同，其社会分层的决定因素也不同，群体（个体）社会地位的获得方式也不同。

社会地位获得方式与社会形态互动变迁在具体的历史情境又是何种样态呢？美国社会学家斯蒂芬·K. 桑德森（Stephen K. Sanderson）主要对前工业社会的社会分层做了总括性分析：他把前工业社会划分为四种社会形态：狩猎采集社会、简单园艺社会、复杂园艺社会和农业社会，并指出不同社会形态下的社会分层逻辑（见表2.4）。桑德森认为在前两个社会形态不存在社会分层，但存在建立在个人体征和狩猎技巧上的不平等，这种不平等主要体现在声望和影响力。直到复杂园艺社会，社会分层才真正出现，此时的社会分层体现在权力和再分配的差异上。而到了农业社会，社会分层趋于极端化，个人在社会结构中的位置决定于出

① 李春玲、吕鹏：《社会分层理论》，中国社会科学出版社2008年版，第2页；李强：《社会分层十讲》，社会科学出版社2008年版，第1页。

② 陈鹏：《经典三大传统社会分层观比较》，《社会科学管理与评论》2011年第3期。

③ ［法］让·卡泽纳弗：《社会学十大概念》，杨捷译，上海人民出版社2003年版，第9页。

④ ［美］斯蒂芬·K. 桑德森：《宏观社会学》（第4版），高永平译，中国人民大学出版社2013年版，第70页。

身。从桑德森的观点中，我们不难得出，前工业社会的社会分层大致经历了从不分层到分层，再到分层极端化的历史演进，而与之相伴的有价值的社会资源也经历了声望和声誉—权力—权力和财富的历史演进。

表2.4   前工业社会里的社会分层①

社会类型	社会分层的性质
狩猎采集社会	社会分层通常不存在。存在建立在年龄、性别和个人特性基础上的轻微不平等，这些特性包括勇气和狩猎技巧。这些不平等仅仅是声望和影响力的不平等
简单园艺社会	社会分层通常不存在。存在建立在年龄、性别基础上的不平等。在性别不平等之外，主要形式的不平等是个人声望和声誉的不平等，这些声望和声誉是作为再分配者的大人物积累起来的
复杂园艺社会	真正的社会分层第一次出现。一般的模式是，把社会分成三个社会分层［酋长、准酋长和酋众。酋长的权力和特权受到人们对其慷慨程度的要求和限制。再分配原则仍然占据主导地位
农业社会	具有极端化的社会分层。人口大多数是被征服和被剥削的农奴。统治者和被统治者占有巨大的财富和权力。对大量人口来说，农奴制和奴隶制是最常见的从属关系形式。贫穷和苦难普遍存在。个人在社会结构中的位置大体上在出生时就决定了，不过一定数量的社会流动存在

　　而法国社会学家让·卡泽纳弗（Jean Cazeneuve）综合路易·迪蒙（Louis Dumont）、伦纳德·赖斯曼（Leonard Reisman）和乔治·巴兰迪埃（Georges Balandier）等人比之桑德森更进一步，把人类有史以来建立的社会主要分为六大社会形态：古代社会、种姓社会、等级社会、资本主义社会、社会主义国家和第三世界国家，建立起贯穿人类发展史的解释框架，同时资本主义社会、社会主义国家和第三世界国家均是在当下共处，在横向上充分观照了历史共时下不同社会形态的社会地位逻辑取向（见表2.5）。在这六种形态中，古代社会、种姓社会、等级社会的社会分层与宗教有关，且主要以声望、荣誉或出身决定分层。而资本主义社会则是主要由法律规定了其存在、权力和特权，出身也在一定程度上影响分

---

① ［美］斯蒂芬·K. 桑德森：《宏观社会学》（第4版），高永平译，中国人民大学出版社2013年版，第70页。

层。在社会主义国家，政治制度设计直接决定社会划分为两大阶级。在第三世界国家则是社会流动无序化。

表2.5　　　　　　　　不同社会背景中的分层①

社会背景	分层表现	与宗教关系
古代社会	经济分层未得到证实，个人之间的声望和权力决定分层	与宗教有关
种姓社会	实行世袭的等级制度，基本无纵向的社会流动，社会地位由出身所决定	
等级社会	相比于种姓社会，等级社会的分层制度的运行方式灵活很多，虽然理论上等级是世袭的，但平民子弟可以通过个人努力获得上层社会的认可。等级化的根源是荣誉和声望	
资本主义社会	由法律规定了其存在、权力和特权的一种等级。诸多区分标准同时运用，任何单一的标准都不能确切地划定分层。但出身仍然或多或少地规定了阶级分层中社会地位的获得。存在国别之分	与宗教无关
社会主义国家	一般划分为两大阶层。一方面是作为资本主义残余的传统阶级，另一方面是源于现时结构的新型分层（波兰社会学家斯捷潘斯基 Szczepanski）	—
第三世界国家	新的社会阶级结构动摇了旧的等级，同时也使旧的对立物不时地复活。社会流动无序化，城市里分层通常是造成不同的生活方式	—

上述几位学者主要关注的是工业社会及之前的社会分层状况，而著名的后现代主义社会学家简·帕库尔斯基（Jan Pakulski）和马尔科姆·沃特（Malcolm Water）② 对后工业社会的社会分层做了分析，主要是基于对人类社会阶级关系的历史考察及对未来社会的前瞻式预测，把人类社会阶级关系的历史变迁主要概括为三个时期：第一个时期是"经济—阶级"社会，以经济资源为依据划分为两大阶级；第二个时期是"组织—阶级"社会，以社会再分配权力为依据划分阶级；第三个时期是"身份—习俗"社会，以生活方式或价值认可等为依据区分人群。

---

　　① ［法］让·卡泽纳弗：《社会学十大概念》，杨捷译，上海人民出版社2003年版，第149—158页。

　　② ［美］戴维·格伦斯基：《社会分层》，王俊译，华夏出版社2006年版，第752页。

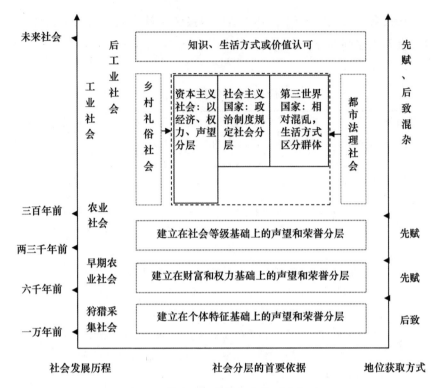

图2.2　社会地位获得方式的历史变迁

　　综合上述关于社会变迁视角下社会地位的理论研究，我们总体上可以概括为如下几点：一是在不同的社会结构下，社会分层的逻辑是不同的。二是人类社会等级获得方式大体经历了后致—先赋—后致与先赋混杂的历程。三是当共享价值包括宗教、道德等对社会运行发挥主要作用时，声望和荣誉是划分社会等级的主要依据，当法律契约对社会运行发挥主要作用时，经济和权力是划分社会等级的主要依据。四是决定社会分层的首要依据总体上沿着"抽象（荣誉、宗教）—具体（经济资源、政治资源）—抽象（价值认可、生活方式）"的变迁路线发展。五是在同一历史阶段内，社会分层也不是单一的，例如当下存在资本主义社会、社会主义国家、第三世界国家的分层体系，也存在乡村礼俗社群和都市法理社会的分层体系。六是关于未来社会的社会分层虽各位学者存有分歧，但总体倾向于以文化资本、生活方式为基础的身份分层。七是社会越进步，社会分层就越多样，获得地位的方式越强调后致性因素。综合上述的理论研究，我们可以大体勾勒出人类社会分层自狩猎采集社会至未来社会在纵向和横向上的社会变迁脉络（见图 1.2）。

（二）不同社会类型下社会地位生成逻辑

人类历史的核心疑难问题在于如何解释历史变迁路径中的巨大差异？不同社会的差异是如何发生的？[①] 不同社会地位获得方式的差异是如何产生的？如上所述，从狩猎采集社会，到农业社会，再到工业社会，乃至未来社会；从荣誉分层，到政治资源分层，到经济资源分层，直到生活方式的分层；从宗教影响到法律影响，这些均说明在不同社会类型下，社会地位有着不同的生成逻辑。然而，它们又是依照何种逻辑决定着彼时稀缺性资源和社会规约在群体（个体）获得社会地位中的相互作用呢？

1. 四大社会类型下社会地位生成逻辑

作为群体（个体）社会关系总和的社会地位并非仅仅依靠获得稀缺性资源和社会规定性位置就可实现，而更受社会发展的两大原生力量（利益与观念）的支配[②]。群体（个体）属于社会系统的组成因子，无法裁决何种资源为稀缺性资源，以及何种位置能够得到社会的认可和规定。这些均有赖于人类自有的利益与观念。我国史学家司马迁在其巨著《史记》的《货殖列传》中直言"天下熙熙，皆为利来；天下攘攘，皆为利往"。英国政治家丘吉尔说，"没有永远的朋友，只有永远的利益"[③]。虽然利益贯穿于人类言行的始终，充盈于社会系统，但能够自主自觉自为的人绝非利益的奴隶。大卫·休谟进一步明确指出，尽管人是由利益支配的，但利益本身以及人类的所有事物，是由观念支配的[④]。正是在变动的利益和观念的支配下，稀缺性资源的具体形态和社会规定的位置才发

① ［美］道格拉斯·C. 诺思：《制度、制度变迁与经济绩效》，杭行译，格致出版社、上海三联书店、上海人民出版社 2014 年版，第 7 页。

② 支配或权威可能会基于非常不同的服从动机：由最单纯的习惯性服从，到最纯粹理性的利益计算。参见［德］马克斯·韦伯《经济与历史 & 支配的类型》，康乐等译，广西师范大学出版社 2014 年版，第 291—292 页。

③ 关于此说，有人认为语出十九世纪英国首相帕麦斯顿，是指国家之间的外交关系。原文是，Nations have no permanentfriends or allies, they only have permanent interests. 也有人认为，法国的戴高乐总统也说过类似的话，France has no friends, only interests.

④ 张维迎：《理念的力量》，西北大学出版社 2014 年版，第 3 页。

生变动。然而，利益和观念具体所指是何物呢？利益即是群体（个体）社会活动范畴内，对生存有利且又需要的一切事物；观念即是群体（个体）围绕社会运行互动所产生的对世界万物的看法。而若把利益与观念放之于支配社会运行的宏大社会背景中分析，不难发现，所谓利益，指向的是生存性资源，所谓观念，① 指向的是道德性资源。② 事实上，人类历史是不断进步的发展史，在这个过程中，生存和维护生存是人类一直在回应的问题。由自然状态进入社会状态，人类便产生了一场最堪瞩目的变化；在他们的行为中正义取代了本能，而他们的行动也就赋予了前所未有的道德性。③ 由于每个人的生存地位并不完全由他在经济和社会等级制中所处的地位决定的⋯⋯除了生存竞争法则支配的世俗秩序外，还有一种道德秩序，即道德价值。④

因此，人类社会等级序列的出现，一方面可以是缘于当前生存和未来发展的需要，群体（个体）社会地位依据其身上附着的经济资源、政治资源、人力资源和文化资源等生存性资源的多少而定，即遵循的是生存逻辑；另一方面也可以是基于对传统价值和社会规范的依从和尊重，群体（个体）社会地位因其所拥有的社会资源、声望资源和公民资源等

---

① 关于社会发展的观念，人类历来是孜孜以求人人彼此善良，互为信任，消弭分歧，相处和谐，生活工作和美，社会秩序安定等符道德性想法，例如"大同世界""乌托邦"等。又如"人人生而平等"的道德性社会追求。就事实本身而言，无论在古代还是现代，人人是生而不平等的，但正是"人人生而平等"理念的传播和认同，才使得社会不断降低"生而不平等"的可能，趋近"生而平等"的理想。虽然道德在当下中国遭遇诸多困境，式微态势明显，以致沦落到言及道德反被讥的境况，但古今中外，以道德为核心构筑的人类观念和言行体系维持着社会发展的良性前进。以中国为例，以儒家思想为内核的传统文化极力推崇"以德服人""以德治国"，社会运行也遵循道德逻辑。例如《礼记·大传》"人道亲亲"，《论语·颜渊》"樊迟问仁，子曰'爱人'""君君，臣臣，父父，子子"，《孟子·梁惠王上》"老吾老以及人之老，幼吾幼以及人之幼"，及至宋朝有程朱理学，等等。正因如此，才保证我国社会发展的稳定性和百姓安康。举观世界，三大宗教体系也是极为关怀人性，突出道德的社会作用。而对于诸多社会学家而言，他们也极为强调道德在社会运行中的核心作用，从孟德斯鸠，到孔德，再到涂尔干，再到帕森斯，从托克维尔到福山，等等。

② 生存性资源和道德性资源二者关系，之于人类而言，生存是第一位的，其他皆依此展开。道德是人类逐步摆脱动物所属生物特征，渐次建构起的向善的社会关系、行为规则和处世观念。因此，道德性资源依附于生存性资源。正所谓"仓廪实而知礼节，衣食足而知荣辱"。

③ ［法］卢梭：《社会契约论》，何兆武译，商务印书馆 2010 年版，第 25 页。

④ ［法］雷蒙·阿隆：《社会学主要思潮》，葛智强等译，上海译文出版社 2005 年版，第 59 页。

道德性资源而定，即遵循的是道德逻辑。另外，也可以是综合上述两大逻辑来判定群体（个体）的社会地位。自人类发展史有考以来，维持生存是人类得以延续和发展的前提，但不断创造、丰富以及继承传统价值才是人类有别于其他动物并不断走向更高文明程度的核心所在，遵循道德逻辑才是文明社会发展和进步的永恒主题。人类有序的社会生活依赖于社会成员头脑中某些情感的存在，这些情感制约着社会成员相互发生关系时产生的行为……这种力量可称为精神力量或道德力量。① 因此，发展过程中的人类因社会所拥有的生存性资源与道德性资源的丰富程度，遵循或生存逻辑，或道德逻辑，或综合两者来进行社会等级排序。正如一位观察家略带夸张地指出，文明的进程同时也是奴役的过程，当人类结束游牧生活进入新石器时代后，分层、不平等、精英、剥削就出现了。毫不过分地说，文明的历史就是社会阶层化的历史。② 由于不同时期，人类所处的社会环境不一，综合判断群体（个体）社会地位所遵循的逻辑也有区别。就对人类发展史的总体性分析来看，简要而言，人类社会判定群体（个体）社会地位的历史经历了四个阶段。

第一阶段属于原始社会，弱生存逻辑且弱道德逻辑。由于原始社会距今甚远，以及文明程度不高，更加使得相关历史难以被记载和传承下来。然而，康德指出"在历史叙述过程中，为了弥补文献的不足而插入各种臆测，这是完全允许的。因为作为远因的前奏与作为影响的后果，对我们之发掘中间的环节可以提供一条相当可靠的线索，使历史的过渡得以为人理解"。③ 据理性推理，这一时期人类刚脱胎于动物，加之生存环境恶劣和文明程度低，社会规约体系还未建立，有益生存的事物构成当时社会的稀缺性资源。有如英国学者梅因（Henry Sumner Maine）所指出的，"人类最初是分布在完全孤立的群体当中""一个原始的共同体对于和自己有着极大不同习俗的人，往往会感到几乎是自然的憎恶"。④ 由

---

① ［英］A. R. 拉德克利夫 - 布朗：《原始社会的结构与功能》，潘蛟等译，中央民族大学出版社1999年版，第175页。

② ［美］哈罗德·R. 克博：《社会分层与不平等》（第7版），蒋超等译，上海人民出版社2012年版，第57页。

③ ［德］康德：《历史理性批判文集》，何兆武译，商务印书馆1991年版，第59页。

④ ［英］亨利·萨姆奈·梅因：《古代法》，高敏等译，江西教育出版社2014年版，第61页。

此可见，社会运行的主要准则是——生存才是王道。对于处于前意识阶段的幼年人类来说，原始自然是完全客观而裸露、自在和自足的，不具有任何与意识主观性相联系的现象意涵、解释框架等。① 整个社会处于一种无序状态，群体（个体）之间没有相互组合成结构性社会，社会等级排序也就没有形成。

　　第二阶段属于部落社会，强生存逻辑而弱道德逻辑。在此时期，生存环境未有根本性改观。能否生存依然是当时人类面对的最大难题，获得有益于生存的稀缺性资源成为竞相参与的社会活动。因此，在这个阶段获得生存物品和服务多少的能力决定了群体（个体）的社会地位。这种社会仍然建立在家族基础上，但等级更鲜明，权力被掌握在那些负责获取食物和其他资源并将整个集团内部进行重新分配的家族领导者手中……一小撮精英统治着这样的社会，垄断着多种战略资源，如食物盈余，并使用武力以维持权威。② 但在部落社会，人类为生存而聚居结成社会并生成一定的社会规则和社会规约体系，以避免部落内部为获得稀缺性资源而互为残杀。诚然，早期的狩猎者从本质上说和他们的猿猴祖先一样，是好斗的，是凶悍的，但他们的好斗本能由于日趋频繁的相互合作而有所减弱。③（尽管）这一阶段的人类社会总体上秩序较为混乱且崇尚武力，并存在建立在年龄、性别和个人特性基础上的轻微不平等，这些特性包括勇气、狩猎技巧和部落战争等生存性技能和能力。④ 由于社会规约体系的建立，为部落社会的秩序安排和生存环境提供更好的保障，这一阶段也建构起与获得生存性资源多少的能力相匹配的荣誉地位体系，并依靠占有生存性资源和荣誉体系二者协同建构起部落社会的社会结构和运行系统。

　　第三阶段属于农业社会，弱生存逻辑但强道德逻辑。在此阶段，生存环境得到根本性改观，而且人类社会业已形成稳定且系统的传统价值。尽管生存仍是此一阶段人类需要面对的问题，但此时人类社会已分化成

---

　　① 郑杭生、杨敏：《社会互构论：世界眼光下的中国特色社会学理论的新探索》，中国人民大学出版社 2010 年版，第 3 页。

　　② ［美］布赖恩·费根：《世界史前史》，杨宁等译，世界图书出版公司 2011 年版，第 29 页。

　　③ ［英］德斯蒙德·莫里斯：《人类动物园》，刘文荣译，文汇出版社 2002 年版，第 5 页。

　　④ ［美］斯蒂芬·K. 桑德森：《宏观社会学》（第 4 版），高永平译，中国人民大学出版社 2013 年版，第 70 页。

两大群体——拥有财富的统治阶级和贫穷的被统治阶级，这两大群体的生存空间和压力相对封闭和稳定，社会等级序列分明有致。因此，在各自相对稳定的社会系统内，群体（个体）的社会地位决定于其是否遵照传统价值，并以此形成诸多社会规范。在统治阶级社会内部，社会规范通过规章制度加以确定，并被官方传诵和推崇，而被统治阶级的社会规范一部分来自附庸于统治阶级的风雅，另一部分多半没有形成文字，个人与个人在相互依存的网络中联系在一起，在这种相互依存的关系触及到了生活的各个方面：从家庭、工作到此种社会所享受到的为数不多的休闲活动，无不被触及。① 每个人都极为尊重社会规范和传统价值，并努力成为价值秩序的示范者，以此标榜身份和显示社会地位。而群体（个体）一旦被社会规约体系认可，并可获得相应的社会规定性位置，以此获得社会稀缺性资源，实现社会地位的跃升与强化。

第四阶段属于工业社会，既强生存逻辑又强道德逻辑。在工业社会，人类所面对的生存环境已不同于前，一方面生产工具和生产方式的工业化大大提高了社会总生产力，这使得社会生产的生存性资源总量远高于社会需求。不过，这种生存性资源供大于需的关系仅表现在生产层面，而社会未因生存环境的改观来实现道德层面的跃升，反而是供大于需激发了社会的消费欲望，这就造成后续供不足于需的局面，引起社会对生存性资源的争夺和占有。另一方面生存性资源也全面扩散，维持群体（个体）生存的物品和服务已变为社会化生产，由过去向自然索取变为现在向社会购买。群体（个体）必须在生产、流通和销售的一个或者多个环节付出劳动才能得到相应的物品和服务，否则，就得面临挨饿的窘境。因此，在工业社会，群体（个体）维持自身生存和影响他者生存的能力大小和拥有生存性资源的多少影响其社会地位的高低。另外，原有农业社会出现结构性解体，两大群体脱嵌于各自相对稳定和封闭的社会系统，并渐次建构起相对多元和开放的社会序列。在此过程中，虽然社会运行方式发生较大改变，社会对传统价值有所扬弃，但与部落社会时期几乎出于生存本能来决定群体（个体）社会地位不同，现代社会处于较高的文明程

---

① ［美］弗朗西斯·福山：《大分裂：人类本性与社会秩序的重建》，中国社会科学出版社2002年版，第9页。

度，无论群体（个体）还是社会之间的交往程度，还是社会生产和运行的分工及合作都较以往更为复杂，这也更需要道德伦理来调节，以及过往历史证明尊崇传统价值能够有效缓解社会冲突、促进社会有序发展，这使得工业社会仍注重遵循传统价值在社会地位评价中的参照作用。

　　综合以上论述，我们可以获得如下共识：群体（个体）社会地位根植于所处的社会形态，而不同的社会形态，社会地位的生成逻辑是不同的（见图2.3）。

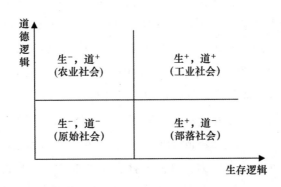

图2.3　不同社会地位的逻辑取向类型①

　　2. 生存性资源与道德性资源分布情况下社会地位生成逻辑

　　群体（个体）社会地位根植于所处的社会结构，必然受到所处社会系统环境的影响。在上述简要概括的四大社会类型中，正是由于生存性资源与道德性资源分布不均导致稀缺性资源和社会规约的具体形式不同，导致社会地位生成逻辑不一。具体而言，在原始社会和农业社会相对侧重于社会规约体系，主要依照获得社会规定地位来实现社会地位的跃升，在部落社会相对侧重于占有稀缺性资源，依此来获得社会地位，而在工业社会，则是兼顾占有稀缺性资源和获得社会规定地位（见图2.4）。

　　由此可见，社会系统对社会结构的影响在根本上是指生存性资源和道德性资源的丰富程度和分布情况影响着社会地位的生成逻辑和获得途径。结合上述对四大社会类型社会地位生成逻辑的分析，进一步而言，

　　　① "＋"代表强，"－"代表弱。

当社会系统处于生存性资源紧张且道德性资源紧张①时，社会注重于对生存的关注，群体（个体）侧重于依靠占有稀缺性资源获得社会地位；当社会系统处于生存性资源平衡且道德性资源丰富时，社会注重于对伦理秩序的关注，群体（个体）侧重于依靠获得社会规约体系的认可，以此获得社会规定性地位；当社会系统处于生存性资源丰富和道德性资源丰富时，社会既关注生存，也关注伦理秩序，群体（个体）获得社会地位的途径兼具占有稀缺性资源和获得社会规定地位（见图 2.5）。因此，在生存性资源与道德性资源分布不同的社会系统，群体（个体）社会地位的生成逻辑和获得途径是不一样的。

---

① 生存性资源与道德性资源的紧张与否以及丰富与否，体现在数量层面，更体现在自我认知和感受层面。生存性资源紧张，是指生存性资源分配和享有出现社会结构性问题，导致社会系统中多数人在实际和感知上认为生存面临挑战；生存性资源平衡，是指生存性资源分配和享有在社会结构中相对平衡，社会系统中多数人对既定生存状况满意；生存性资源丰富，是指生存性资源满足于社会结构中各群体（个体）的实际需求和未来期待，这一定建立在生存性资源数量极大丰富的基础上。与人类之前经历过的社会形态而言，工业社会在总体上实现了生存性资源丰富。道德性资源紧张与丰富程度即是指社会系统中向善体系是否得到充分和能否得到社会结构各群体（个体）的广泛且充分的依循。在二者关系上，道德依附于生存，生存性资源的状况决定着道德性资源的情况。一般情况下，生存性资源紧张必然导致道德性资源紧张；生存性资源平衡会促进人们对伦理秩序的关注，带来道德性资源丰富；生存性资源丰富必然带来道德性资源丰富，这是一个相对理想的社会状态。以当前我国社会为例，现正处于生存性资源紧张时期，具体反映在四个方面。其一，生存性资源占有量的短缺。我国是传统农业大国，有着庞大的农业人口。在工业化生产、市场分配和城市化消费的社会背景下，庞大的农业人口、农村进城人口，以及城市底层人口都面临着生存性资源占有量短缺的问题。其二，生存性资源实际占有量与需求期待之间的落差。市场经济的发展，影视报纸媒介的传播，城市化的快速推进，使得与之相伴随的消费主义、物质主义和享乐主义盛行。在缺乏集体理性和公义道德的背景下，这些主义都在提高人们对生存性资源占有量的愿望和期待，人人都想成为有钱有车有房一族，成为物质上的成功者。经济社会越发展，越多的人卷入经济大潮中，人们的需求就越高，而个体所能获得的生存性资源与需求期待之间就会存在较大差距。其三，当下和未来生活的不确定感和危机感。与过去依赖单位供给和土地生产来获得生存性资源不同，现在越发强调个体通过参与市场信息交换来获得。但市场会深受供求关系、科技发展、政策导向和国际市场等因素影响，个体所拥有的自致能力和商品信息也会随之变化，而这些均不是个体所能控制的。这就加剧了个体生活的不确定感和危机感。其四，生存性资源占有量和分配关系的等级分化严重。我国历来是等级社会，社会的等级观念很强。实现等级的向上流动既是个体为了获得更多生存性资源，也是其价值追求。而诸多事例表明，随着社会持续高速发展，等级间的生存性资源占有量的等级分化日益严重。这更加迫使社会中下层努力实现向上流动和社会中上层强化巩固自身地位，进而使得生存性资源分配关系紧张。因此，面对如此生存境况，人们参与社会活动的重心在于急切获得稀缺性资源，与此相伴随的是道德性资源紧张，社会规约体系功能不彰，越轨行为、社会冲突乃至暴力事件频发。

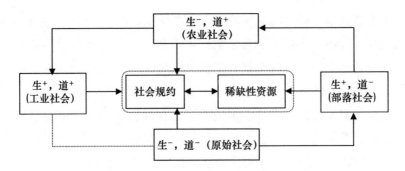

图 2.4　四大社会类型的社会地位生成逻辑

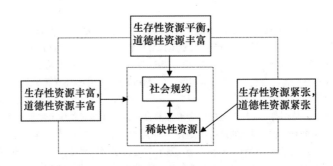

图 2.5　生存性资源与道德性资源分布情况下社会地位生成逻辑

(三) 我国社会地位的生成逻辑和获得途径

中国社会是非常重视层次、等级的社会，社会层化现象非常有特色。① 我国历史悠久且未曾断续，五千多年文明史历经原始社会、奴隶社会、封建社会、资本主义社会和社会主义社会等五大社会形态。在这不同社会形态下社会等级和分层的决定性社会资源是什么？是否与我们经常采用的"生产资料"相吻合？又是何种机制促成社会等级和分层的形成？是否是我们经常采用的"生产资料由谁占有"的两分法来决定？近代以来，社会革命不断，社会结构也历经多次重大转变，社会地位的决定因素与形成机制是否有着重大变革呢？

---

① 李强：《中国社会分层结构的新近演变》，载郑杭生《中国社会结构变化趋势研究》，中国人民大学出版社 2004 年版，第 63 页。

1. 我国社会地位生成逻辑和获得途径的历史演变

社会学家李强认为，我国社会分层结构存在九大总体特征：社会差异大，城乡分野，金字塔社会结构，身份社会，官民社会，精英的巨大作用，社会基层群体的重大社会功能，社会流动机制和家庭纽带弥合社会差异的重要功能。[①] 从李强的观点中，我们可以看出我国社会分层存在立体性特征，社会结构并非依照某一要素凝聚而成。若简单加以归类的话，从纵向上，我国社会分层构造是以政治权力和经济财富分层的金字塔社会结构为社会分层主轴，以社会差异大为外在特征，以血缘身份为分层的家庭、以财富分类的社会基层和以政治权利和知识资本为分类的精英群体为分层群体；在横向上，存在以地缘身份（国人与野人之分）为分层的城乡社会、以政治权力为分层的官民社会和以政治权力、知识资本和荣誉为分层的身份社会。在总体上，我国社会等级分明且复杂，但以知识考试选拔为主的社会流动率较高。由此，我们可以大致概括出，在我国决定社会分层的有价值的社会资源包括：知识资本、政治权力、经济财富、地缘身份和血缘身份。

有学者认为我国社会阶层的演变大体沿着"血统分层—传统权力分层—财富分层"的主线进行。[②] 在古代中国是血统和权力（伦理和政治）高度吻合的社会阶层体系。在封建的家国政治体系中，"天、地、君、亲、师"是社会的伦理秩序，伦理支配着社会行为，社会整体氛围是尊师重道，重农抑商，体现着"伦理本位，职业分途"的社会运行模式。直至近现代革命打破传统的血统和权力分层体系，逐步向权力分层体系及财富分层体系转变。在具体的历史变迁方面，在周朝及春秋战国时期，社会总体上以"宗族"为依据分为"国人"与"庶民"两大身份群体。[③] 在这个身份社会结构中，国人拥有经济上和政治上的特权，通过身份体系进行稀缺性资源分配。有学者指出，我国自古形成的对家庭的人身依附的社会，实质是以血缘为依据，以亲属关系为准则规定了人与人之间

---

① 李强：《社会分层十讲》，社会科学出版社 2008 年版，第 298—308 页。

② 庞树奇、仇立平：《我国社会现阶段阶级阶层结构研究初探》，《社会学研究》1989 年第 6 期。

③ 晁福林：《论周代国人与庶民社会身份的变化》，《人文杂志》2000 年第 3 期。

的权利和义务。个人属于家庭，血缘关系是联结家族社会的基本纽带，身份等级是形成一切社会关系的基础。① 确是如此，费孝通先生所提及的"差序格局"，正是一种以血缘为生物特征演变而来且得到扩展的社会等级关系。与此同时，又以渐次建构起的伦理规约体系指导社会活动，以强化血缘关系和社会结构的稳定性。有学者基于前贤研究，以社会地位和社会权利为基本尺度来分析明代社会结构体系，认为：从明初到明末，贵族、士绅、庶民、贱民四层等级的基本结构状况并没有结构性改变；社会分层体系中的人身依附性社会关系趋于强化而非松懈；社会流动主要在士绅与庶民两个层级内部及这两个层级之间发生。② 可见，我国古代社会总体上属于身份社会，主要是以获得社会规定性地位以占有稀缺性资源和进行社会等级排序，注重社会规约在社会运行中的作用，以致社会结构相对稳定。

这种身份社会关系在长期的封建社会中得到了强化和固化，以致成为我国现代化的掣肘，成为近代以来历次革命运动所讨伐的对象。新民主主义革命胜利后，新中国成立。新中国成立后，基于意识形态取向的考虑，中央政府通过多次的社会革命运动，在对全社会实现重新整合的同时，促进了社会分层结构的改革。具体包括：一是打碎阶级结构，建构起以经济和政治双重区分的身份体系，社会总体上分为干部和工人两大身份群体；二是人身依附关系由依附于宗族，转变依附于国家（单位）体制；三是整合城乡社会、政权体系，同时建构以户籍为媒介的城乡二元体系。在此阶段，政治资源以及工农出身是决定社会分层的有价值的社会资源。改革开放后，尤其是社会主义市场经济的建立，我国社会地位评价体系和社会分层结构再次转型，主要体现在：一是从以身份社会指标转化为以非身份指标来区分社会地位；二是经济分层取代政治分层；三是社会贫富差距扩大；四是接近社会资源分配中心区域的社会中心群体与处在边缘区域的边缘群体关系的变化；五是原有农民、干部和工人

① 曲秀君、王松涛：《略论从身份到契约的转变——兼论其对中国身份社会的影响》，《枣庄师范专科学校学报》2003 年第 6 期。

② 赵轶峰：《身份与权利：明代社会层级性结构探析》，《求是学刊》2014 年第 5 期。

身份群体出现分化，新社会阶层的逐步形成。[①] 总体而言，改革前社会分层所反映的核心内涵是权力差异，即在再分配体制下，以干部、工人和农民等准身份形式表现出来的一种权力上的不平等。[②] 亦即获得既定社会规约体系（政治权力系统，或者政治意识形态）的认可是群体（个体）实现社会地位跃升的主要途径，以致整个社会在意识形态和行政制度的支配下，呈现刚性的社会分层：群体（个体）间社会地位明晰且固化。改革开放后，随着社会主义市场经济体制的逐步建立，市场经济的分配机制作用凸显，随之社会分工细化和职业分化，职业也逐渐成为群体（个体）社会分层的主要标准。然而，由于我国既有的政治体制建构形式，在市场转型的同时，权力依然维续社会分层体系。[③] 因此，虽然改革开放是我国现代化进程中的重要"分水岭"，虽然改革前后我国社会系统历经从以政治分层为主导走向以经济分层为主导的进步，但是鉴于我国既有政治和文化传统以及社会构造，社会分层至今仍兼具政治、经济等因素的分层标准。换而言之，在当下中国，群体（个体）获得社会地位可依赖于占有稀缺性资源（如经济资源）和获得社会规定性地位（如政治资源）。

2. 现代中国的社会地位生成逻辑和获得途径

既因西方列强所推动，又受其所掠夺，我国工业化在初期进程较为缓慢，城市的生产功能[④]未能得到充分发挥，加之城乡人口不断增长带来生存性需求的不断增加，导致我国城乡社会生存性资源的生产和分配极为紧张，进而出现总体性资源危机，"由此造成乡村社会层出不穷且愈演愈烈的民变"，引发城乡社会"生存危机和发展危机并存与共构的整体性

---

① 李强：《改革开放30年来中国社会分层结构的变迁》，《北京社会科学》2008年第5期。

② 郝大海：《流动的不平等：中国城市居民地位获得研究（1949—2003）》，中国人民大学出版社2010年版，第26页。

③ 边燕杰、罗根：《市场转型与权力维续：中国城市分层体系之分析》，载边燕杰《市场转型与社会分层》，生活·读书·新知三联书店2002年版，第427—459页。

④ 韦伯（Max Weber）认为城市有三种类型：消费者城市、生产者城市和商人城市（参见马克斯·韦伯《经济与历史，支配的类型》，广西师范大学出版社2010年版，第199—202页）。基于我国推进工业化的努力、城市社会组织形式和城乡资源配置方式的分析，我国多数城市应属于生产者城市，更多发挥的是生产功能。

危机"，① 以致技术、观念和政治制度还未准备好时，我国就急于推动近代化工业发展，以解决时代困局。正是由于我国工业化发展的先天不足，加之后天发展滞后，当下中国社会的生存性资源在生产、交换和配置上有异于一般工业社会，以致社会地位的生成逻辑也异于一般工业社会。

　　首先，重生存逻辑而轻道德逻辑。长期以来，我国城市生产功能不足且农村生产力提升有限，导致社会总体的生存性资源供给无法满足不断增长的城乡人口的数量需求，以及社会发展带来的结构性消费需求，从而形成社会总体性生存性资源长期不足的局面。改革开放前，对资源配置和占有基本由国家体制支配之，社会各群体还可以在同一社会框架下分享生存性资源，彼此间的社会地位判定逻辑服从于国家体制建制的等级区分，含有革命道义情结。改革开放后，尤其是随着我国市场经济改革的深入，群体（个体）逐步脱嵌于单位和社会供给体系，变为需依靠自致能力参与市场生产、交换和购买来获得生存性资源。虽然改革开放引进了外资、技术和管理理念，激活了城市生产功能的发挥，而市场经济体系的建立则极大地提高了城市生产效率，使得社会总体性生存性资源紧张程度得到缓解乃至得到根本性改观，但20世纪"80年代后期始，收入和财富越来越集中在少数人手里，大量农村社会中的资源源源不断地流向城市社会"② 等社会现象体现资源走向积聚，使得多数群体（个体）仍面临生存性资源紧张，处在资源竞争状态。加之历次革命运动瓦解了传统农业社会结构，传统道德和价值信仰失去了社会文化依托，以致当代群体（个体）间的道德互动关系式微。因此，在生存性资源紧张和道德互动关系式微的双重作用下，当代群体（个体）社会地位的生成逻辑是重生存而轻道德。

　　其次，体制内外的地位分殊。正是由于社会总体性生存性资源紧张，为了更好地整合社会，同时集中资源促进工业化，新中国成立之初中央政府就着力构建国家控制社会的体制，并不断强化国家对资源的垄断和分配能力，造成全社会对国家体制的高度依附。在这种体制下，国家能

---

　　① 王先明：《20世纪前期乡村社会冲突的演变及其对策》，《华中师范大学学报》（人文社会科学版）2012年第4期。

　　② 孙立平：《资源重新积聚背景下的底层社会形成》，《战略与管理》2002年第1期。

够突然地转移社会群体所拥有的相对资源，从而改变他们相对的社会经济地位，这样的资源转换通常是以意识形态和政治考虑，而不是以市场效率为依据的。① 虽然近 20 年市场经济的发展弱化了国家体制在资源再分配中的作用，中央也着力推动体制内企事业单位转制，但对 2003 年中国综合社会调查的资料分析表明，再分配体制下形成的单位和地区壁垒导致同一社会经济地位，其资源含量在壁垒之间的差异效应持续至今。② 国家体制对社会资源的再分配仍起着重要影响，甚至在某些领域起着支配性作用。至今，市场分配主导下的工业发展仍以劳动密集型和加工型为主，庞大的工业生产人口虽努力付出劳动，但薪酬较低，且多数在社保、医疗、教育等方面缺乏相应保障。与以财政体系支付薪酬、社保和医疗，以及子女教育享有优先权的体制内相比，体制外群体（个体）的生存境况虽有改观但总体不如体制内。在当下仍可用身处体制内外来区分群体（个体）社会地位的高低。

最后，城乡社会空间的地位等级化。自农业社会始，我国社会就逐步形成了城市和农村两大社会形态。在此过程中，城乡社会不仅是地理空间的分异，而且生成地理空间上的社会等级化，即"城乡居民在基本权利、社会地位、资源享受上不平等的身份性二元社会地位体系"。③ 在古代中国有所谓的"国人""野人"之分，"国人"就是指在城市里面居住的人，"野人"就是指在城外、乡下居住的人。④ 时至今日，我国城乡社会空间的地位等级化不仅未因政治进步而消解，反而在工业化进程中进一步被强化。究其原因：一方面是由城乡社会发展自发秩序所致。步入工业社会，生产工具和生产方式的工业化使得城市也具备生产功能，且其所生产的生存性资源远大于农村社会。生存性资源城乡分布不平衡带来两大方面的城乡社会变动（一是农村社会逐步卷入到以城市为主的工业化生产进程中，农村社会精英迁入城市，传统农村社会结构瓦解；

---

① 边燕杰：《市场转型与社会分层》，生活·读书·新知三联书店 2002 年版，第 384 页。

② 参见边燕杰、李路路等《结构壁垒、体制转型与地位资源含量》，《中国社会科学》2006 年第 5 期。

③ 王春光：《城乡结构：中国社会转型中的迟滞者》，《中国农业大学学报》（社会科学版）2007 年第 1 期。

④ 李培林：《中国社会》，社会科学出版社 2011 年版，第 206 页。

二是城市精英主导全社会资源的分配，城乡社会空间等级格局发生变动），加剧了城乡社会在资源生产、交换和配置中地位差距。另一方面是由国家体制规定人为造成。新中国成立后，为了稳定社会秩序，尤其是避免大量农村人口向城市流动而带来城市生存性资源紧张和农村生产功能下降的并发危机，同时为了推动城市的工业化，政府建构起城乡二元管理体制。一方面，以户籍为媒介，严控城乡人口流动，"最大限度地把农民稳定在农业上，促进农业生产的发展，以为国家生产更多的商品粮和其他剩余农产品"；[①] 另一方面，以财政赋税的形式，强化国家对社会资源的控制及城市对农村的资源支配权，"国家不但把绝大部分公共资源配置给城市，而且通过各种行政手段，将农村资源进行大规模的平调，建构了城市支配和剥夺农村但又严重依赖农村的城乡关系格局"。[②] 在 21世纪的今天，尽管城乡人口流动已高度自主化，国家也加强了公共服务向三农供给的力度，但既有城乡社会发展累积差距使得城乡社会空间的地位等级化日趋严重，甚至有社会等级序列"断裂"趋势。在市场经济主导下，城市对于农村的依赖越来越小，越来越和国际市场联系在一起并成为一个体系，而农村愈发成为这个体系中一个多余的，甚至多少有些负担的部分。[③] 因此，在公共服务户籍属地化管理的当下，进城务工、求学、工作和定居是当代群体（个体）实现社会地位转换的普遍形式和追求，而这个追求实现与否也是社会判定群体（个体）社会地位高低的直接依据。

本章小结

本章以"人类生存需求与发展追求"作为普遍的学术观察点和逻辑起点，回归"人类社会初始状态和发展原动力"，并结合既有社会学理论，着重论述了三大问题：社会地位是什么？如何获得社会地位？社会地位如何变迁与受制于什么？以对上述三大问题的理论分析为内容建构

---

① 刘应杰：《中国城乡关系演变的历史分析》，《当代中国史研究》1996 年第 2 期。
② 陆学艺：《当代中国社会结构》，社会科学文献出版社 2010 年版，第 258 页。
③ 孙立平：《对社会二元结构的新认识》，《学习月刊》2007 年第 1 期。

起社会地位的理论解释框架。同时，论及我国社会地位的生成逻辑。

人类自诞生起为了生存就在有意识、有目的地选择群居生活模式，并逐步建构起等级有序地以"社会地位"为主轴的社会关系。概括而言，社会地位是群体（个体）社会关系的总和，具体指在等级社会结构中的位置。社会地位是群体（个体）之间社会关系互动的结果，涉及资源的分配。因此，社会地位具有三大特点：比较与排他性；稳定与继承性；竞争与可变性。社会地位作为人类社会运行的自发秩序，具有三大方面作用：群体分类；稳定秩序；社会激励。当然，若社会对社会地位出现曲解、误用，以及未作出相应的调适，则会造成社会排斥、隔阂乃至分裂与动荡。因此，时刻关注和调适各大群体（个体）对社会地位的价值诉求，是推动社会良性发展的前提之要。

至于如何获得社会地位，最为通俗的理解是"什么对我（们）最重要，我（们）要得到什么"。对于人类生存与发展而言，资源是最重要的。资源种类繁多，形式各异。但稀缺性资源是社会系统等级区别的"指示器"。每个社会系统都存在稀缺性资源，其具体形态不一，但数量的有限性成为群体（个体）普遍追求的目标。因此，占有稀缺性资源决定着群体（个体）社会地位的获得。但是，人类并非基于一种满足需求与欲望的生物特征而存在，在不断进化和文明化的进程中，建立起社会规约体系，旨在维护秩序，进而安排社会结构。因此，占有稀缺性资源和获得社会规约体系规定的地位是群体（个体）获得社会地位的两大途径。而获得这两大途径，均有赖于群体（个体）所拥有的社会特质，反过来，一旦获得社会地位又会强化群体（个体）的社会特质，以此反复。因此，社会地位很容易被强化和固化。

考究历史可知，在不同的社会形态下稀缺性资源和社会规约体系不同，获得社会地位的途径有异。人类社会等级序列的出现，一方面缘于生存需要，另一方面缘于道德需要。基于对人类社会地位生成逻辑的总体性分析，简要而言，主要历经了四大阶段：第一阶段属于原始社会，弱生存逻辑且弱道德逻辑；第二阶段属于部落社会，强生存逻辑而弱道德逻辑；第三阶段属于农业社会，弱生存逻辑而强道德逻辑；第四阶段属于工业社会，强生存逻辑且强道德逻辑。然而，是何种力量影响着这种变迁呢？根本在于社会系统中生存性资源和道德性资源的丰富程度。

社会系统处于生存性资源紧张且道德性资源紧张时，侧重于占有稀缺性资源；处于生存性资源平衡且道德性资源丰富时，侧重于依靠获得社会规约体系的认可；处于生存性资源丰富和道德性资源丰富时，群体（个体）获得社会地位的途径兼具占有稀缺性资源和获得社会规定地位。综合以上分析，可进一步总结出，在不同社会系统中，群体（个体）获得社会地位的途径的系统图（见图2.6）。

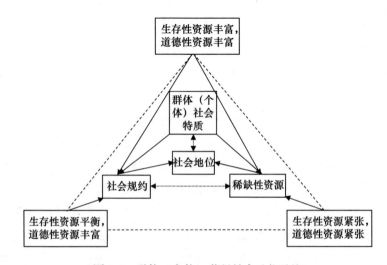

图2.6　群体（个体）获得社会地位系统

　　我国社会历来重视社会等级序列的构造。自古至今，我国社会地位获得途径总体上经历了从以血缘为核心的生存特征来构建社会等级关系向以市场契约为核心的社会特征来构建社会等级关系的转变，经历了从以社会规约体系为主向占有稀缺性资源和社会规约体系兼具的转变。鉴于我国文化、政治和经济架构，以及生存性资源与道德性资源的丰富情况，现代中国的社会地位生成逻辑和获得途径主要有三：重生存逻辑而轻道德逻辑；体制内外的地位分殊；城乡社会空间的等级化。

第 三 章

农村教师社会地位的形成机制

在社会科学领域，一个解释的好坏不在于其理论认识的全面性，而在于有助于我们理解人类使命独特性的解释力。我们致力于理解那些影响我们生活的不同寻常的方面。即使我们寻求建构一般的理论框架，其原因也在于理解独特性。

——［美］罗伯特·B.登哈特《公共组织理论》[1]

"农村教师社会地位"是一个老生常谈的话题，也是一个老大难的问题。新中国成立之初，党和政府就已关注到农村教师薪酬待遇、是否受尊重、教学工作开展是否顺利等关涉社会地位的问题。1950年4月27日，在第一次全国少年儿童工作干部大会上，冯文彬指出："工作中还存在着偏向。一种是轻视教师的工作，认为教师工作没有出息，不认识培养教育新的一代是一个艰巨的任务。"[2] 总体而言，从新中国成立之初至改革开放前，社会革命运动断断续续，农村教师多次被卷入其中，被批判被改造的事情时有发生。彼时，社会结构和社会运行少有稳定状态，农村教师社会地位自然未能稳定——或低或高，升降反复因时因地因人而异。改革开放至今，社会秩序得以恢复，社会发展步入正轨。社会结构虽历经转型，但总体趋于正常发展。农村教师之于农村学生、农村教育、城乡教育乃至国家发展战略的重要性日益被社会各界重视并转化为

---

① ［美］罗伯特·B.登哈特：《公共组织理论》，扶松茂、丁力译，中国人民大学出版社2003年版，第31页。

② 何东昌：《中华人民共和国重要教育文献（1949—1975）》，海南出版社1998年版，第12页。

实际政策。人所共知，从 1978 年邓小平《全国教育工作会议上的讲话》到 1985 年教师节的确立，从 1993 年的《中华人民共和国教师法》的颁布到 2007 年的免费师范生政策，从 2013 年的《教育部、财政部关于落实2013 年中央 1 号文件要求对在连片特困地区工作的乡村教师给予生活补助的通知》的颁布再到 2015 年的《乡村教师支持计划（2015—2020年)》的颁布等，有关农村教师社会地位问题的政策愈加细化和具有可操作性，支持力度和密度均有加强。就我们目力所及范围，诸多农村教师政策得到了有效的贯彻实施。然而，农村教师社会地位至今仍未有实质改变，反而边缘化态势明显。政策期待与现实冷峻之间的巨大落差不禁令人深思：农村教师社会地位是否需要（人为力量）得到提高？农村教师社会地位终究能否得到提高？农村教师社会地位能否依赖政策（外界力量）提高？农村教师社会地位要得到提高所需代价是否太高而超出了时代所具有的能力？[1] 毋庸置疑，以社会地位为中心的农村教师队伍建设问题与其他诸如减轻中小学生课业负担、中小学择校、城乡教育均衡发展等问题一起，已成为长期困扰我国教育发展的难题。安东尼·吉登斯（Anthony Giddens）认为："对于自身的迷惘，主要是源于这样一种感受：我们中的大多数人都被大量我们还无法完全理解的事件纠缠着，这些事件基本上都还处在我们的控制之外。为了分析这种状况是怎样形成的……我们必须重新审视现代性本身的特征。"[2] 因此，回归问题本身、寻找问题本真是破解农村教师社会地位问题的前提之要。从根本上看，这些问题均指向抑或投射出一个系统且难解的理论问题：农村教师社会地位是如何形成的？是何以决定的？

---

① 美国学者贾雷德·戴蒙德（Jared Diamond）在论述社会如何选择成败兴亡时指出，当我们已知晓社会危机，察觉出问题所在，也付出各种努力去解决，但结果还是失败。这可能是由如下几个显而易见的原因导致：问题的困难程度超过我们现有的解决能力；有解决办法，但代价过高；我们所做的努力太少或为时太晚（参见［美］贾雷德·戴蒙德《崩溃：社会如何选择成败兴亡》，江滢等译，上海世纪出版集团 2011 年版，第 456 页）。

② ［英］安东尼·吉登斯：《现代性的后果》，田禾译，译林出版社 2000 年版，第 2 页。

一　稀缺性知识：教师社会地位
获得的决定性因素

基于人类生存与发展的历史和理论考察可知，人们一直在为更好地生存与发展而努力。在努力的过程中，由于资源的有限性而不可避免地出现群体（个体）的比较、竞争和排他现象。社会地位体现着社会系统对群体（个体）的结构性安排，优劣位置的获得终究决定于群体（个体）自身所具有的社会特质。如第一章所述，占有稀缺性资源对群体（个体）社会地位的获得起着决定性作用。作为诸多（职业）群体的一类，教师社会地位也受某种稀缺性资源的制约。而对教师而言，最为直接和显现的资源莫过于知识。尽管教师存在的前提是是否有学生，但是，教师之所以为教师的根本前提是是否有知识。基于人类生存、发展和求知欲来考虑，人人皆可以为学生，但知识并不是人人都拥有。因此，知识是为师的前提，犹如常人所言"学高为师"。正是由于知识是附着在教师身上的资源，其稀缺性与否对教师的社会地位起着决定性作用。

（一）知识：教师职业存在的根基

教师是当今世界上最古老的职业之一。从广义的教育来讲，自人类诞生起，有目的的教学活动就存在了，不固定的教师角色也随之出现。那么，教师何以存在？一般认为，只有有了学生，才有教师。这种"教师因学生存在说"只道明了教师存在的必要，而未指出教师何以能为教师。固然，有了学生，教师才有教的必要，师生关系才能构成，教育活动才会发生。那学生为何称"教师"为教师，师生关系是以什么形式构造，以及教育活动的主旨是什么呢？可以想见，在一个秩序未立且文明不昌的原始社会，能动的个体为何要依附于另一个体，构成一种"学"与"教"的活动形式？并且，此种形式延续至今，逐步加以固定且体系繁多，已扩展至超越年龄、超越阶层乃至超越时空（见图3.1）。教师为何能够从普通的人类个体中脱离出来，成为其他个体的"师者"呢？与此同时，学生为何要从普通的生活中抽离出来，转而求教于其他特定的个体呢？可见，教师必然拥有某种有异于普通个体的条件，并且这种条件也是人类需要的。

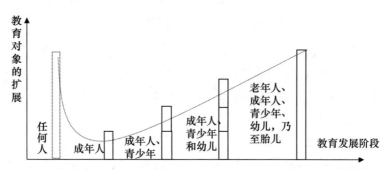

图3.1 教育活动的扩展

常识而言，知识是对世界认识的结果，我们辨认世界上都有哪些东西及存在物，划分它们的边界、分析它们的关系，分解分析可分之物，研究它们的内部构成和各部分之间的关系，这样的智慧行为就是认知行为或者寻求知识的行为。[①] 进一步而言，"任何肯定的结论，只要是某些现实的反映，人们可以据此采取行动的，即使是采取某种冒险的行动，都可称为知识"。[②] 德国知识社会学家曼海姆（Karl Mannheim）认为，人类的知识不是客观世界自生的，也不是人的主观头脑凭空创造的，其在内容和形式上都是社会和集体的产物。[③] 法国思想家福柯也认为，"知识是由某种话语实践按其规则构成的并为某门科学的建立所不可缺少的成分整体，尽管它们并不是必然产生科学……有一些知识是独立于科学的……每一个话语实践都可以由它所形成的知识来确定"。[④] 因此，知识并不是以客观的单一形态存在，也有主观成分，是人类对世界认识的社会和集体性产物。但知识不是虚妄的玩物，它是用真理和智慧的首要原

[①] 张灵：《知识哲学疏论》，中国民主法制出版社 2012 年版，第 147 页。

[②] ［美］伯·霍尔茨纳：《知识社会学》，傅正元、蒋琦译，湖北人民出版社 1984 年版，第 64 页。

[③] 张建忠：《曼海姆知识社会学思想研究》，上海人民出版社 2013 年版，第 3 页。

[④] ［法］米歇尔·福柯：《知识考古学》，谢强、马月译，生活·读书·新知三联书店 2003 年版，第 203 页。

则来解决无粮之困，使之免受自身的无知和别人狡诈的玩弄。① 总体而言，知识既是人类不断认识世界过程中的劳动结晶，也是为进一步认识世界提供前提与准备。之于人类个体而言，知识能够帮助谋得更好的生存与发展，能够促进自我的不断认识，能够帮助从自然世界和社会结构中解放出来。正如培根所言，知识就是力量。谁获得了知识，谁就拥有了力量。在过去，人类面临着来自自然环境和社会环境的双重挑战，生存是首要难题；而现在，人们主要面临着社会的挑战，发展是难题，生存也成了难题。因此，无论处于何种境况，人们都会想获得有利于自身生存与发展的力量，获得相应的知识。

求知是所有人的本性。② 德国知识社会学家马克斯·舍勒（Max Scheler）直言，追求知识的斗争都来源于人和高级脊椎动物尤其是人和类人猿所共同具有的一种天生的内驱力性的冲动。③ 因此在根本上，求知抑或获得知识既源之于人类对未知世界的确定性追求，也源自人类对生存与发展的渴求，更源自获得知识所能给予的力量。在求知的过程中，人类彼此之间获得知识的多少会因个体能力和旨趣，以及所处环境而存在差异。这必然导致某些人成为多数知识的拥有者，进而获得知识话语权，成为其他人的知识传授者，从而形成社会群体中"知识阶层"。曼海姆认为，每个社会中，都有一些社会群体，他们承担着为这个社会提供一种对世界的解释的专门任务。④ 若对人类历史做一个长时段的考察可知，广泛意义上承担着"对世界的解释的专门任务"的社会群体依循着"长者（智者）→巫师→官吏、神甫→现代意义的教师"的演进路线。毫无疑问，成为教师的个体能够从普通个体中抽离出来的前提即是拥有知识，这就使得其他群体转而求教或依附于教师，进而存在"把一切事物教给一切人们的全部艺术"，才能实现"使青年男女……懂得科学，纯于

<hr>

① ［瑞士］裴斯泰洛齐：《裴斯泰洛齐教育论著选》，夏之莲等译，人民教育出版社 2001 年版，第 43 页。

② ［古希腊］亚里士多德：《形而上学》，商务印书馆 1983 年版，第 1 页。

③ ［德］马克斯·舍勒：《知识社会学问题》，艾彦译，译林出版社 2014 年版，第 80 页。

④ ［德］卡尔·曼海姆：《意识形态与乌托邦》，姚仁权译，中国社会科学出版社 2011 年版，第 10 页。

德行，习于虔诚，这样去学会现世与来生所需的一切事项"。①

因此，教师之所以为教师，是因为他具有知识和观念。② 教师所执之业为授业，即"教"弟子学习知识、技能、技艺，③ 是因为"教师拥有一笔特殊的财富：知识、技能、态度，正是这笔财富成就了他们的特殊能力"。④ 正如常人所言，"师者，传道授业解惑也"，⑤ "文学渊博者为师"，⑥ "惟必有学识，方可担任教育"。⑦ 正是个体拥有了知识，方有成为教师的可能，正是教师拥有了能够为人解惑答疑和提升他人生存与发展能力的知识，才能赢得受众（学生和家长）的认可。当然，正是由于教师拥有知识和其他个体需要知识之间的互构共生关系的持续存在，才保证了教师这一职业的长期存在。一言以蔽之，知识是教师职业存在的根基。事实亦是如此，教师无知识无以成教，学生无知识获得无以成学。师生关系和教学行为的链接点在于知识，包括数量的多寡、实用性的高低和质量的优劣等。

众所周知，教师工作的中心首先是"教"。但这种"教"并不只是单纯地传授知识，对于教师来说，他要了解所教知识的整个体系，理解所教知识在整个知识体系中的地位和意义。⑧ 尤其是知识在不断地增加，学生要获得提升能力的知识需要更多的付出，而教师要实现教育目的也就需要对知识有着更为深入和系统的把握乃至研究，再在此基础上转化为具体的教学行为。从教师由"老者（智者）"到"现代意义的教师"的演进也表明，教师需要不断地投身到对知识的学习中，并不断精进教学行为。就教师作为一种职业而言，"职业"（profession）一词从业者们声

---

① ［捷克］夸美纽斯：《大教学论》，傅任敢译，教育科学出版社 1999 年版，第 1 页。

② 教育部师范教育司：《教师专业化的理论与实践》（修订版），人民教育出版社 2003 年版，第 19 页。

③ 陈桂生：《常用教育概念辨析》，华东师范大学出版社 2009 年版，第 280 页。

④ ［美］詹姆斯·D. 克莱因等：《教师能力标准》，顾小清译，华东师范大学出版社 2007年版，第 1 页。

⑤ （唐）韩愈：《师说》。

⑥ 孙培青、李国钧：《中国教育思想史》，华东师范大学出版社 1995 年版，第 147 页。

⑦ 孙培青、李国钧：《中国教育思想史》，华东师范大学出版社 1995 年版，第 148 页。

⑧ ［日］筑波大学教育学研究会：《现代教育学基础》（中文修订版），钟启泉译，上海教育出版社 2003 年版，第 449 页。

称对某些事务具有较他人更多的知识。① 因此，教师主要是围绕着知识转，而作为现代意义上的职业，身为教师的具体个体需要不断获得比之他人更多的且能够促进社会良性运转的知识，在了解和掌握的基础上力求逻辑分类和抽象概念，并付诸教学实际。

知识是教师职业存在的根基并不意味着教师需要掌握所有知识。综合目前有关教师知识的研究来看（见表 3.1），笔者比较赞同美国教育学者帕梅拉·格罗斯曼的分类：学科内容知识、学习者和学习的知识、一般教学法知识、课程知识、情景知识和自我知识。此六大类比较详细且全面地概括了教师在教学各个环节会涉及的知识。鉴于本文研究重点不在于此，有关教师知识的论述从略。

表 3.1　　　　　　　　　　　　　教师知识分类

研究者	教师知识分类
雷恩哈特与史密斯②	1. 学科内容知识；2. 课程结构的知识
斯滕伯格③	1. 内容知识；2. 教学法的知识；3. 实践的知识
申继亮、辛涛④	1. 本体性知识；2. 实践性知识；3. 条件性知识
教育部师范教育司⑤	1. 普通文化知识；2. 所教学科知识；3. 教育学科知识
甄德山⑥	1. 教育理论知识；2. 所教专业科学知识；3. 普通文化知识
马超山、张桂春⑦	1. 科学文化基础知识；2. 学科专业知识；3. 具有丰富的教育本体性知识

---

① 刘思达：《职业自主性与国家干预——西方职业社会学研究述评》，《社会学研究》2006年第1期。

② ［美］帕梅拉·格罗斯曼：《专业化的教师是怎样炼成的》，李广平等译，人民教育出版社2012年版，第5页。

③ ［美］斯滕伯格、霍瓦斯：《专家型教师教学的原型观》，《华东师范大学学报》（教育科学版）1997年第1期。

④ 申继亮、辛涛：《论教师素质的构成》，《中小学管理》1996年第11期。

⑤ 教育部师范教育司：《教师专业化的理论与实践》（修订版），人民教育出版社2003年版，第57—58页。

⑥ 甄德山：《教师创造能力和创造性品格的培养》，载瞿葆奎《教育学文集·教师》，人民教育出版社1991年版，第419页。

⑦ 申继亮：《新世纪教师角色重塑》，北京师范大学出版社2006年版，第35页。

续表

研究者	教师知识分类
默里[①]	1. 广泛的普通教育；2. 所要任教的学科内容；3. 教育文献；4. 反省的实践经验
格罗斯曼[②]	1. 学科内容知识；2. 学习者和学习的知识；3. 一般教学法知识；4. 课程知识；5. 情景知识；6. 自我知识
Shulman，1986，1987；Wilson，Shulman&Richert，1987.[③]	1. 学科内容知识；2. 一般教学法知识；3. 课程知识；4. 学科教学法知识；5. 关于学习者和学习的知识；6. 学校教育情景知识；7. 教育哲学、教育目的和教育目标的知识

（二）知识：教师职业分层的依据

教师职业何以分层？一般情况下，人们会提及教师的经济收入、政治地位和社会声望三方面内容来决定。固然，经济收入、政治地位和社会声望是当今时代区分群体差异最为直观的尺度，尤其是在市场配置资源的社会环境中，经济收入直接关系到个体的生存和发展的可能空间。但若追问之，教师何以获得经济收入、政治地位和社会声望呢？为何不同的教师会获得不同的经济收入、政治地位和社会声望呢？这虽然涉及更为复杂的社会机制，但此问题的回答却抵及问题核心：教师职业的分层依据是什么？为此，我们不得不追问另外两个问题：一是教师职业分层是社会之于教师职业各种社会作用的结果，那么社会为何会基于不同教师不同的经济收入、政治地位和社会声望？形成这种作用的依据是什么？二是教师所获得的经济收入、政治地位和社会声望是分层的依据呢？还是分层后的结果？

如上所述，知识是教师职业的根基，而知识体系内部也存在"阶层分

---

①　[美] 默里：《师范教育改革的目标：关于霍姆斯小组报告的执行总结》，载瞿葆奎《教育学文集·教师》，人民教育出版社1991年版，第582页。

②　P. L. Grossman, *Teachers'Knowledge*. In T. Husenv&T. N. Postlethwaite（Eds.）. *The International Encyclo pedia of Education*（2nd ed）（New York：Pergamon，1994）. pp. 6117 – 6122. 另有格罗斯曼把教师知识分为四类：1. 学科内容知识；2. 一般教学法知识；3. 学科教学法知识；4. 情境性知识（见 [美] 帕梅拉·格罗斯曼《专业化的教师是怎样炼成的》，李广平等译，人民教育出版社2012年版，第6—10页）。

③　[美] 帕梅拉·格罗斯曼：《专业化的教师是怎样炼成的》，李广平等译，人民教育出版社2012年版，第5页。

布"。换言之，知识是教师职业分层的依据。知识就是力量，亦可理解为知识就是权力。个体获得知识的过程就是增进权力的过程。美国哲学家约瑟夫·劳斯指出，知识是获取权力的一种手段，权力是阻碍探求真理的工具，知识是破除权力压抑、实现解放的前提。① 从文字的发明到印刷术的发明，从纸的发明再到互联网的发明；从无文字教育到有文字贵族化教育，从有教无类再到无差别教育；从宗教的兴起到宗教改革，从工业革命和资本主义兴起再到殖民地民族解放……这些革命性社会进步，无一不是知识在数量和社会阶层之间的扩展，从而促进了人类从自然世界和被压迫世界中解放出来，以及个体从被束缚的社会结构中解放出来。可以断言，知识为人类（个体）提供了权力。通过获得这种权力，人类（个体）进一步认清周遭世界，不断获得社会主体性和实现自我价值。因此，知识就是权力，权力制造真理……权力能产生和发送真理效应，这种真理效应又反过来再生产权力。②

实际上，由于社会在知识的总量和类型方面均有严格的要求，导致了知识体系的分化和各个部分知识之间在价值大小上产生了测量的标准，这意味着原本的知识体系内部也像人类阶层社会一样有了"高""低""贵""贱"之分。③ 如同费孝通先生在其著作《乡土中国》中所指出的——中国的文字并不是在基层上发生，最早的文字就是庙堂性的，一直到目前还不是乡下人的东西。④ 此外，价值级别越高的知识，其级别也就越高，其价值也就越大。⑤ 尽管知识本身是无能动性的，但由于受知识内部存在分类与知识对个体生存与发展的能动作用的双重影响，知识在与社会互动时，知识就构成了一种"阶层分布"。波兰知识社会学者弗落里安·兹纳涅茨基（Florian Lnaniecki）认为，知识与社会生活之间有两种相互联结的方式：首先，人类对某些社会系统的参与和人类在社会系

---

① ［美］约瑟夫·劳斯：《知识与权力——走向科学的政治哲学》，盛晓明等译，北京大学出版社2004年版，第12页。

② ［法］福柯：《权力的眼睛——福柯访谈录》，严锋译，上海人民出版社1997年版，第227页。

③ 周润智：《力量就是知识：教师职业文化的生产与再生产》，北京师范大学出版社2005年版，第48页。

④ 费孝通：《乡土中国》，上海世纪出版集团2007年版，第22页。

⑤ 曹文彪：《人、内驱力、抵制与知识的等级》，《中共浙江省委党校学报》2006年第5期。

统界限内的行为，通常依赖于他们对一个特定知识系统的参与……其次，人类参与一定的社会系统通常取决于他将参与什么样的知识系统，以及如何参与。① 古人云，"书中自有千种粟，书中自有黄金屋"，亦即表明知识一旦作用于个体，能够产生社会能动效应，进而帮助个体实现身份进阶。

知识之于周遭世界的解释给予个体社会能动性，进而产生个体间能力分殊乃至地位分化。同时，处于社会优势阶层群体又会强化自身知识储备，巩固知识给予的社会力量。在曼海姆看来，任何思想观念都是由特定的社会情境决定的，都反映着思想者所隶属的社会群体和阶层的利益、意志、愿望，是特定的社会群体实现其特殊的社会功能的工具。② 更有甚者，一部分人是作为该阶级的思想家出现的，他们是这一阶级的积极的、有概括能力的玄想家，他们把编造这一阶级关于自身的幻想当作主要的谋生之道。③ 在阶级社会，知识就是一种阶级再生产的媒介，通过获得知识获得社会地位，以地位优势生产有利于自身地位巩固的知识，其他阶层习得这类知识服从优势阶层的社会安排。因此，谁获得知识，谁就获得社会话语权，谁就能够塑造社会。在阶级社会，知识为上层社会所推崇和共享，知识本身就意味着社会地位，是上层社会的象征。无论上层社会还是底层社会均追求知识，④ 以附庸"风雅"，或为巩固地位，或为提升地位准备条件。

知识之于社会发展的强大塑造能力，随着教育和知识的扩展，社会结构中也衍生出知识分子阶层。知识分子追求真理，以知识为业，依托对真理和知识的掌握来分析问题，服务社会。回望历史，从古希腊时代以来，知识分子的社会地位就是决定性的，甚至是普罗米修斯式的……从柏拉图到霍布斯以及列宁，知识分子在制定整治生活的规则和标准的过程中起了相当大的作用。⑤ 当然，要成为知识分子，必然要有充分的闲

---

① ［波兰］弗洛里安·兹纳涅茨基：《知识人的社会角色》，郏斌祥译，译林出版社2002年版，第7页。

② 张建忠：《曼海姆知识社会学思想研究》，上海人民出版社2013年版，第3页。

③ ［德］马克思、恩格斯：《马克思恩格斯全集》（第1卷），中共中央马克思恩格斯列宁斯大林著作编译局，人民出版社1995年版，第99页。

④ 此种意义上的追求知识，不在于生产知识，而在于获得（更多的）知识。

⑤ ［美］卡尔·博格斯：《知识分子与现代性危机》，李俊、蔡海榕译，江苏人民出版社2002年版，第1页。

暇时间来不断地习得掌握大量的知识，乃至生产知识。这就产生了能否成为知识分子的两个前提：一是是否有充分的财力支持保障生活以在劳动之外有时间投入学习，这一条件的满足与否本身就意味着社会阶层状况；二是个体是否有这方面旨趣和能力。事实上，在前工业社会中，知识分子最主要的类型是独立的上流社会教士或学者，他们垄断了话语的传统形式。① 不过，在实质上，知识分子其实是统治阶级中被统治的一部分，他们拥有权力，并且由于占有文化资本而被授予某种特权。② 因此，当知识分子服从于统治阶级时，二者自然协同互构，在社会地位上互为支撑，当统治阶级不需要知识分子，或者知识分子不服从于统治阶级时，二者互为对抗，知识分子的社会地位决定于社会是否给予其充分尊重。自国家现代化以来，国家政权结构趋于开放化，其合法性取决于民意，知识分子渐次从传统服务于国家意识形态的领地中解放出来，其社会地位也转向于社会的总体性安排。在现代，知识更加成为以知识为业的知识分子在社会分层的依据。

　　"教师抑或是教师知识分子"③，也因知识而被加以社会分层和专业内部分层。巴西批判教育学家保罗·弗莱雷有一段记载深刻揭示出知识之于社会对教师群体地位认知。看不起自己，这是被压迫者的另一特征，这是由于他们内化了压迫者对他们的看法……农民觉得低主人一等，因为主人好像是唯一懂事理并能处理各种事务的人……他们说自己是无知的人，说"教授"是有知识的人，应该听取他的意见。④ 如同上面所论述的，知识作为解释周遭世界，尤其是未知世界的社会产物或者工具，教师不仅掌握而且起着传播作用，更被普通大众视为"与自己不一样的人""应该听从其建议的人""听他的话，应该没错"。当然，对知识掌握程度的

----

① ［美］卡尔·博格斯：《知识分子与现代性危机》，李俊、蔡海榕译，江苏人民出版社2002年版，第3页。

② ［法］布迪厄：《文化资本与社会炼金术》，包亚明译，上海译文出版社1998年版，第85页。

③ 有学者认为当代教师角色充满"专业性""公共性"，富有人文情怀、启蒙性质和批判思维，可定义为教师知识分子。笔者深为认同（见吕红日《教师知识分子角色研究》，北京师范大学出版社2014年版）。

④ ［巴西］保罗·弗莱雷：《被压迫者教育学》，顾建新等译，华东师范大学出版社2001年版，第17页。

高低，对世界解释能力的高低进一步区分着教师的阶层分布。美国社会学者劳蒂的研究指出，"殖民地时期的美国教师地位反映了他们的活动与当时社会核心价值观之间的联系……毕竟牧师占据一切事物的中心地位……简单地说，高深的学识更有可能出现在牧师阶层而不是教师队伍中"。[①] 换而言之，若教师与知识分离，其将重归于普通大众，社会亦即不会"听取他的意见"，也不可能让其"占据一切事物的中心地位"。

　　具体到教师职业的实践层面，在招聘方面，不同层级的学校会设置不同的入职门槛招聘教师；[②] 在薪酬待遇方面，不同学校会给教学能力不同的教师以不同的待遇；在职称晋升和评奖评优方面，依据教学年限、教学水准和教学贡献等方面加以考核；在教师流动方面，教学能力较高的教师更易获得向教育质量更高级和行政属地更高的学校流动。[③] 如此等等，均是知识之于教师分层的不同反映。赖志超关于教师分层的研究证实表明，"学历是基础性维度、教学能力是关键性维度和与学校其他成员的人际关系是潜在性维度"[④]。陆建军和聂永成的研究也表明，"根据学术影响力的差异，可以将高校教师划分为精英型、骨干型、平民型和边缘型四个层级"。[⑤] 另据张源源关于小学教师职业的城乡分层研究，更是证实，无论社会对教师进行分层还是教师内部进行分层，均遵循着"知识——教师职业分层"逻辑。在五级行政属地和八大学校类型中，教师对知识把握程度的高低与其社会地位评价排序高度吻合（见表3.2）。概言之，知识是教师职业分层的依据。其他诸如经济收入、社会声望和权力均是知识之于教师分层后的一种显现表达。

---

　　① ［美］丹·克莱门特·劳蒂：《学校教师的社会学研究》，饶从满等译，人民教育出版社2011年版，第9页。

　　② 招聘门槛之一是学历以及毕业学校出身（如"211"，或"985"），这种做法虽有学历歧视和身份歧视的嫌疑，但总体反映的是招聘单位对应聘者教师知识水平的要求，只不过，招聘单位简单地把这种判定标准让步给社会，具体而言是可视化的学历证书和毕业学校出身。

　　③ 我国行政等级折射出一种社会等级，实质体现的是行政属地级别高低决定着对资源配置和享有的权限和制度安排的高低。与此对应，行政属地学校也存在一种社会默认的地位从属关系。一般而言，从村小到省会城市属地学校依次提高，学校的教育质量总体上也对应分布。因此，教师向教育质量更高和级行政属地更高学校流动均反映着地位级别的跃升。

　　④ 赖志超：《教师分层的教育社会学探究》，《广东教育学院学报》2008年第4期。

　　⑤ 陆建军、聂永成：《高校教师群体的社会分层研究》，《北京社会科学》2015年第6期。

表3.2　　　　　城乡小学教师知识测试成绩均值与社会地位排序①

学校所在地	省会城市		地级市	县级市		乡镇		村屯
总体知识	78.95		67.46	60.84		45.87		38.54
课程知识	6.43		6.4	6.23		5.78		5.61
一般教学法知识	6.86		6.29	6.23		5.51		5.27
学科知识	43.73		40.03	36.16		27.98		23.24
学科教学知识	21.92		14.57	12.23		6.6		4.41
社会评价排序	1*	2.28**	2.66*	3.94**	4.82*	5.85**	6.82	7.79
教师自身评价排序	1.04*	2.34**	2.77*	4.16**	4.75*	5.94**	6.86	7.8

注：*为重点学校，**为普通学校。

　　另据李金奇教授依据设计的文化资本测量表，在2010年针对830名农村义务教育段教师文化资本和经济收入的调查分析亦可知，农村教师围绕知识而产生的文化资本影响着其个体具体的经济收入。依据二者数据走向可以判断，农村教师文化资本与经济收入在一定程度上呈正向关系（见表3.3）。文化资本指代着农村教师的对知识的掌握和运用，而经济收入则直接反映社会给予的显性经济安排。二者趋向正向关系意味着，社会对农村教师的制度安排是有所考量的，重要参照物是农村教师所附着的知识。

表3.3　　　　　2010年农村小学教师文化资本与经济收入关系②

教师分布	文化资本规模平均值③	个人经济收入平均值（万元）
小学初级职称教师	56.3	1.32
小学中级职称教师	57.5	1.56
小学高级职称教师	61.7	1.68

① 表格中的数据来源于张源源《义务教育教师职业城乡分层问题研究》，东北师范大学博士学位论文，2011年，第85—86（表2—15）、87—88（表2—17）、88（表2—18）、89（表2—19）、91（表2—21）、78（表2—11）、79页（表2—12）。

② 资料来源：综合整理自《资本与地位：农村教师社会地位的社会学考察》一书表3—2和表3—6的数据。参见李金奇《资本与地位：农村教师社会地位的社会学考察》，中央编译出版社2012年版，第74—83页。

③ 文化资本值（100）＝文化能力值（50）（包括学历文凭，教学时间，职称等）＋文化产品值（50）（包括论文，著作，专利等）（见李金奇《资本与地位：农村教师社会地位的社会学考察》，中央编译出版社2012年版，第74—75页）。

续表

教师分布	文化资本规模平均值	个人经济收入平均值（万元）
小学特级职称教师	63.4	1.83
初中初级职称教师	57.2	1.38
初中中级职称教师	61.6	1.78
初中高级职称教师	62.1	1.82
初中特级职称教师	72.8	1.96

（三）稀缺性知识：教师社会地位的决定因素

知识是教师职业分层的依据，而何种知识决定着教师的社会地位呢?[①] 试可想，是否教师拥有了知识就能获得社会地位，就能实现进阶和

[①] 联合国教科文组织 1966 年在《给各国教育部长的建议》中提出，教师社会地位是指"社会按教师任务的重要性和对教师能力的评价而给予的社会地位或敬意，以及所给予的工作条件、报酬和其他物质利益"。（参见梁忠义、罗正华《教师教育》，吉林教育出版社 2000 年版，第 6 页）而此后，联合国教科文组织国际教育发展委员会指出"小学教师、技术学院教师、中学教师、大学教授之间的区别必定含有等级差别。无论薪金等级或晋级制度都不应取决于教育工作的类型，一个教师无论他在哪一个教育领域都应该有可能晋升到最高一级的机会，而这也只应取决于他的个人品质"（参见联合国教科文组织国际教育发展委员会《学会生存》，华东师范大学比较教育研究所译，教育科学出版社 2006 年版，第 258 页）。由此可见，联合国教科文组织对教师社会地位的理解存在巨大差异。前者，我们可以理解为一种基于现实的理解。教师社会地位必须有一定的标准——教师任务的重要性和教师能力，也必须依赖于现实的物质条件——工作条件、报酬等。这是我们人所共知的定义，也是目前各国针对教师社会地位的普遍理解。而后者，我们可以理解为基于一种未来展望。在联合国教科文组织国际教育发展委员会看来，教师之间存在分层，而这种分层不应基于教育工作类型，而应取决于"个人品质"。虽然品质是社会对教师的普遍期待，也提出较为严苛的要求，但是教师本身的职业属性具有知识掌握和运用上的差异，而这种差异不可避免地决定着教师分层和社会地位的形成。尽管教育行政部门或可通过薪金和职称晋级等方面给予各类教师以平等的制度设计，但这不能单方面地强制地维护一种基于"个人品质"的绝对公平，若是如此，这就会陷入绝对的道德主义，就无法充分发挥各类教师的职能、价值，也无法激励教师很好地完成工作。不过，基于"个人品质"的乌托邦式的教师分层或许可以实现，其前提有二：一是社会系统中生存性资源平衡，道德性资源丰富，群体（个体）地位取决于社会规约体系的认可，注重群体（个体）的言行是否契合社会规约；二是各级各类教师和学生拥有和获得知识的数量丰富和方式多样，教师发挥的功能更多是辅助者，而不是教学者。显然，二者很难实现。一是就目前个体化和消费主义盛行的时代，生存性资源很难取得平衡；二是各级学生在生理特征上的客观差异就决定了其受教育的形式、程度必须有别，这样教师所担当的角色必然有异，进而各级教师的工作要求和价值就有异。综合前后二者而言，无论教师任务重要性、教师能力，还是教师的"个人品质"，均需基于一个前提：教师自身所具有的社会特质，并且这种社会特质能够赢得社会的普遍尊重。如上所述，本书规定这种社会特质为稀缺性知识。

身份转换？若是如此，教师之间就无从言及"经师"与"人师"之分，也无学校层级之分，更是有悖于社会分层之常理。就目力所及，教师作为一种职业，在社会职业群中和职业内部均存在较为明显的分层现象。显然，职业的社会地位交织着各种复杂因素，是社会对该职业作用的综合性结果。之于教师而言，教师拥有了什么样的知识能够促其更好地获得社会地位呢？

如本书第一章所述，群体（个体）社会地位是指其处在社会结构中具体位置，亦即教师的社会地位来自社会给予其在社会结构中的位置。众所周知，随着对自然世界认识的深入、生产力水平的提高和生存性资源的丰富，一些人不可避免地会从社会生产劳动者序列中脱离出来，成为社会生产劳动管理者（古代为地主，近现代为工厂主、企业主），乃至社会管理者（古代为王侯，近现代为官僚体系）。因此，人类社会总体上延续着"社会生产劳动者—社会生产劳动管理者—社会管理者"的社会分工体系和社会结构体系。总体而言，社会生产劳动者处于社会底层，依附于社会（生产劳动）管理者阶层。在此基础上，人类社会等级结构形成了"离社会生产劳动距离越远，社会地位越高"的等级差序，亦即"劳心者治人，劳力者治于人"的局面。于教师而言，介乎"劳心者"与"劳力者"之间，或是在二者之间徘徊。① 而就近现代史而言，社会生产劳动者循着"学徒—产业工人—从业者—职业人"的演变路线。若放之于人类社会生产劳动史中加以审视，社会生产劳动者与社会的结构性依附关系就能够较为清晰地显现（见图 3.2）。虽人类社会不断向前演进，但社会劳动者总是依附于社会（生产劳动）管理者，从而形成较为稳定的不对等的结构性关系。

教师虽并非严格意义上的"社会生产劳动者"，但其社会地位的获得也是与社会之间关系结构化的过程。那么，在社会中，芸芸众生以及职业群体众多，教师又是如何从中"脱颖而出"，并获得结构性社会位置的呢？总体上，教师历经"长者（智者）→巫师→官吏、神甫→现代意义

---

① 教师的"劳心者"一面在于其并非直接参与体力性生产劳动，在于传导社会主导价值和培育社会未来接班人；"劳力者"另一面在于其从属于"劳心者"。而在不同的历史情境中，教师所体现和发挥的作用会有所倾向，所扮演的角色也会有所偏重。

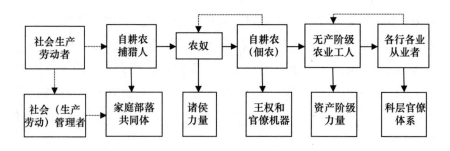

图 3.2　社会劳动者群体与社会结构的依附关系①

的教师"的演进路线。在这种演进过程中，教师角色的形成在不同的历史背景下有着不同的形成路径，而这种形成路径就意味着教师之所以为教师——教师异于"常人"之处：在"长者（智者）"阶段，教师主要脱嵌于普罗大众中的"年龄结构"，基于日常经验的总结和提炼形成一定的劳动技能，进而开展旨在"提高劳动和生存能力"的经验传导活动；在"巫师"阶段，教师主要脱嵌于极少数人构成的"超能力"结构，依赖于神秘感知；在"官吏、神甫"和"现代意义的教师"阶段，教师均需通过"考选"制度脱嵌于"能力结构"，但所处的社会群体结构和指向不同（见图 3.3）。基于社会结构视阈下教师角色的简要演进脉络可知：一是教师有异于"常人"，或脱嵌于"年龄结构"，或脱嵌于"超能力"结构，或脱嵌于"能力结构"，并非所有人均能成为教师；二是教师异于"常人"之处在于掌握了当时历史情境中社会所需要甚至缺乏的知识，相对应的是"劳动技能""解释未知世界""修身、规则""解释客观世界"；三是教师对这些知识的占有促成其从普通大众中"脱离"出来，并再嵌入社会结构中获得相应的位置。

那为何这些知识能够帮助教师实现社会结构性位置的获得呢？人们常常熟知"拥有知识的人才能当教师……但教师应该拥有哪些知识，却在相当长的时期里没能成为人们关注的话题"。② 教师也不言自明地认为

---

① 本图是在参考《西方社会结构的演变》一书"图 5.1"基础上建构的（参见金观涛、唐若昕《西方社会结构的演变》，四川人民出版社 1985 年版，第 186 页）。

② ［美］帕梅拉·格罗斯曼：《专业化的教师是怎样炼成的》，李广平等译，人民教育出版社 2012 年版，译后记。

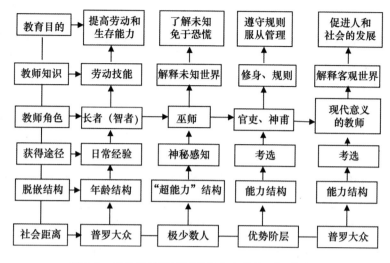

图3.3　社会结构视域下教师角色的简要演进脉络

拥有了知识就足以担当教学，而忽略了作为一种职业，应该拥有哪些知识，以便于精进工作和优化教育协作系统。人们和教师均认为教师的社会结构性位置的获得依赖于经济、权力和声望等的获得，而对教师应该拥有何种知识和多少知识欠缺考虑。[①] 基于对"社会劳动者群体与社会结构的依附关系"和"社会结构视域下教师角色的简要演进脉络"的厘清，我们可知：稀缺性知识的拥有决定着教师在社会结构中的位置。首先，长者（智者）、巫师、官吏等为何不可持续至今扮演教师的角色？关键在于他们所占有的诸如劳动技能、解释未知、规则等知识为现代人所不需要。从远古直到现在，社会需要压倒了个体需要，而主要的社会需要是对个体加以约束。[②] 其次，虽然人类至今还未完全认清自己和外在世界，还未为此而努力奋斗，但他们所占有的知识不足以帮助人们获益。再次，随着社会进化和知识扩张，人们需要更为复杂、精细和前沿的知识方能在社会竞争中实现自我价值。知识的价值同它作为一种批判和社会转型的方式所具有的力量联系在一起，其重要性取决于它在多大程度上帮助

[①] 即使有考虑，也只是讲求"多多益善"，是一种"量大为好"的判断取向。至于数量多少、结构分布，及其与教学关系等方面关键性问题是欠缺思考的。

[②] ［英］赫·斯宾塞：《斯宾塞教育论著选》，胡毅、王承绪译，人民教育出版社2006年版，第8页。

人们理解嵌入知识自身的形式和内容中的假定，以及领会知识在特定的社会和历史背景下被生产、使用和改变的过程。[①] 因此，教师只有占有稀缺性知识方能得到社会结构的优先安排，方能实现社会地位的改善。

正是由于从事教师的不同群体掌握了不同的知识，并且知识的稀缺程度不一，才导致教师群体从古至今均存在内部纵向的社会分层。在古代，从"聚"到中央依次分布"序""痒""校""学""宫邸学""鸿都门学""太学"，相应地学校教师的入职标准和社会地位也均不一样，基本为越往中央，标准越高，社会地位越高。到现代，依然遵循这种教师分层逻辑，从学前教育到高等教育，对应向上递进的是从幼儿园到研究生，不同阶段的教师在入职标准和社会地位也有不一。另外在横向上，教师内部也存在社会分层，诸如存在以职称、荣誉称号、师生之间互为评价为依据的教师分化。尽管职称、荣誉称号等在实践中会受到个体行政职务、教龄等方面的影响，但是其终极指向在于教师是否占有稀缺性知识，以优化教学，造福学生和社会。正是作为教师的个体拥有稀缺性知识，社会、学校、家庭和学生需要其继续留在教育体系中，才给予职称、荣誉称号等方面的奖励性物品以激励其继续发挥作用。

事实上，知识本身也存在类别区分。根据知识的作用可分为三类：自然知识、规范知识和技术知识。在"民可使由之，不可是知之"的传统威权时代，人们侧重于规范知识；在学习西方的驱使下，人们"却时常只注意自然知识和技术""没有适合于现在社会的规范知识"。[②] 根据知识的适用范围划分，有的知识可以应用于全社会的所有生产者；有的知识则仅仅对社会中的某些生产者有用；还有的知识，仅仅对于特定的个人和厂商有用处。[③] 根据知识价值来分，"有的知识有内在价值，有的有半内在的价值，有的有习俗上的价值……在其他情况相等时，有内在

---

① ［美］亨利·A.吉鲁：《教师作为知识分子》，朱红文译，教育科学出版社 2008 年版，第 18 页。

② 自然知识，是指知道事物是怎样的；规范知识，是指知道应当怎样去处理事物；技术知识，是指提高生产、效率的知识（参见费孝通《乡土中国·皇权与绅权》，上海世纪出版集团 2007 年版，第 99—109 页）。

③ 孙大海：《知识的层次性和社会产品结构的层次性》，《求索》2009 年第 6 期。

价值的知识，必须放在后两者前面"。① 知识是人类活动的结晶，知识就是力量，但并非所有的知识均能彰显力量。这受到知识本身深刻性与否，系统性与否、适用性与否、内外价值，以及具体社会情境的影响，而根本上在于稀缺性与否。稀缺性既有客观数量比较上的意义，也有主观价值判断上的意义。在人类生存与发展史上，人类一直在追逐稀缺性资源以实现生存与发展优势。综合以上论述，稀缺性知识②主要体现在三方面：一是这种知识是社会需要的，能够促进社会福祉；二是这种知识相对是稀缺的；三是这种稀缺性来自一定社会范围内的比较，会随社会环境变迁而改变。对教师而言，教师占有的知识是否是稀缺性知识主要体现在三方面：一是这种知识是否是社会需要的，能否通过教学促进学生积极社会化，以及提高学术和社会竞争力；二是这种知识是否在教育系统和所处社会系统中实现了相对稀缺性；三是教师所占有的稀缺性知识也会随所处社会环境不同而不同。

在 19 世纪的英国，教师的社会地位不容乐观。③ 据斯宾塞的回忆，他父亲"对他的职业的尊贵有高度的评价。他正确地认为很少有什么职

---

① ［英］赫·斯宾塞：《斯宾塞教育论著选》，胡毅、王承绪译，人民教育出版社 2006 年版，第 14—15 页。

② "稀缺性知识"与"知识稀缺性"的争论与分歧。有学者指出，在当今信息爆炸的时代，知识体量扩张迅速，获得知识途径多元且极为方便，换言之，知识是不存在稀缺性，存在是人才的稀缺性。此种观点象象地表明"稀缺性知识"的前提是具有社会功用价值，但混淆了"稀缺性知识"与"知识稀缺性"。"知识稀缺性"是指普遍性知识的数量稀缺性，是一种简单的比较概念。"稀缺性知识"是指具有社会功用价值的某一种（类）知识在一定范围内形成的在社会竞争和数量占有范畴内的比较性优势。因此，任何群体（个人）均有可能占有不同等量的知识，社会也可通过知识垄断、或因知识新创形成某类知识的稀缺性现象，但作为"稀缺性知识"而言，其尺度在于能否帮助参与社会运行过程中促进群体（个体）获得资源的占有。

③ 这种情况也反映在当时的法国。在 18 世纪和 19 世纪前半期，从事小学教师工作几乎没有什么限制，小学教师工作只提供微博的精神利益和工资，它主要吸引着试图摆脱严酷的体力劳动和兵役限制的农家子弟……从 1860 年开始，所有的教师逐渐接受了高等教育……直到 1920 年，教师这一职业赢得了一定的社会声誉，从而成为手工业者等底层民众的子女实现社会晋升的一条道路，并吸引了越来越多的官员，甚至高阶层子女（参见 ［法］玛丽·杜里－柏拉、阿涅斯·冯·让丹《学校社会学》，汪凌译，华东师范大学出版社 2003 年版，第 144—146 页）。从 18 世纪到 20 世纪前半叶法国教师社会地位变迁中可知，正是逐步接受高等教育实现知识占有的稀缺性才使得教师社会地位提升，才能吸引优势阶层子女的加入。

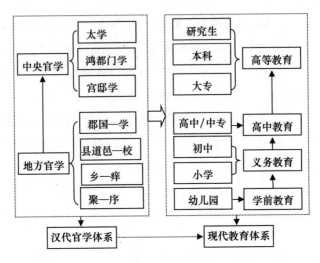

图3.4 古今教育体系及其分层

业比教师的职业还高贵"。① 但英国的教师却没有赢得人们高度的尊重，职业高贵与社会尊重之间存在落差，究其原因，"（斯宾塞的父亲）认为，教师职业之所以没有受到人们的高度尊重，部分原因是由于与历史上低估知识相伴随的对教师的低估"。② 据此推论，英国教师在此之前社会地位是较高的，且能够获得与之匹配的社会尊重。时至 19 世纪，教师受尊重程度受制于社会对知识的低估而被低估。为何社会会低估知识？原因在于，当时英国"最重要的知识……是一种从街头巷尾得到的知识；而一些钦定的教育机构一直念念叨叨的却几乎全是一些陈腐公式"③，彼时的英国社会看重知识的工具和世俗价值。"所考虑的不是什么知识最有真正的价值，而是什么能获得最多的称赞、荣誉和尊敬，什么最能取得社会地位和影响，怎样表现得最神气"④。由此可知，弥漫当时英国社会的

---

① ［英］赫·斯宾塞：《斯宾塞教育论著选》，胡毅、王承绪译，人民教育出版社 2006 年版，第 15 页。

② ［英］赫·斯宾塞：《斯宾塞教育论著选》，胡毅、王承绪译，人民教育出版社 2006 年版，第 15 页。

③ ［英］赫·斯宾塞：《斯宾塞教育论著选》，胡毅、王承绪译，人民教育出版社 2006 年版，第 24 页。

④ ［英］赫·斯宾塞：《斯宾塞教育论著选》，胡毅、王承绪译，人民教育出版社 2006 年版，第 9 页。

知识：一是社会对其需要程度低；二是一种"街头巷尾"的知识，缺乏稀缺性。因此，当时英国教师无法实现对稀缺性知识的占有，也就无法获得社会的高度尊重。

综上而言，占有知识只是为成为教师提供了可能，并且社会和教师内部也会依据占有知识情况对教师群体进行社会分层，而占有稀缺性知识对教师的社会地位起着决定性影响。梅纳德·雷诺兹（Maynard Reynolds）在其主编的《新教师的知识基础》（*Knowledge Base for the Beginning Teacher*）一书中强调，称职教师与不称职的主要差异在于是否具备教学工作主要依赖的知识基础，这些知识基础包括教师必备的专业理解、技能以及判断。[①] 知识作为教师职业的基础和社会分层的依据，教师应着重于知识的习得与扩充，实现占有稀缺性知识，以便在教学实际中不断提升教学水平和造福学生。实质上，教师是一个在教室里教导学生以提供教学服务的工作者，因此他们必须以提高教学水平及扩张个体知识及技能为发展方向。[②] 因此，我们也应"向教师揭示这样一个道理：他的工作效果取决于他的知识和素养，取决于他读些什么书，怎样自学和怎样充实自己的知识"。[③]

二 礼制规约：教师社会地位获得的约束性条件

教师因占有相对稀缺性知识而从普罗大众中"脱颖"而出成为"教师"，获得教职，成为社会结构中的一部分。其中，占有稀缺性知识决定着社会对教师社会位置的安排。然而，社会并非简单地因个体占有稀缺性知识而将其聘为教师，教师与社会之间也并非"占有稀缺性知识—开展教学—获得薪酬"的线性关系。假若如此，这不可避免地会给学生和

---

① 邵光华：《教师专业知识发展研究》，浙江大学出版社 2011 年版，第 25 页。

② J. Megarry, Preface, In Eric Hoyle, Jacquetta Megarry (eds.), *World Yearbook of Education 1980: Professional Development of Teachers* (London: Kogan Page, 1980). pp. 9–16. 摘自教育部师范教育司《教师专业化的理论与实践》（修订版），人民教育出版社 2003 年版，第 26—27 页。

③ ［苏联］苏霍姆林斯基：《帕夫雷什中学》，赵玮等译，教育科学出版社 1999 年版，第 28 页。

社会带来的伤害：一是教师教的非学生和社会所要的、所能吸收消化的；二是教师将学生和社会引入知识和社会发展的误区。毋庸置疑，人类有学习知识、进阶向上、把握未知世界的渴求，但"若将教师定义为作为消费者的家长所要求的市场商品的纯粹提供者，便是曲解了教师的基础性作用"，① 也遮蔽了教师之于社会运行的结构性作用。正是因其占有稀缺性知识在社会中发挥育人和维系社会运行的作用，社会才给予教师相应的礼制规约，给予教师相应的薪酬、声望乃至权力，教师才在社会结构中获得具体的位置。

如我们日常所见，并非所有的教师均占有稀缺性知识，也并非教师占有了稀缺性知识，社会地位就很高。作为教师中的个体，有的知识与能力欠缺，仍可居于较高的社会地位；有的在具体的薪酬待遇和权力上处于不利境况，但声望较高，拥有较高的社会地位；当然，也有的知识和能力俱佳，或者薪酬待遇极好，但社会地位不高，等等。这种"理想与现实"之间的冲突源自社会之于教师逐步建构起一套成体系的礼制规约。礼制规约既是社会发展本身实现个体间耦合和团结协作所必需的一部分，也是教师实现自我和社会价值所必需的。正是礼制规约，一方面在实践层面框定教师的社会角色和定位；另一方面又因其主观性而在强调工具性和实用性的现实中无法给予教师以强力支持。

（一）礼制规约：社会运行的准线

任何一个社会自始至终都须面临如何"协调一致"的问题：如何让一个个个体组合在一起，相互之间能够起"化学反应"形成稳定且良好的社会秩序，以避免冲突乃至暴力。对于个体而言，其需要获取资源以求得生存与发展。相对于个体的需求而言，资源在一定的时间或空间范围内总是有限的，为此，个体之间基于需求出发不可避免地产生竞争乃至冲突。虽然获取资源求得生存是每个人活着的基本点，也可依此简单明了地处理个体之间的关系，但假若个体之间的一切行动指向仅为获取资源为出发点，那么就会出现人人为自己，谁都不服谁的混乱局面，竞争和冲突必将成为

---

① ［英］贾斯廷·狄龙、梅格·马圭尔：《如何成为一名出色的教师》，邵海霞等译，人民教育出版社 2013 年版，第 39 页。

人类生活的主轴。如何化解此类难题？纵观历史，人类一直在为跳出"物欲难填"的怪圈而努力，一直试图让个体从"自我"中抽离出来，嵌入社会结构之中，一直在为促成一个稳定且有序的人类共同体而寻求对策。正如韦伯所指出的那样，如果以纯粹的物质利益或利害考虑为基础，这个（社会）结合必然不十分稳固……可是作为支配的基础，单靠习惯、个人利害、纯感情或理想等动机来结合仍不够结实。① 而国家的稳定是以风俗和信仰对每个人的行为产生的巨大影响为基础的。②

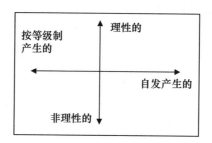

图 3.5　规范全域③

所谓风俗，是社会对人言行的一种规约；所谓信仰，是"虽然没有明确的界定或限定，但一致同意被其他人所拒弃的东西，并赋予那些信念以某种权威"，④ 是社会对人内心的一种规约。经年累月，人类社会也逐步建构起以风俗和信仰为基础，以理性和非理性以及等级制与自发产生为维度的礼制规约体系，以此规范个体言行，促成社会分工和组织团结，形成社会发展秩序。礼制规约，"是人类生活中最重要的一条原则，并且是唯一的一条大部分人能用来指导他们行为的原则"，⑤ 也"化身为

---

① ［德］马克斯·韦伯：《经济与历史 & 支配的类型》，康乐等译，广西师范大学出版社2014年版，第292—293页。

② ［法］雷蒙·阿隆：《社会学主要思潮》，葛智强等译，上海译文出版社2005年版，第186页。

③ ［美］弗朗西斯·福山《社会资本》，载［美］塞缪尔·亨廷顿、劳伦斯·哈里森《文化的重要作用》，新华出版社2015年版，第150页。

④ ［英］齐格蒙特·鲍曼、蒂姆·梅：《社会学之思》（第2版），李康译，社会科学文献出版社2010年版，第44页。

⑤ ［英］亚当·斯密：《道德情操论》，蒋自强、钦北愚等译，商务印书馆2010年版，第197页。

教育法则决定着培养与教化年轻人、将孩童转化为部落成员或国家公民的机制",① 从而帮助个体获得社会角色和形成相应的言行举止。

(二) 礼制规约：教师社会地位的社会依托

一种职业是否具有尊严与欢乐，具有怎样及何种程度的尊严与欢乐，与两者相关：一是职业本身创造的价值及其劳动性质，以及社会对此的认同与需求；二是职业群体的自我职业意识，以及在实践创造出的社会职业形象。② 在长期的教育实践过程中，人们日益了解教师的工作和价值，对其也形成了诸多评价。褒义的有：圣人、先生、人类灵魂的工程师、③ 太阳底下最光辉的职业、一日为师终身为父、④ "有知识有文化的人"、⑤ 授业恩师、教书匠、老师、园丁、蜡烛、读书人等；贬义的有：书生、⑥ 孩子王、⑦

---

① ［英］布劳尼斯娄·马林诺夫斯基：《自由与文明》，张帆译，世界图书出版公司2009年版，第25页。

② 参见叶澜、白益民等《教师角色与教师发展新探》，教育科学出版社2001年版，第4页。

③ 据陈桂生先生考证，"人类灵魂工程师"缘起于斯大林与高尔基的一次谈话，斯大林称以高尔基为代表的作家是人类灵魂的工程师，其后苏联教育学家加里宁引用于教育。这一隐喻在我国最早见于1951年《人民日报》的一篇社论："教师是人类灵魂的工程师"，必须严格要求自己（参见陈桂生《"教育学视界"辨析》，华东师范大学出版社1997年版，第407—409页；刘云杉《从启蒙者到专业人》，北京师范大学出版社2011年版，第211—213页）。

④ 《国语·晋语》："民生于三，事之如一，父生之，师教之，君食之。非父不生，非食不长，非教不知，生之族也，故一事之"。"一日为师终身为父"把前二者结合起来，凸显教师之于个人成长的重要作用。

⑤ 在知识短缺且需求知识的社会环境中，有知识有文化意味着身处上层或者成为上层的可能，人们是比较尊重认可"有知识有文化的人"，所谓"万般皆下品，唯有读书高"。尤其在相对传统和封闭农村，此风气尤甚。

⑥ 俗语有"百无一用是书生"，"书生"之谓既体现教师"读书人"的一面，更指"读书无用"。

⑦ "孩子王"依教师教学对象以未成年人为主，意指教师常年与孩子为伍，远离成年人的社交圈而无法获得足够的社会资本，以致社会地位低下。因此，"孩子王"是社会对教师的一种蔑称，有时也被教师用于自嘲。《坚瓠集》记载秦桧早年为童子之师，仰束涌自给，他感叹"若得水田三百亩，这番不做猢狲王"。宋末以来，民间也有流传"家有三斗粮，不作孩子王"。英国学者培根也认为，学者最为人轻视的一点是地位低下，这是由于学者的工作乃是教育青年，而青年是最缺少权威的人群，因此，青年所从事的事业或者跟青年有关的工作都遭到轻视（参见［英］弗朗西斯·培根《学术的进展》，刘运同译，上海人民出版社2007年版，第15页）。

臭老九①等。问题在于，不论褒贬，人们为何要赋予教师如此迥异的评价，为何会针对教师给予社会评判。若抽离情感部分，我们可以简要地把对教师的社会评价分为地位评价、功能评价和道德评价。② 地位评价，如有知识有文化的人、臭老九；功能评价，如教书匠、老师、园丁；道德评价，圣人、人类灵魂的工程师、太阳底下最光辉的职业、一日为师终身为父、授业恩师、蜡烛等。

上述评价，综合而言，有两大特点。

一是暗含一种逻辑——对教师的工作和价值做了比较和判断，或是对教师工作性质与其他职业的比较，或是对教师工作质量高低的比较，或是对教师之于个体帮助和社会贡献的比较；二是侧重于一种向上的道德评价，给予教师以很高的道德认可和尊崇，且越趋于古代，道德评价越高。从古至今，与其他职业比较，教师获得了更多的道德审视。为何教师职业能够赢得社会更多的道德关注呢？究其原因有两点。

第一教师职业的特殊社会功能。人类生存与发展的持续受到两大问题困扰：肉身的延续和文明的继承与扩展。关于前者，可以通过生育和卫生治疗加以解决，且既可个体之间实现，也可集体协作完成，较易操作。关于后者，则需要特殊人群，设定特定目标，开展针对性活动加以完成，且文明本身难以拿捏，更何况继承与扩展。如果教育能传播文明，我们毫无疑问是在进步之中。文明不能遗赠，它必须经由每一代人重新学习。③ 而教师正是依托教育行使文明继承与扩展的主要承担者之一。尽管教师本身无法决定社会发展以何种文明为主，教育传播以何种价值观为主，但其可依据制定的课程创造性地开展教学，把文明继承与创新付诸实践。试想，若教师对人类文明缺乏了解与掌握，就可能无法达成社会功能，难以胜任教职；若教师对人类文明抱有误解乃至敌对，就可能造成破坏性社会作用。

---

① 元朝时，依照社会地位高低将人分为十等：一官、二吏、三僧、四道、五医、六工、七猎、八农、九儒、十丐。教师分属"九儒"，列社会等级末尾。"文化大革命"时期，阶级斗争和反智主义盛行，教师是被批判的对象，被称为"臭老九"。

② 在一个注重道德的社会环境中，道德评价也契合地位评价，但侧重于教师之于个人帮助和社会贡献的评价。

③ ［美］威尔·杜兰特、阿里尔·杜兰特：《历史的教训》，倪玉平、张闶译，中国方正出版社2015年版，第180页。

　　第二，教师职业教育对象的特殊性。教师的教育对象是"未成熟的人"，至少是"未完全社会化的人"。这些"未成熟的人"或"未完全社会化的人"，亦即学生，一方面需要接受教育，经过教师之"教授"了解未知世界，完善知识图景，实现社会化，另一方面极易被形塑，虽非如洛克所言"学生如同白板，可以任意涂抹"，但谁事先占领学生的教育高地，谁就能支配其言行。而在教育系统内，教师占有知识优势，握有对周遭世界的话语权。教师的言行很容易左右学生，乃至波及社会（见图3.6）。正如日本教育学者佐藤学指出，教师显露出如下种种二元关系中的中介性质："儿童"与"成人""母性"与"父性""学习者"与"教育者""艺术家"与"科学家""百姓"与"官僚""凡人"与"圣人"，等等。[①] 由于学生是社会发展的未来主体，其学习成效高低则直接关系未来社会的发展前景。由此可见，学生之于社会发展，以及教师之于学生、家长、学校和社会具有非常重要性。试想，若教师对学生成长过程和需求缺乏了解，就无法胜任教职；若教师持有不端言行，会对学生产生负面影响，以及延续到社会的负面后果将是极其严重的。

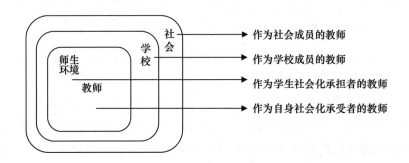

图3.6　教师的社会学研究层面[②]

　　正是由于教师之于社会居于如此特殊的位置和具有如此特殊的功能，以及教师之于学生成长和社会发展的重要性，社会必须对教师职业给予比之其他职业更多以及更严苛的道德审视，以激励教师正向履行社会职

---

① ［日］佐藤学：《课程与教师》，钟启泉译，教育科学出版社2003年版，第209页。

② 吴康宁：《教育社会学》，人民教育出版社2007年版，第196页。

能。进而社会在长年累月的社会舆论造势和文明发展的锤炼过程中，依此形成针对教师的礼制规约，诸如对教师职业言行作社会性规范，给予教师职业较高的道德评价和社会声望，给予教师职业部分社会优先权，①从而来框定教师的职业道德和社会地位。

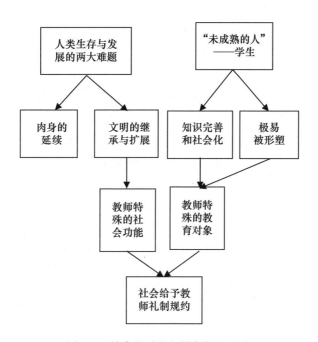

图3.7 社会给予教师礼制规约形成

如上所述，社会给予教师的礼制规约来自教师特殊的社会功能和教育对象，与此对应，如果教师无法有效地达成既有社会功能和促成教育对象的积极社会化，社会就会做出反应——弱化乃至消除对教师的礼制

---

① 优先权制度起源于罗马法，用于处理债权债务关系（参见马平《优先权制度若干问题研究》，吉林大学硕士学位论文，2004年，第4页）。常用概念有优先受偿权、优先担保权、船舶优先权等。广义上，优先权是一种根据法律规定或当事人约定，不同性质的若干权利发生冲突时，某一民事权利人的民事权利优先于其他权利人实现的民事权利（参见刘珂《论优先权》，湘潭大学硕士学位论文，2005年，第3页）。由此可见，优先权主要体现的是优先性。而所谓社会优先权，是指在社会运行过程中，社会给予群体（个体）在无须参与竞争的情况下，先行获得某些利益。针对教师而言的社会优先权，如购票有专门窗口，购票半价，适龄子女随教师父母工作所在学校入学等。

规约。而这种现象将在如下几种情况下发生：一是教师本身能力的欠缺。教师对人类文明了解、把握和运用不充分，对学生的成长规律了解不足和对其需求难以满足。二是人类文明继承与扩展的重心转向，实现途径多样化。当学校教育不再是人类文明继承与扩展的主要载体时，教师的社会功能就会弱化，教师之于社会的这种特殊性就会消解，社会对其道德审视和礼制规约也会弱化，从而导致教师道德权威的弱化。三是学生实现知识完善和社会化的途径多元化。当学生获得知识和社会化并不依赖于教师时，学生、家长和社会对教师的社会期待、社会定位和道德审视会随之削弱，进而降低对教师的道德评价乃至物质供给。

从中不难看出，教师在物性与符号性之间徘徊。所谓教师的物性，即作为一种职业，个体选择了教师，就得凭借所储备的知识参与社会竞争，赢得生计。所谓教师的符号性，正是教师承接特殊的社会功能和面对特殊的教育对象，社会给予其具有道德性的符号标志以褒奖教师的作用和贡献、彰显教师的社会地位。然而，在不同社会环境下，人类文明程度不一，社会秩序存在与否，均会造成社会对文明的继承与扩展，以及对"未成熟的人"（学生）完善知识和社会化的需求与重视程度不一，从而推及教师的社会地位所能得到社会性力量的支持程度也会不一。因此，尽管知识是教师授业基础，稀缺性知识是教师社会地位的决定性因素，但是社会地位作为社会结构性安排，最终需要不同群体之间互为协作认同以及作出规约，方能达成。教师作为一种远离生存性资源生产劳动和社会管理的职业，其生存性资源的获得依赖于社会给予的道德性保障。一旦这种道德性保障不充分，教师的道德符号就会弱化而物性趋于强化，甚至陷入奔走以求生计的窘境。

三　城乡有别：农村教师社会地位获得的空间性限制[①]

"农村"是农村教师工作所在的地理空间，也是其名称的缘起。农村

---

① 本部分内容是在《城乡社会关系演进及其对城乡教育发展的影响》一文内容上进行的扩充（参见周兆海、邬志辉《城乡社会关系演进及其对城乡教育发展的影响》，《教育科学》2015 年第 2 期）。

教师一旦调离农村教学岗位，自然就不是农村教师。正是"农村"决定了农村教师的特征。基于我国城乡社会空间架构实际，农村教师社会地位深受其空间限制。

一般意义上，城乡是一种地理和行政区域划分。然而，城乡社会业已累积的历史发展促成二者渐次建构起等级空间结构。城乡地理空间也是一种社会等级空间。这是由于"有权力的社会群体能够真实地或象征性地宣布中心的地理位置，从而将无权力的群体边缘化"，[①] 而"在很多情况下，被社会排斥者不能或不愿占据和主流社会相关的空间，而在边缘地带划出他们自己的地理范围"，[②] 正是"有权力群体""边缘群体"在社会发展过程中在空间上相互分离乃至隔离，导致空间上的等级凝结，产生空间上的社会不平等。在西方国家，城市发展过程中面临着郊区化、社会空间极化、空间剥夺、居住空间分异（隔离）、下层阶层聚居等社会空间不平等问题，而我国随着城市化的快速推进，城市空间不平等问题日益突出。[③] 空间的资源集聚，经由合法化的经济杠杆手段促使资源向某一空间集聚，导致社会群体之间不平等的分享。而空间成为一种生活，同时也具有如下特性：排他性、分割性、固定化、接近感或距离感以及不同空间单元中的社会群体是否具有流动性与社会分化程度存在着某种关系。[④] 因此，由于空间意味着生活方式、生活品质、教育资源和社会资本等社会要素，空间社会不平等进而传导出处在不同空间的社会群体社会地位的不平等，乃至产生社会群体在空间社会地位的再生产。

在我国，不仅存在城市社会空间的不平等，更存在城乡社会空间的不平等。有学者直言，城乡社会结构是一种具有先赋性的社会地位体系。[⑤] 有学者指出，城乡居民社会关系区分存在不平等，城乡人口社会空

---

① ［英］彼得·丹尼尔斯等：《人文地理学导论：21 世纪的议题》，邹劲风等译，南京大学出版社 2014 年版，第 356 页。

② ［英］彼得·丹尼尔斯等：《人文地理学导论：21 世纪的议题》，邹劲风等译，南京大学出版社 2014 年版，第 343 页。

③ 杨上广、王春兰：《上海城市居住空间分异的社会学研究》，《社会》2006 年第 6 期。

④ ［德］盖奥尔格·西美尔：《社会学——关于社会化形式的研究》，林荣远译，华夏出版社 2002 年版，第 461—483 页。

⑤ 王春光：《城乡结构：中国社会转型中的迟滞者》，《中国农业大学学报》（社会科学版）2007 年第 1 期。

间占有能力与机会存在不平等。[①] 有学者更为具体地指出，我国是一个非同步化的多层次的社会结构变迁和多类型的"城乡多梯度差异社会结构"。[②] 另有学者认为，从都城到村庄的贫富差距好似台阶，逐级而下的"阶梯式社会"。[③] 尽管早在 2003 年党和政府就提出"五个统筹""建立有利于逐步改变城乡二元经济结构的体制"，[④] 此后陆续提出了城乡社会一体化发展的若干建议和政策，但城乡一体化未能实现，反而城乡差距有所增大。尤其是在当前人口向城流动加剧和城镇化快速推进的情况下，城镇化有如一个"漏斗"，对进城人员进行"筛选"：有经济支付能力、有社会资本支撑和有消费潜力的人员能够实现城镇化，反之则滞留农村。这就加剧了乡村社会群体弱势化，加剧了城乡社会的阶层距离。正如社会学者李强等人基于五普和六普数据分析指出的，不均衡城镇化制约社会结构优化，我国社会日渐分裂为"城市—农村"两个世界，以及"中小城市—超大城市"两个世界。[⑤]

（一）城乡有别：城乡社会等级空间的形塑

人类历史截至现在，任何社会里，乡村都是居于不利的地位。[⑥] 乡村为何会居于不利地位，其形成理路是什么？这既是把握城乡社会等级空间的前提，也是进一步厘清农村教师社会地位为何受城乡社会空间限制的关键。众所周知，我国自古以农立国，时至近代才逐步走上以工立国的发展道路，而城乡社会关系形态也随之演进而演进。

---

① 钟宁、赵连章：《城乡社会结构变化与社会不稳定的内生性原因》，《东北师大学报》（哲学社会科学版）2013 年第 6 期。

② 张鸿雁：《论当代中国城乡多梯度社会文化类型与社会结构变迁》，《南京社会科学》2007 年第 11 期。

③ 徐勇：《阶梯性社会与"三农"的提升》，《华中师范大学学报》（人文社会科学版）2004 年第 6 期。

④ 2003 年 10 月，中国共产党中共十六届三中全会审议并通过的《中共中央关于完善社会主义市场经济体制若干问题的决定》，首次提出"五个统筹"，即"统筹城乡发展、统筹区域发展、统筹经济社会发展、统筹人与自然和谐发展、统筹国内发展和对外开放的要求"，同时提出"建立有利于逐步改变城乡二元经济结构的体制"。

⑤ 李强、王昊：《中国社会分层结构的四个世界》，《社会科学战线》2014 年第 9 期。

⑥ 梁漱溟：《乡村建设理论》，上海人民出版社 2014 年版，第 12 页。

1. 城乡社会等级空间的构造：社会生产的管理分区

众所周知，人类是社会性动物，自人类诞生以来就必须为解决温饱问题而奋斗，实现温饱的奋斗形式可以是多样的，但为获得生存资源求得生存的目的是一致的，并在此过程中不断生成日趋复杂多样的社会关系。随着人口压力和技术的进一步发展，对资源的不平等占有变得更加严峻，在有产阶级日益增强的政治压迫下，社会分层进一步强化。[①] 因此，获得生存资源的能力和拥有程度就决定着人类相互之间的社会地位和依存程度，在此基础上演化出不同的社会形态。

在原始社会时期，人类获得生存性资源的能力极其低下，又未建构起群体之间相互信任和劳动分工的社会关系来提升生存能力，因此对自然环境的依赖程度极高，彼时人类的生存方式是以个体或以家庭为单位构成小群体，并因外在环境变化而不断迁移。在部落狩猎社会时期，人类的繁衍促使群体扩大，加之对自然世界的认识不断提高，人类从自然中获得生存性资源的种类、形式变得丰富起来，群体间开始相互信任并出现劳动分工，居住形式演化为群居并且居住空间相对固定，还出现了依照获得生存性资源能力和拥有程度来确定在群体中的位置，如酋长、长老等。《尚书》记载舜"克明俊德，以亲九族。九族既睦，平章百姓"。[②] 由于彼时人类获得的生存性资源量略微满足生存需求，且仍需面对生存的挑战，因此，社会关系的差异仅存在群体内部，略波及其他部落群体。

而到了农业社会，劳动工具改进和对土地资源的开发使得生产出的生存性资源大于人类生存需求，这种供大于求的状况必然导致有些人从生产序列中剥离，成为土地拥有者和生产管理群体，即地主。同时，有些脱离生产序列的人（地主）通过暴力争夺和社会关系建构则进一步成为高级的社会管理群体，即王朝统治者。作为全社会的最高管理群体，其远离土地生产，通过暴力争夺和所建构的社会关系（赋税体系）来获得生存性资源，故而对自然环境和土地的依赖程度低。而土地拥有者和

---

① ［美］斯蒂芬·K. 桑德森：《宏观社会学》（第4版），高水平译，中国人民大学出版社2013年版，第78页。

② 孔子：《尚书》，周秉钧注释，岳麓书社2001年版，第1页。

生产管理群体，为有效控制土地、维持生存和扩大财富，对土地的依赖程度较高。春秋战国时期，生产力较之前有进步，"反映在政治上，或许多少要改善贵族地主对于农民的关系，即在劳役地租时代，农民耕作时，贵族地主则直接派监督（田畯之类）来监工，犹之驱策牛马一般"。① 因此，在农业社会就出现了因对土地依赖程度不一，加之既定的社会管理和生产组织的秩序安排，社会管理者与土地拥有者和生产管理群体、生产者（农民）居住空间逐步分离，即产生了城市与乡村两种社会空间居住形态。在城市，居住着社会管理者及为其服务的群体；在乡村，居住着生产者及其管理人。在古代中国即有所谓的"国人""野人"之分，"国人"就是指在城市里面居住的人，"野人"就是指在城外、乡下居住的人。② 因此，城乡社会不仅是地理空间的区别，而且是建立在以社会生产管理区分基础上的社会等级空间的差异。与此同时，城乡社会普遍形成离农业生产越近的群体社会等级越低，离权力中心越近的人社会等级越高，③ 进一步形成"劳心者治人，劳力者治于人"的社会等级结构和心理模式。

2. 城乡社会等级空间的重构：社会生产与资源配置的功能分区

农村从属于城市，这是资本主义体系的一个特点，这个特点决定了资本主义生产关系在城市社会发生和发展之后，必然会推及、影响到农村，并促成农村社会的演变。④ 近代以来，萌发于西方社会的工业革命，使得社会生产工具和生产方式较之于农业社会发生了革命性的进步，这不仅让城市也具备了生产功能，而且所生产的生存性资源远大于农村社会。城市作为一种社会空间存在，是一种物化的资本力量，这种力量表现为典型意义上的经济与文化要素的集聚。⑤ 城市生产功能若能得到充分发挥，便会释放出极大的社会生产力量。因此，生存性资源的城乡分布颠倒，使得城乡社会等级空间出现重构。

---

① 熊得山：《中国社会史论》，上海世纪出版集团 2007 年版，第 45—146 页。

② 李培林：《中国社会》，社会科学文献出版社 2011 年版，第 206 页。

③ 周兆海：《重视农村教育的三重面向》，《中国社会科学报》2015 年 10 月 8 日第 4 版。

④ 陈旭麓：《近代中国社会的新陈代谢》，中国人民大学出版社 2015 年版，第 134—135 页。

⑤ 张鸿雁：《城市空间的社会与"城市文化资本"论》，《城市问题》2005 年第 5 期。

我国工业化在初期进程较为缓慢，既因西方列强所推动，又受其所掠夺，这导致城市的生产功能不仅未能充分发挥，而且受内外社会因素掣肘，加之当时城乡人口不断增长带来生存性需求的不断增加，多种因素叠加而产生的累积效应就引发了我国城乡社会生存性资源的生产和分配极为紧张的问题，从而使得传统上居于城市的社会管理群体对农村甚至全社会的管控能力和权威也急剧下降。传统乡村精英进城后深受西方文化影响，以致与农业、农村和农民的距离越来越远，"一切现象促使他们鄙视这个苦难而迷信的世界，这个世界代表着过去，而大部分人奉为榜样的西方，正以其工业与商业的各方面强大实力展现在他们面前"。[①]乡村精英逃离农村，而城乡精英均远离农村，这加剧了乡村社会的衰落和在城乡社会结构中的等级弱化。在此背景下，"在特定条件下形成了'发展危机'转嫁并加重了乡村民众的生存危机，由此造成乡村社会层出不穷且愈演愈烈的民变"。[②] 因此，近代时期的我国城乡社会关系重构并非如同西方社会因工业化带来城市生产力提高，以致社会总体性生存资源极大丰富，使得城乡生存空间和社会关系渐次实现良性互动和共同进步，而是通过城乡社会"生存危机和发展危机并存与共构的整体性危机"[③] 引发的革命运动来达成。经过"长期革命……蒋中正及所其所领导的国民党建立了一个新的高层机构；毛泽东和中共则建立了新的底层机构"。[④] 革命胜利后，中央政府逐步建立起联结高低层机构的体制，架构起从农村到中央的统一党政组织形式，同时实现了城乡社会的再整合，并通过政策法规确定了城市对农村的资源支配权，即中央集权体制下城乡二元管理体制。

新中国成立初期，城市的社会秩序得到恢复，但缺乏工业化的生产工具、技术和组织管理，城市的生产功能未能得到充分发挥，所生产的

---

① ［法］谢和耐：《中国社会史》，黄建华、黄迅余译，江苏人民出版社 2008 年版，第 519 页。

② 王先明：《20 世纪前期乡村社会冲突的演变及其对策》，《华中师范大学学报》（人文社会科学版）2012 年第 4 期。

③ 王先明：《20 世纪前期乡村社会冲突的演变及其对策》，《华中师范大学学报》（人文社会科学版）2012 年第 4 期。

④ 黄仁宇：《中国大历史》，生活·读书·新知三联书店 2010 年版，第 309 页。

生存性资源极其有限，而农村由于社会管理的统一而变得高效，以及土地分配的均等化而使得土地生产功能得到有限发挥。但社会稳定带来城乡人口增长及生存性需求的增加，加之城市的工业化需要大量的资源消耗，这使得城乡社会仍处在总体性生存资源紧张的状态。为了稳定社会秩序，尤其是避免大量农村人口向城市流动而带来城市生存性资源紧张和农村生产功能下降的并发危机，同时为了推动城市的工业化，政府建构起城乡二元管理体制。一方面，以户籍为媒介，严控城乡人口流动，"最大限度地把农民稳定在农业上，促进农业生产的发展，以为国家生产更多的商品粮和其他剩余农产品"。① 另一方面，以财政赋税的形式，强化国家对社会资源的控制及城市对农村的资源支配权，"国家不但把绝大部分公共资源配置给城市，而且通过各种行政手段，将农村资源进行大规模的平调，建构了城市支配和剥夺农村但又严重依赖农村的城乡关系格局"。② 城乡社会就逐步形成城市工业而农村农业，城乡分治且城乡分割，以及城市对农村资源剥夺的社会等级空间。

　　3. 城乡社会等级空间的强化：城乡社会结构性互动与资源配置的紧张

　　以资源消耗而非以更先进技术和制度推动的城市工业化不但未能实质性改观城市的生产功能，反而加剧了农村内部以及城乡社会总体性生存性资源的紧张程度。随着城乡人口不断增长带来生存性需求渐次增大，原有的城乡生产局面必然不可持续。在外部世界诸国以革新生产技术和管理制度来促进工业生产，着力丰富社会生存性资源的背景下，国内生存性资源窘境使得国家不得不审视既有的社会管理和生产方式。

　　"文化大革命"结束后，国家调整"以阶级斗争为纲"的路线，转向发展经济提升社会生产力。在此背景下，农村社会首先破局。生存压力迫使农民寻求在既定土地量、生产工具和技术前提下以提高个体生产积极性来增产的生产组织形式——家庭联产承包责任制。此制度的合法化和推广，极大地提高了农村社会的土地生产效率，让多数农民从土地的束缚中解放出来成为可能。但由于土地生产功能有限，农村社会生产并

----

① 刘应杰：《中国城乡关系演变的历史分析》，《当代中国史研究》1996 年第 2 期。
② 陆学艺：《当代中国社会结构》，社会科学文献出版社 2010 年版，第 258 页。

未能改变城乡社会总体性生存性资源的局面。但农村的改革成效推动着城市改革。城市开始改革工厂、企业的生产组织方式，大量引进外资、生产工具和技术，以及生产理念，并摸索着融入以交换互惠的市场经济中。由此，城市的生产功能得到释放和发挥，城市社会的生存性资源局面逐步得到实质性改观，从而对农村人口和资源的吸纳能力，以及再造能力得到大幅度提升。进而，国家开始松动对城乡人口流动和生产要素交流的管控，农村社会卷入以城市为主的工业化生产中，各个群体也通过与城市的交换来获得更多的生存性资源。由此，"国家失去了为社会成员提供资源和机会的唯一源泉的地位，而社会正在成为另一个相对独立的提供资源和机会的源泉"，① 农村社会生活方式和价值观念也日渐城市化，城乡社会由相互分割趋向强化，城乡个体发展由依附于国家转变为自致能力。

然而，在既有城乡二元管理体制的长期作用下，城市社会生存性资源日趋丰富不但未能在共有国家框架下有效地实现与农村社会共享，反而城市社会进一步借用体制加大对农村社会的"剥夺"，形成城乡社会发展的累积性差距，以致城市社会过度空心和农村社会过度空心并存的局面。尽管近期国家提出"统筹城乡经济社会发展""工业反哺农业，城市支持农村""新农村建设"等诸多惠农举措，也不断提高对农村社会公共服务的供给力度，但是，短时间内难以缩小业已形成的城乡社会等级空间的发展差距。而在城乡社会趋于强化的背景下，这种差距不仅是农村的发展问题，更是整个社会的发展问题，并且在农村人口不断流向城市的过程中，也会把农村的发展问题带入城市，引发城市社会的系统性问题。而因城乡人口流动的不确定性，使得城市社会所面临问题的发生存在偶发性。因此，当前是社会总体性生存性资源丰富，但存在城乡社会结构性以及个体层级之间的资源紧张。

（二）城乡社会等级空间限制：农村教师社会地位与城乡社会的互构关系

众所周知，每个人选择职业是有一定的权衡考虑。人作为生物性存

---

① 孙立平：《"自由流动资源"与"自由活动空间"》，《探索》1993 年第 1 期。

在，需求得生存和生命的延续，而作为社会性存在，需求得个人与家庭的发展，以及社会的进阶。但由于各人求职之前所处的生存和发展境遇不同，其求职动机也不同。有些人求职主要是解决生存窘境，如农民进城务工；有些人求职主要是为了长期有目的地依赖职业实现个人和家庭发展，如考公务员。因此，不同境遇的在职人员和求职人员有着不同的职业期待和需求，对职业所提供的信息也反应不同。职业所提供信息的不同造成了职业社会地位的差异。由于我国以资源配置的行政取向，导致不同行政层级地方发展不平衡，又长期采取城乡二元体制导致城乡社会发展不平衡，发展环境不良和发展累积性差距导致区域发展不平衡。这些就造成我国不同行政层级之间、城乡之间和区域之间在诸如教育、医疗、住房、就业、社会保障、交通、娱乐等公共服务方面存在较大差距。通常来看，行政级别越高的城市和经济优先发展的沿海地区，其集聚的资源更多，服务质量更高。因此，城市居民及其子女能够获得比农村居民及其子女更多且更优质的公共服务，而且从事同一职业处在不同社会区域的两人之间在生活质量和发展空间上也存在差距。加之我国公共服务属地化管理，职业所附着的户籍政策和工作空间相对固定，这就让社会空间强化了职业提供的内容。一方面，社会空间的发展程度决定了职业提供的内容；另一方面，社会空间的公共服务质量直接影响在职人员个人、子女和家庭的发展可能。人所共知，职业地位就是指不同的职业依据其本身的社会结构功能所占据的不同的客观社会位置。不同职业拥有不同的社会地位资源。[1] 因此，社会空间也就成为影响人生存和发展的关键性因素，就成了职业本身所能提供之外影响在职人员发展的重要内容，也影响着职业社会地位的高低状态，进而影响在职人员去留意愿和求职人员应聘参与的抉择。

因此，在职人员和求职人员会对职业提供和其社会空间特质[2]综合权衡考虑职业是否能够满足个人和家庭发展，能否实现社会进阶，然后再做出去留的判断和求职的选择。通常情况下，职业提供和社会空间特质

---

① 袁方、姚裕群：《劳动社会学》，中国劳动社会保障出版社 2003 年版，第 101 页。

② 职业提供和社会空间特质是邬志辉教授在建构农村教师职业吸引力指标体系时提炼的两大指标概念，本书借用并进一步加以阐释。

均占优的职业，其社会地位高，吸引力也高，在职人员身份认同度高，优秀人才竞相参与；如北上广的国企事业单位；而职业提供和社会空间特质均较差的职业，其社会地位偏低，吸引力也偏低，在职人员身份认同度低，求职人员应聘参与度也低，如老少边穷地区餐馆服务员。基于职业提供和社会空间特质两大因素的综合分析，可以大体上把职业社会地位分为四大类型，并可依高低序列排出：Ⅰ——职业提供和社会空间特质均占优 > Ⅱ——职业提供优但社会空间特质差／Ⅳ——职业提供占优而社会空间特质差 > Ⅲ——职业提供和社会空间特质均差（见图3.8）。

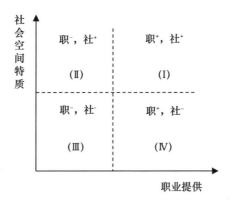

图3.8　职业社会地位的四大分类

　　如上所述，总体来看，我国城乡社会是一个社会等级的空间结构，虽因城乡社会生产功能的转换，历经了构造、重构和强化的关系演进，但时至今日仍未能突破社会等级的范畴。城乡社会在社会生产、社会管理和资源配置方面仍有社会等级之分。并且，现有的城乡社会等级空间的形成虽然来自城乡社会生产功能转换的自发秩序的影响，但更多是来自城乡在社会管理和资源配置上差别对待的制度安排的影响。在很大程度上，城市的发展是衡量现代化的尺度，城市成为新型经济活动、新型社会阶级、新式文化和教育的场所，这一切使城市和锁在传统桎梏里的乡村有着本质区别。[1] 而城乡教育发展根植于城乡社会的发展，城乡社会

―――――――――

[1]　[美] 塞缪尔·P. 亨廷顿：《变化社会中的政治秩序》，王冠华、刘为等译，上海世纪出版集团2010年版，第55页。

的等级空间结构使城乡教育在社会功能、资源供给，以及促进个人发展上存在城乡有别，并导致城乡教育发展形成了巨大的累积性差距。正是在城乡社会等级空间和城乡教育发展累积性差距的双重影响下，农村社会空间特质的实际是贫乏与被排斥，农村教师所面临的职业提供的实际是生存与发展的窘境。① 尤其在城镇化快速推进过程中，人财物加速向城区积聚，乡村社会的空心化更为明显。城乡社会空间特质也由传统的依附关系转向二元管理体制下的紧张关系，进而可能裂变为断裂排斥关系。在此背景下，农村教师的工资提供虽有国家宏观调控，但工资外的个人和家庭发展、社会进阶是国家难以促成庞大群体的期望。因此，农村教师社会地位的提升深受城乡社会等级空间限制。

本章小结

本章主要解答的问题是农村教师社会地位形成机制是什么，并对这个问题做了如下分解：一是农村教师社会地位应有自己独特的形成机制，但是在一般性教师社会地位形成机制的前提下产生；二是教师社会地位形成机制源自教师本身与社会之间互动，因此应转向实践背后，回归教师本真来求解，教师的本质是什么、教师是如何产生的、教师是如何赢得在社会结构中的位置的和教师与社会之间又是如何互动等问题；三是农村教师与一般性教师在社会属性上的区别在于分处不同的城乡社会空间，这种社会空间的差异是农村教师社会地位形成的独特性所在。

本章以上述三个分解问题为逻辑主线而依次推进。基于第一章已建构的关于社会地位的理论分析框架，本章运用逻辑思辨的研究方法，在剖析文献和评鉴理论的双重基础上凝练出农村教师社会地位的形成机制：一是稀缺性知识是教师社会地位获得的决定性因素。知识是教师职业存在的根基与社会分层的基础，而稀缺性知识对教师社会地位起决定性作用。二是礼制规约是教师社会地位获得的约束性条件。礼制规约是社会运行的准线，正是教师有着特殊的社会功能和面对特殊的教育对象，社

---

① 此判断基于笔者之于城乡社会发展的观察与反思，以及对农村教师实际调研得出。限于论述逻辑顺畅的需要，故未做详细论证。

会针对教师建构起相应的礼制规约来框定教师的社会角色和社会地位。然而，教师社会功能的实现程度和社会需求程度，以及教育对象自身实现社会化之于教师的依赖程度，均会影响教师社会地位的社会力量的支持力度。三是城乡有别是农村教师社会地位获得的空间性限制。我国是一个等级社会，而城乡社会是一个社会空间等级构造——从城市到农村的社会空间等级依次递减。在不同的社会等级空间内，社会空间特质不一样，群体所享受到资源配置、个体和家庭的社会发展空间，以及个体的薪酬待遇均不一样，以此构成主观上社会舆论和客观上社会发展空间等级差异。农村教师居于底层的农村社会空间，其社会地位受此空间限制。

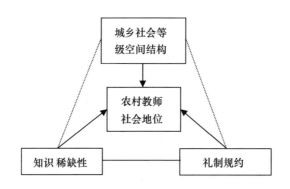

图3.9　农村教师社会地位形成机制

确如有学者指出："教师身份的结构性表现为教师群体在整个社会分工的结构中所扮演的角色和具有的地位，以及在文凭和学历等文化建构下所形成的社会地位。"[1] 教师社会地位既源自自身所具有的社会特质参与到社会竞争后得到的社会安排，也来自社会给予其社会规约体系的社会位置，既体现着建构性一面，也体现着结构性一面。相对而言，农村教师社会地位具有一个独特而复杂的形成机制，它既遵从于一般教师社会地位的稀缺性知识占有和礼制规约的形成逻辑，也受制于自身所处的独特的城乡社会等级空间。

―――――――――

① 闫光才：《教师"身份"的制度与文化根源及当下危机》，《北京师范大学学报》（社会科学版）2006年第4期。

第二部分

农村教师社会地位的历史变迁

农村教师社会地位偏低的现状已人所共知。然而，问题在于我们至今仍然对农村教师社会地位古今之变缺乏充分的了解和理论分析。长期以来，我们一直致力于改善农村教师的社会地位，而较为忽略农村教师社会地位的现状是如何形成的；我们一直致力于提升农村教师的经济待遇、社会声望乃至权利享有，而较为忽略其经济待遇、社会声望和权力享有的现状为何如此；我们一直认为农村教师如同其他职业，通过提升以"经济待遇"为核心的政策支持就能够改善其社会地位，而忽略了社会结构性变迁对其产生的巨大影响。农村教师作为社会结构中的重要群体和组成部分，其地位变迁被裹挟到我国社会整体性变迁过程中。

近代以降，我国遇有"三千年未遇之困局"：西方列强的入侵掠夺、传统政治经济系统的瓦解与再构、"天朝中心"的解体与嵌入世界政治经济体系。在面对前所未有的国内外局面时，历来注重寻求历史经验解释的历史先贤难免困厄。随之而起的应对策略或因循古制，或取法西方；或激进，或保守；或令行禁止，或朝令夕改。总之，缺乏一以贯之且行之有效的契合世界历史进步潮流和我国实际的社会发展思想和相应的系统性对策。以致近代中国"改革—反改革—再改革""革命—反革命—再革命"相继反复出现，社会秩序近乎于在稳定与激荡之间徘徊。历经近百年的折腾与荡涤，直至新中国成立，社会思想才趋于统一，全国性政治经济系统才渐次建构，社会发展秩序才得以建立，社会发展的革命逻辑虽有保存但趋于缓和。总体而言，近代以降的我国社会变迁是极其剧烈和深刻的，在百年时间内就完成了由封建社会到半殖民地半封建社会，由资本主义社会再到社会主义社会的历史大转变，其间从个体到家庭宗族、从底层民众到精英群体、从农村到城市均承受了社会转型之阵痛，付出了巨大代价。

具体而言，近代以降的极其剧烈又付出了巨大代价的我国社会变迁体现有三。首先是传统文化的过度舍弃与现代化的转化不足。我国自古倡导文教立国，历来视文化为社会发展之中坚，各方常褒有传统文化之精髓。然而，近代以降的历次社会革命运动或直接舍弃传统文化，或冲击传统文化的持有者——乡绅，从而不断荡涤着传统文化，以至于社会中传统文化出现"荒漠化"。改革开放以来，虽然物质的不断富足唤起了部分民众和社会贤达复兴传统文化的热忱之心，但是拘于社会的功利取向和个体化，使得对传统文化继承与开新难以奏效。此问题的衍生品之一是城乡文化发展差距的不断拉大。虽然文化本身无优劣之分，但存在发展上的兴衰之别。近代以来，社会所倚重的是以工业为主的城市发展主义，受此影响，城市不断积聚文化发展之资源和话语权，乡村便成其附属和文化低地，二者自然形成累积性差距。

其次是个体的迅速崛起与社会发展秩序的滞后。个体的崛起是近现代化的必然结果，也是近现代化实现与否的重要标志。个体的崛起既意味着个体价值的彰显和自由的达成，也意味着传统束缚个体的结构的瓦解，更意味着个体和社会能量的释放，是一种社会进步的表现。然而，我国传统上注重组织与集体生活，并有与之匹配的礼制规约体系，正是如此才保证我国长期的历史阶段的社会"超稳定"。但近代以来，既有组织与集体难以抗击接踵而至的国内外挑战与冲击，转而被迫造成自上至下的社会组织与集体的瓦解。与此同时，个体随之从各自所在的组织和集体中脱离出来，单独直面生存与发展的难题。问题在于，迫于寻求民族问题解决，我国近现代化致力于民族解放、自立和复兴，而忽略于培育自主自在自为的个体，忽略于个体与社会协作共生的规约体系的构建。虽然新中国成立后，建立起从中央到乡村的上下联结的党政管理体系，先后建立起人民公社、企事业单位体系和城乡户籍制度等身份依附关系，但这种关系只规约了具体的行为，却未能规约个体的内心，并且宗族的瓦解、土地的家庭联产承包责任制、市场经济的发展等使得这种行为的规约关系也显得极其弱小。这也就会带来两方面影响：一是个体注重于个人生存与发展的达成，二是社会难以再组织和再规约，亦即通俗意义上的个体自私自利和社会无组织。

最后是社会发展取向的外扩性与社会道德秩序的弱化。传统以农业为主的社会发展，在经济上侧重于自给自足，在灵魂塑造上侧重于内省反思。这种物质和精神两方面并行相济的发展，才是健康有序的社会发展。然而，我国近现代化确立的核心任务是发展经济与赶超西方。在这种社会发展主题下，从上至下均有一种发展经济的渴望感和压迫感。尤其是自社会主义市场经济实行以来，社会发展更是呈现外扩取向：一切以经济和利益为中心，一切以生产和占有生存性资源为行动出发点，而疏于人性的彰显和道德秩序的维护。二者不平衡发展的结果是"灵魂赶不上经济发展的步伐"。

　　在具体的社会实践中，正是更广泛的社会结构性变迁，导致农村教师所占有稀缺性知识、礼制规约和城乡社会等级空间的变迁，以致其社会地位的变迁。概括而言，体现在如下三点：一是社会（道德）支持性力量的瓦解。农村教师天然处于教师系统和社会系统的弱端，其现实社会地位的形成对社会有着极高的依赖程度。我国自古"尊师重教"，且有着广泛的社会共识和强而有力的社会支持系统。但近现代化首先触及的便是传统社会结构的瓦解，进而引发社会中上阶层的瓦解、文教道统社会支持性力量的瓦解、社会发展重心的转向等诸多并发性问题，导致支持农村教师社会地位的相应社会（道德）支持性力量的瓦解。二是职业分化与制度排斥。近现代化催生了个体的崛起和新职业的兴起。在以经济收入为取向的职业分布体系中，农村教师日趋处于职业链条的末端。此外，社会发展的外扩取向决定了国家的制度设计必须以促进经济增长为出发点，鉴于"先天不足"，农村社会、农村教育，以及农村教师不可避免地成为国家政策和社会发展的"背景"。三是知识权威的弱化。这主要体现为两方面：一方面是农村教师的知识体系总体上处于教育系统的末端，且还未在农村社会中显有优势；另一方面是农村教师的知识体系未能促进农村学生的积极社会化。正是鉴于上述三大动因，农村教师社会地位在近现代的社会境遇中日趋尴尬。

第四章

去魅：①农村教师职业的现代性转化

> 研究过去有助于更合理和更有条理地了解现在。不了解历史，个人只能依靠自己的有限经验作为思考和行动的依据……历史应当为有识之士制定决策模型提供更多可选择的解决方式和答案。
>
> ——［美］丹尼尔·A. 雷恩《管理思想的演变》②

在当下，社会之于农村教师有着复杂的心境：一方面期于农村教师安贫乐教，服务乡民，另一方面自知农村教师疾苦，也不愿投身其中；一方面常用师德润化农村教师以使之履行教职，另一方面社会道德难呈昌明。事实上，农村教师应有师德操守和服务农村的胸怀不假，但问题在于，社会在何种状况下会以何种形式支持农村教师的社会地位，当下的社会道德能否支撑农村教师服务乡梓，当下的农村教师社会地位更需要来自何种力量的支持？

如第一章和第二章所述，占有稀缺性知识、社会规约体系支持和城

---

① 去魅(deenchanted)（也被译为"怯魅""除魅""去神秘化"等）一词最早出现于韦伯《以学术为业》的讲演中，原话为"从原则上说，再也没有什么神秘莫测、无法计算的力量在起作用，人们可通过计算掌握一切，而这意味着为世界去魅"（参见［德］马克斯·韦伯《学术与政治》，冯克利译，生活·读书·新知三联书店 2005 年版，第 29 页；以及吴杨波《"去魅"还是"附魅"——也谈时代精神与现实反映》，《美术学报》2011 年第 4 期）。综合韦伯的思想，去魅对象主要包括以下三类：一是神学、巫术或宗教；二是拥有"卡理斯玛"（Chrismatic）光环和神圣感的"领袖"；三是特指前现代性思想(传统思想)（参见范博阳、杨伯溆《微博时代的去魅运动探析》，《新闻界》2013 年第 4 期）。综合而言，去魅实质上是去神秘化、理性化和世俗化。

② ［美］丹尼尔·A. 雷恩：《管理思想的演变》，李柱流等译，中国社会科学出版社 1997 年版，第 3 页。

乡社会等级空间结构三大要素左右着农村教师社会地位的升降。回溯历史可查，农村教师社会地位的变动肇始于社会规约体系的松动或是瓦解。传统社会主要以小农经济为主。小农经济主要在于通过土地生产获得生存性资源，因此，有两大要素影响着彼时的生产格局和生存性资源的分配：一是土地，小农经济主要以农业为主，农业生产即是向土地索取的过程，土地多少与肥沃直接决定农业产量；二是人口，传统的农业生产的一种以粗放型且"内卷化"经营的生产模式，人口就是劳动力数量，同时也是消费量。传统的小农经济在生产上是"以一家一户的个体农民为基本的生产单位，同时又是自我消费单位；周而复始的简单再生产……它的稳定性就存在于它的保守性之中"；① 在土地分配上，虽因土地私有和买卖而出现土地集中，但也受多子多孙伦理观念下的分家产以及朝代更替带来的土地再分配的双重影响，土地占有趋于平衡。因此，以小农经济为主的传统社会的生存性资源总体上趋于平衡，社会亦即追求道德性资源的平衡，即会在具体的社会实践中形成一套完善且缜密的社会规约体系。教师群体作为社会规约体系的核心支持性力量，自然受到社会规约体系的保护和鼎力支持。而农村教师身处相对封闭和保守的社会场域，更能够得到农村社会的整体性支持，以致赋之于道德性符号意义，乃至追及"圣人""世范"意义。

然而，当生存性资源平衡一旦被打破，道德性资源平衡随即消失，当二者平衡不在，社会规约体系便难以为继，既往之于农村教师的支持也会弱化乃至消失。清末民初，西方列强的入侵打乱了我国社会固有的发展步骤，加速了向现代社会转向的步伐。传统的小农经济生产一方面对外要应对西方列强掠夺，另一方面对内要应对社会对生存性资源需求，在双重压力下本已生产能力有限的小农经济更是脆弱，致使社会陷入生存性资源危机，继而社会道德性资源滑入低谷。在此局面下，追逐生存性资源成为多数人的价值取向。社会群体的视界也发生转向——由关注内在规约，② 转向物质性追求。这一方面促成了社会心性解放，同时也使

---

① 陈旭麓：《近代中国社会的新陈代谢》，中国人民大学出版社 2015 年版，第 4 页。

② （传统中国的发展模式）是一种农业型、内敛型的模式而非城市型、扩张型的模式。见［美］费正清《中国：传统与变迁》，张沛等译，世界知识出版社 2002 年版，第 295 页。

得社会陷入物质或是欲望的束缚之中。而农村教师的职业特性本即远离生产,此种特性更是加剧了其在追逐生存性资源中的弱势,生存窘境由此滋生。

一　文教道统：农村教师社会地位支持力量的构成与强化

受小农经济自给自足的生产与消费特性、王朝更替战争致使人口增长缓慢、[①] 王朝统治者对民役的过度使用使得社会劳动力和财力无法扩大社会再生产等方面的影响,[②] 古代中国社会对生存性资源需求保持着总体性平衡。有如费孝通先生所指出,中国传统处境的特性之一是"匮乏经济",不但生活程度低,而且没有发展机会,物质基础被限制了,社会呈现的主要态度是"知足",知足是欲望的自限。[③] 鉴于此,古代中国社会发展的核心要务是如何促使人与人之间关系和谐,如何使社会趋于良序,以致最终选择儒家思想为统一的意识形态。众所周知,儒家核心为"礼""仁"。"礼"与"仁"重点是"为人之道"与"为政之道",就必然重视文教、伦理和秩序等级。传统中国进而以此建构起对应的以教化为指向的官僚政治、家国结构和文教体系等,以致"社会秩序所赖以维持的

①　依据熊得山所著《中国社会史论》(上海世纪出版集团 2007 年版)第 15—16 页提供的数据整理可知,自周成王至清顺帝时期,我国人口总数升降反复,但总体平衡(见图 4.1)。

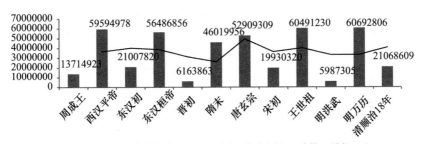

图4.1　古代中国周成王至清顺治十八年全国人口总数（单位：人）

②　熊得山:《中国社会史论》,张家清整理,上海世纪出版集团 2007 年版,第 12—18 页。
③　费孝通:《乡土中国·乡土重建》,上海世纪出版集团 2007 年版,第 243 页。

几个要点是教化、礼俗和自力"。① 而担当教化职能的"教师"在这个整体的社会框架中扮演着核心角色，并在社会规约体系中被赋予神圣性和道德性意义。更进一步而言，农村社会结构更为稳定和保守，社会规约力量更为强大和持久，农村教师也更能够得到农村社会中道德性力量的支持。

（一）以"长者"② 为核心的社会教化结构的构建

我国自古有尊"长者"之风气——尊"长者"为大。据考证，春秋战国时代人物尊称时多用"君子"一词，秦汉之际人物则多取"长者"相称，以之为特定历史时代人物的最高评价词。③ 秦汉两朝实现了历经春秋战国近550年的战乱之后的再统一，为实现长期的稳定和统一，两朝在文化、政治、经济等方面创建诸多建制，直至今日仍影响广泛。此后，我国便构建起以"长者"为核心的社会教化结构。所谓"长者"，并非仅指代年龄长者，而是有着道德、能力等方面的等级差别意义，在传统中具体有四层意思：一是年长者，即体现年龄结构上的长幼秩序；二是位尊者，即体现社会地位上等级秩序；三是有德者，即体现道德秩序；四是有识者，即体现经验认知的体量秩序。④ 因此，"长者"既可为他者尊称，也可以"长者"自居。无论何种层面，"长者"均处于一种道德高

---

① 梁漱溟：《乡村建设理论》，上海人民出版社 2014 年版，第 35 页。所谓"自力"，是指不是靠外力，而是靠一种自反向内的心理机制服从和维持秩序。参见该书第 37—38 页。

② 我国社会史学家冯尔康认为，宗法精神贯穿于古代社会。所谓宗法精神，是指祖先崇拜，是父家长制规定的孝道、人伦和亲情，是国家法律规定中体现的宗法原则。宗法精神分布于社会结构的各个层面，具体体现在君臣、子民、夫妇、父子、结拜、师生关系等（参见冯尔康《周至明清中国社会结构的演变》，载周积明、宋德金《中国社会史论》（上卷），湖北教育出版社 2005 年版，第 221—270 页）。在笔者看来，基于生存法则、生产关系、伦理关系乃至地缘关系而以"血缘"为扩展的宗族团体精神在本质上体现的是尊"长者"的社会法则，而宗族则是其具体组织形式。尊"长者"社会法则既体现为广泛意义上"长—幼"的社会地位等级关系，也体现为二者间的责任与伦理关系。在传统中国社会，任何关系皆以"长者"为大，并以此确立基本的社会等级和教化关系。宗法精神重点突出了血缘的扩展关系，较之于尊"长者"社会法则更为窄化。

③ 侯海英：《〈史记〉中的长者与其在汉初的地位》，《陕西师范大学学报》（哲学社会科学版）1999 年第 1 期。

④ 侯海英：《〈史记〉中的长者与其在汉初的地位》，《陕西师范大学学报》（哲学社会科学版）1999 年第 1 期；杜芝明、张文：《长者与宋朝社会》，《云南社会科学》2011 年第 2 期。

地，对他者持有礼制规约的权能。有如孟子批评杨朱和墨子思想时，做出决绝的判断："无父无君，是禽兽也。"荀子指出："礼也者，贵者敬焉，老者孝焉，长者弟焉，幼者慈焉，贱者惠焉。"

以"长者"为核心的社会教化结构，在本质上是以伦理等级秩序结构为依托，优势阶层对劣势阶层的教化，且这种上下级的教化并非仅仅彰显阶层在占有生存性资源上的差异，也是体现为一种社会责任，扩展上下阶层对道德性资源的占有。具体体现在三大方面。

第一，宏观层面的"天—人"教化结构。传统农业社会，生存性资源取之于自然，深受自然环境变化影响。在对自然了解和干预能力有限的情况下，人对自然的依附性和畏惧感极强，由此形成天道观念——"王者配天，谓其道，天有四时，王有四政，四政若四时，通类也，天人所同有也"[①] "天佑下民，作之君，作之师，惟其克相上帝，宠绥四方"。[②] "天"是世俗社会无法超越的神秘化符号，任何群体（个体）均在"天"的教化和规约之下。人可观之天象和自然现象来理解"天"对于世俗社会的褒贬与指向。在日常生活中，"天意""祥瑞""吉兆""天谴"等均能引发人对言行举止、所作所为的反思和做出改进。"天"处在教化体系的顶层，是传统中国人中最大的长者。任何个体在"天"之下自觉地抱有敬畏心，甚至自卑心，每一个人均试图服从"天意"。

第二，中层的"君—官—民"教化结构。（儒家）认为人与人之间存在智力、能力和道德上的差异，[③] 并依据智力、能力和道德差异进行社会分层，建构起"劳心者治人，劳力者治于人"的社会生产分工和管理组织并构的教化结构。孟子认为"天下有道，小德役大德，小贤役大贤"，荀子也认为"论德而定次，量能而定官"。儒家认为，道德越高尚，能力越强的人应该拥有越高的待遇和占有越高的社会位置，反之，则处于较低社会地位，并且德高者可以约束和教育德低者。即，德行兼备才能为君为官，而普通民众则要服德服管。儒家已把社会伦理化，政治道德化，

① （西汉）董仲舒：《春秋繁露·四时之副》，张世亮、钟肇鹏、周桂钿译注，中华书局 2012 年版，第 470 页。

② 《书经·秦誓》，叶玉麟选注，商务印书馆 1934 年版，第 54 页。

③ 瞿同祖：《中国阶级结构及其意识形态》，载费正清《中国的思想与制度》，郭晓兵、王琼等译，世界知识出版社 2008 年版，第 250—268 页。

把社会组织形式与社会规约体系揉捏在一块。社会阶层等级与道德评价互为匹配。在传统小农经济社会中，生产单位（具体个人、家庭、村落）在地里空间上相对分散，政权的组织能力是极其有限的，而道德的社会规约能力既是内化的，也是最具凝聚力的。在这种教化结构中，"君"是权力与道德的最高代表和主宰者，是世俗社会的最高典范；"官"是"君"与"民"的中介，所谓"绅士居乡者，必当维持风化，其耆老望重者，亦当感劝闾阎，果能家喻户晓，礼让风行"。[①] 官僚通过忠诚于"君"而获得管控社会的合法性，通过执行"君"的命令而实现社会教化；"民"则服从和模仿"君"与"官"的德行，所谓"其为人也孝悌，而好犯上者鲜矣，不好犯上而好作乱者，未之有也"[②]。

第三，微观层面的"长辈—晚辈"教化结构。在传统小农经济时代，年龄结构上的"长者"群体本身就占有生产、社会和为人等方面的经验优势，而这些正是"晚辈"群体所必需获得的。正是基于这种经验上的比较优势，在小群体或者村落群体中，"晚辈"仰仗于"长辈"的帮扶，而"长辈"也会基于社会责任教化"晚辈"。这种"长辈—晚辈"的教化结构，具体而言体现在三方面：首先是家庭内部依年龄辈分关系建构起来的教化关系，如父对子、兄姊对弟妹的规约，"在中国的家庭里有家法，在夫妇间得相敬，女子有三从四德标准，亲子间讲究负责和服从"；[③]其次是村落内部依血缘辈分关系建构起来的教化关系，如族长对亲族晚辈、伯对叔侄，乃至延伸至祖宗对后世的规约；最后是社会交往辈分之间扩展关系建构起来的教化关系，如尊崇德高、有识者为"长"，服从与效仿其言行。汉朝强调服从尊长，尊重按年龄而定等级，孝顺成为选拔官吏的标准之一，违背孝顺的行为要受到最严厉的惩罚。[④]

---

① 张集馨：《道咸宦海见闻录》，中华书局1981年版，第27页。

② （春秋）孔丘：《论语·学而》，陕西师范大学出版社2010年版，第2页。

③ 费孝通：《乡土中国》，上海世纪出版集团2007年版，第40页。

④ ［法］谢和耐：《中国社会史》，黄建华、黄训余译，凤凰出版传媒集团、江苏人民出版社2008年版，第129页。

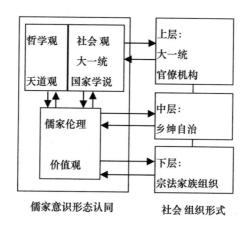

图4.2 传统一体化结构三层次的意识形态基础①

上述三大以"长者"为核心的教化结构演化为古代中国的三大统治系统:一是神权系统,以天道观为基础的各种宗教信仰和鬼神观念;二是政权系统,突出以"君主"一朝统治的大一统观念,强调臣服从于君,"臣之尽忠,也要事君以礼",② 民服从于君与臣的政治官僚系统,强调上下一致、服从上级的政治社会教化模式;三是族权系统,强调以血缘扩展关系的宗族管理和村落内部的教化系统,设立宗祠、撰写家谱、制定家法家规以延续、巩固和强化血缘关系和教化关系。以上三大社会统治系统,因儒家思想重视"礼"与"仁"的等级秩序而得到意识形态支撑,因建构了上至中央下至地方的儒学教育机构以及贯通社会上下层流动的科举八股考试而耦合一起,三大系统总体上相互加持,形成一种稳定的社会互动框架。由此形成以儒家伦理为核心价值观,以神权、政权和族权为三大社会统治系统,以社会管理道德化为取向的"三位一体"的整体性社会教化结构。

(二) 以"师者"为核心的文教教化结构的构建

在生产力一定的情况下,巩固和稳定既定的生产关系和社会关系是

---

① 金观涛、刘青峰:《开放中的变迁》,法律出版社2011年版,第70页。
② 马和民:《论传统中国的社会教化实践与社会化榜样》,《浙江大学学报》(人文社会科学版)2004年第5期。

农业社会的普遍追求。在古代中国，实现上述社会追求的方式之一就是社会教化，并且把社会教化渗透到宏观的天道鬼神系统、国家行政管理官僚体系、家族（庭）组织体系、社会交往体系，乃至个人生活体系之中。历代王朝不断发扬社会教化，并形成"独尊儒术"的文教体系，用儒家所提出价值体系和社会规范教化万民。因此，遵从社会教化，言行举止符合社会规范是当时每个人努力追求的目标，也是社会判定某个人是否值得尊重的前提和标准。因此，作为履行社会教化、传导社会价值规范的教师（各级各类教师，以及各级官僚）则处在传统农业社会文教教化结构的核心位置。

除充盈于社会各个角落的社会教化网络之外，古代中国也相应建构起以"师者"为核心的文教教化结构，以作为社会教化的中坚所在。在文教结构中，"师者"即是最大的"长者"，有如"耆艾而信，可以为师"。① 何谓"耆艾"，"五十曰艾""六十曰耆"。② 年龄过五十方可为师，此种规范，看似有悖常理，但其实质在于指出"师者"的社会"长者"特质：有德、有识、有威严、有社会责任感。换而言之，古代中国已把"师者"看作文教教化结构中的"长者"。《国语·晋语》有曰："民生于三，事之如一，父生之，师教之，君食之。非父不生，非食不长，非教不知，生之族也，故一事之。"俗语云："一日为师，终身为父。"唐代《白虎通·辟雍篇》称："师弟子之道有三"，兼有"朋友之道""父子之道"与"君臣之道"。③

在古代民众普遍缺乏知识、缺乏教育而普遍追求"学做圣人"、社会结构极为推崇"长者"教化和"师者"本身即担负"教化育民"的神圣职能的三重历史背景作用下，"师者"不仅仅是教学行为的发出者，更是被赋予社会"长者"特质，被安排于社会道德的高地。诸如，尊孔子为"圣人"，尊孟子为"亚圣"，跪拜孔圣人画像成为拜师必做的仪式。在长期的儒家文化和社会教化结构的浸透下，"师者"自然地成为社会受尊敬的群体，"师者"权威油然而生，即"道在师儒"。正如后世学者所指出，

① （战国）荀子：《荀子·致士》，张觉译注，上海古籍出版社 2012 年版，第 194 页。

② 孔子门徒：《礼记·曲礼》，胡平生、陈美兰译注，中华书局 2007 年版，第 8 页。

③ 陈桂生：《师道实话》，华东师范大学出版社 2009 年版，第 234 页。

教师的高大形象成为无可置疑的存在，当然也就无从追究作为一个社会群体的教师何以如此"高大"。[1]

因此，"师者"在我国社会语境中有着独特的文化学意义：一是"受教于师"意味着即将成为"有文化的人"；二是"尊敬师长"意味着"懂礼貌的人"；三是"成为教师"意味着"学为人师，行为世范"。"师者"是知识文化和社会道德的榜样和集合体。反之，与"师者"相对的人或具体的言行，均是被社会不认可乃至禁止的。"师者"的言行举止均自然而然地焕发出教化的信息。

（三）农村教师社会地位与农村社会的互构

由于我国在农业社会就形成了城乡分治且农村社会自成体系的社会系统，因而古代农村教师的社会地位受农业社会大环境的影响，更受农村社会小环境的影响。基于我国农业社会城乡结构体系的历史实际来考虑，古代农村教师的社会地位根本上在于其在农村社会结构中的位置。社会结构为某一社会中由政治结构、经济结构、文化结构（或称意识形态结构）互相耦合而成的形态稳定的组织系统……经济结构是指一个社会占主导地位的经济组织方式，政治结构是指国家政治组织形态，文化结构则用社会中占主导地位的官方意识形态来代表。[2] 在传统农村社会，经济结构主要是土地分配碎片化、生产方式精细化、供给自足的小农经济，政治结构是权威与教化结合体的长者政治，意识形态结构是社会正统的儒家思想。在高度分散聚居的乡村社会中，如何建立完善的教化体系加强思想控制，始终是封建王朝必须面对的棘手问题。[3] 正因如此，上至王朝统治者，下至乡绅均极为重视乡村教化，强调教育在乡村社会生活中的突出位置。《礼记·王制》："民咸安其居，乐事劝功，尊君亲上，然后兴学。"

在小农经济、长老政治与儒家思想互相耦合和强化过程中，长老政治是以宗族为依托，在长幼有序之下的教化权力关系，既体现在血缘关系上，也体现在地缘关系上，更体现在师生关系上。凡是比己年长者，

---

① 吴黛舒：《"新基础教育"教师发展指导纲要》，广西师范大学出版社 2009 年版，第 5 页。

② 金观涛、刘青峰：《兴盛与危机》，法律出版社 2011 年版，第 11 页。

③ 王先明、尤永斌：《略论晚清乡村社会教化体系的历史变迁》，《史学月刊》1999 年第 6 期。

皆可为己之"师",皆可行使教化权力;小农经济的自给自足让"(每个人避免)挨饿的威胁,使得原始社会比市场经济更为人道,同时经济的考虑也更少",① 促使农民追求经济外的道德规范。另外,土地分配的碎片化使农民附着在土地上,这有利于形成稳定的社会人际关系,进而生发出契合农村社会的"不同于法律但甚于道德"② 的礼俗乡约;无论教化权力还是礼俗乡约都受到社会正统儒家思想的规范和制约。

因此,农村社会逐步建构起群体共享的礼俗乡约,秩序维持和权威巩固的社会教化,以及传播儒家思想发扬礼俗乡约、社会教化的尊师重道。其中,尊师重道又很好地把长老政治、儒家思想、社会教化和礼俗乡约等社会要素耦合起来,使之成为农村日常生活的行为准则和奖惩标准。农村社会结构和尊师重道就形成"结构与价值目标相互匹配,即社会结构支撑价值目标,价值目标则合理化制度性手段和社会结构"。③ 作为传播儒家思想、发扬礼俗乡约、促进社会教化的农村教师在农村社会具有较高的社会地位,这种地位的来源不仅仅在于其付出劳动符道德性,而且在于其获得所处农村社会经济、政治和意识形态力量的支持。因此,作为尊师重教的具体载体,古代农村教师的社会地位和农村社会就形成相互对应、调节和支持的关系,即同位互构(见图4.3)。

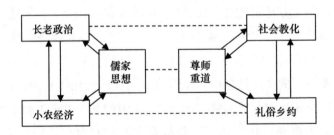

图4.3 古代农村教师社会地位与农村社会的同位互构④

---

① [美]詹姆斯·C.斯科特:《农民的道义经济学》,程立显等译,译林出版社2013年版,第7页。

② 王露露:《乡土伦理》,人民出版社2008年版,第17页。

③ 杨华:《"结构—价值"变动的错位互构:理解南方农村自杀潮的一个框架》,《开放时代》2013年第6期。

④ 本图的构建参照了《兴盛与危机》"图2.3.家族结构与国家结构的同构"(参见金观涛、刘青峰:《兴盛与危机》,法律出版社2011年版,第53页)。

　　同时，封建王朝政权也极为重视农村的尊师重教，并奖赏教化人员、严苛为师之道。《汉书·平帝纪》:"安汉公奏立学官，郡国曰校，县道邑侯国曰校，校学置经师一人;乡曰庠，聚曰序，序庠置《孝经》师一人。十二年诏曰:孝悌，天下之大顺也;力田，为生之本也;三老，众民之师也;廉吏民之表也。"《唐会要》:"(开元二十一年)其天下州县，每乡之内，各里置一学，仍择师资，令其教授。"《明会典》:"其经师有过之人，不许为师……务求明师责成……其行止有亏及训诂句读音韵差谬，字画不端，不通文理者，即行革退。"1397 年，明朝洪武皇帝的六条律令被下令晓谕所有村庄，这些律令具体条文为"孝顺父母，尊敬长上，和睦乡里，教训子孙，各安生理，毋作非为"，因此在一国之主的鼓励下，读书的伟大传统被用来向普通人民宣传儒家教义，而士绅阶级作为地方名流便在村庄有秩序的生活中起领导作用。① 清朝时则规定得更为细致。《清会典事例·学校·各省义学》:"(顺治九年)每乡置社学一区，择其文意通晓，行之道谨厚者，补充社师，免其差役，量给廪讫养赡。(雍正元年)如社学中有能文进学者，将社师从优奖赏。如怠于教习，钻营补充，查出黜革，并该管官严加议处。"

　　外在国家政权的推动则进一步强化了古代农村教师社会地位与农村社会的同位互构效应。19 世纪来华的美国传教士丁韪良认为"没有任何一个国家的教师职业能比在中国那样受崇敬，人们不仅尊崇活着的老师，就连抽象意义的'师'这一名字本身也几乎是偶像崇拜的对象"。② 无论曾居庙堂之高者，还是获有功名身份之人，抑或是普通读书人，在乡为塾师的例子比比皆是。据张仲礼关于绅士各项活动参与情况的统计，除部分对社会活动不积极者外，在九项社会活动中，有 13% 的绅士积极参与"维护儒学道统"，排在所有活动比例的第 4 位。参与这项活动的上层绅士的比例是 15%，排在其参与活动人数的第 3 位，而下层绅士中比例是 11%，排在第 4 位。③ 可见，绅士乐于参与地方教育事务，这也从侧面

---

　　① [美]费正清、赖肖尔:《中国:传统与变革》，陈仲丹等译，江苏人民出版社 2012 年版，第 170 页。

　　② [美]丁韪良:《汉学菁华:中国人的精神世界及其影响力》，沈弘等译，世界图书出版公司 2010 年版，第 191 页。

　　③ 张仲礼:《中国绅士研究》，上海人民出版社 2008 年版，第 182 页。

反映彼时服务地方教育事业是受到社会尊重的。而由于教学是绅士地位的基础，很自然绅士会通过教学来发扬传统……对其他人来说，教学可提高文学修养，并可通过阐述儒家的社会价值来提高他们在文化方面的领导地位。① 因此，农村教师在古代农村社会是被认可和尊重的。

二 道体下移：农村教师社会地位的社会支持力量弱化与瓦解

道之所存，师之所存。② 因农村教师远离生存性资源的生产和分配，其社会地位依赖于（农村）社会给予的道德性资源——社会规约的支持。传统中国，文教道统的构建赋予（农村）教师以道德性符号，在伦理社会框架中有着天然的优势地位。换言之，若失去文教道统的社会支持，（农村）教师的社会地位不可避免趋于下降。不幸的是，伴随王朝更替和近现代革命运动迭起，传统中国文教道统的社会性支持力量不断下移乃至稀释。

（一）传统社会结构的变迁与现代性转型

传统中国文教道统的形成有赖于三大力量的相互作用和支撑：一是包含天道观念的儒家思想；二是携带儒家思想的贵族精英群体或知识分子群体及其所营造的社会结构；三是维持社会生存性资源总体平衡的传统小农经济。而这三大力量主要依托于具体的人——贵族精英或知识分子群体及其所营造的社会结构来组织和发挥作用。正是由于这个社会群体褒有"文教道统"的观念，才能够起到"上行下效"的作用，才能够起到社会支持农村教师社会地位的联动作用。然而，也正是以社会结构变迁为前提，贵族精英群体（知识分子群体）结构性变动，以致"文教道统"的式微，引发教师的社会性支持力量的变动。

1. 传统社会结构的重心下移、再构与瓦解

传统中国社会是以尊长、尊师为"礼"建构起来的伦理等级社会。

---

① 张仲礼：《中国绅士研究》，上海人民出版社2008年版，第291页。

② （唐）韩愈：《师说》。

这种伦理等级社会有两大特点：一是注重治教一体，① 即社会管理和运行含有伦理和教化底色。社会等级之间既存在附属关系，也存在责任关系，"社会上层"以"长者"和"师者"的心态和理念自居，来对"下层"行使社会统治权和家庭管理权，而"社会下层"则以服从与支持"上层"管理为契合道德标准、符合社会常规的心理模式来扮演社会角色。因此，处在社会结构的上层群体是社会的重心所在，其之于"治教一体"理念的持有态度、忠实程度和执行能力的状况就直接关系社会总体的运行逻辑。总体上，社会上下层之间共同凝聚在治教一体的等级结构秩序中，并互为强化彼此的社会角色。反之，若处在"社会上层"的群体发生松动或变动，则均会对社会教化造成影响。二是注重集体忽略个体。首先，鉴于生存性资源生产能力和分配能力有限且稳定、信息交通的有限、群体之间社会性特质差异的显著等现实因素的影响，古代社会秩序实现的首要前提是社会群体之间必须"安分守己"，任一具体的个体均应回归所处的社会群体中长期扮演固定的社会角色；其次，因受制于等级制影响生存性资源的分配，处在不同社会等级之间的群体相互排斥，而注重内部群体的身份认同；再次，以尊长、尊师为"礼"构建的伦理教化本身

---

① 在费孝通先生看来，古代中国在三皇五帝时期属于道统（知道应该这样统治天下的系列）和政统（实际执政的系列）合一的时代，但"由周公引出孔子"则标志着政教分离，即王道理想的追求及其具体的人，与实际政权的政统不一致。此后，道统与政统的局面是"事归政统，而理则归道统"（参见费孝通《乡土中国·皇权与绅权》，上海世纪出版集团2007年版，第111—123页）。而在笔者看来，后孔子时代的"政道分离"只是体现在具体实践层面：理念追求与实践执行之间分离；持有道统观念的人与实际执政的人的分离。但在总体上，古代中国仍是一以贯之地秉持"道统与政统双重权力系统"，并且政统的合法性以顺应道统为前提，道统依然贯穿于古代中国政治和经济生活的方方面面，作为社会实践中具体个人言行举止的标准和指向。正如康熙所言："万世道统之传，即万世统治之所系。"（摘自陈劲松《儒学社会通论》，中国人民大学出版社2007年版，第422页）。确如当代历史学家罗志田所指出的，传统中国政治理论中一项具有指导意义的原则是政治必须教、由教及政，而传统中国道统与政统两分的动因则是科举制的废除（参见罗志田《科举制的废除与近代中国读书人的边缘化》，载周积明、宋德金《中国社会史论》（下卷），湖北教育出版社2005年版，第504页）。当然，随着社会结构的不断瓦解与再构，贵族及其精神传统日益衰落，维护道统的有生力量随之减弱，社会管理也日益世俗化和实用化。政统有着占有和支配生存性资源的实际权力，很容易假借道统之名行使有悖道统之实。直至今日，这种双重权力系统的社会统治架构仍对现代中国产生着强有力的影响——举国"党""政"结合的政治架构——"党"是最高社会思想意识形态的掌握者和领航者，可为政治生活的道德程度和合法性做出裁决。

即注重个体的内敛性和自省性，把个体的意义放之于"长者"和"师者"的权威之下加以阐释。因此，注重治教一体与注重集体忽略个体的结合，就保障了传统社会结构的相对稳定和长久运行。

然而，考究古代中国自周代至清的社会结构变迁（见图4.4）可以发现，社会等级结构持续存在，但有四大社会动向。

第一，社会等级结构的扩展。这首先体现在等级梯次上，由周代的六大等级扩展为秦唐时期的八大等级和宋清时期的七大等级，这一方面直接显现出社会等级差异的扩大，但另一方面有着更为重要的积极意义——社会群体选择空间、生存空间的扩大；其次体现在官僚阶层和平民阶层的扩展上，这两大群体总体趋于扩大。官僚阶层和平民阶层均是世俗阶层，此二者的扩大体现着社会等级结构的相对开放性。

第二，传统贵族的没落与更替。在伦理等级社会中，贵族是社会发展的中坚所在，也是生存性资源和道德性资源的把持者和分配者，自古即实行世袭体制以维持自身特权，但从周到清，贵族群体呈现不断萎缩与更替态势。在周代一朝，贵族囊括三大等级"天子""诸侯贵族""百官贵族"；在秦唐时期，还可保持此种结构；而至宋清时期，则萎缩至两大等级——"皇帝"和以"宗亲贵族""衍圣公孔府""异姓贵族"组成的贵族群体。此外，封建贵族又随王朝更替和官僚阶层的兴起而更替。传统中国是以尊"长"和"师"者建构起来的伦理结构，一个王朝打败另一个王朝，新王朝必然要树立符合自身王朝利益的"长者"和"师者"，而对旧朝贵族采取或肉体或精神取缔的极端做法。此后职业官僚的兴起使其成为社会结构中重要组成力量，也随之接纳为贵族行列，也就挤压了传统贵族的生存空间。自古"一朝天子一朝臣"，王朝更替的频繁，必然导致贵族更替的频繁和等级序列的不稳定。

第三，官僚阶层的兴起与扩展。在天道哲学观的政权模式中，最高统治者虽是社会系统中最高的"长者"和"师者"，但被规定与世俗世界必须保持一定距离以维护其作为最高"长者"和"师者"的神秘性和权威性。因此，最高统治者需要借用一个群体来具体执行其旨意，来架构起与平民百姓、贱民群体的统治关系。这个群体在周朝时期是传统的贵族集团，如"诸侯贵族""百官贵族"；而在秦唐时期，变为以血缘为依据的贵族集团和以德行、知识与能力为标准选拔上来的官僚集团等两

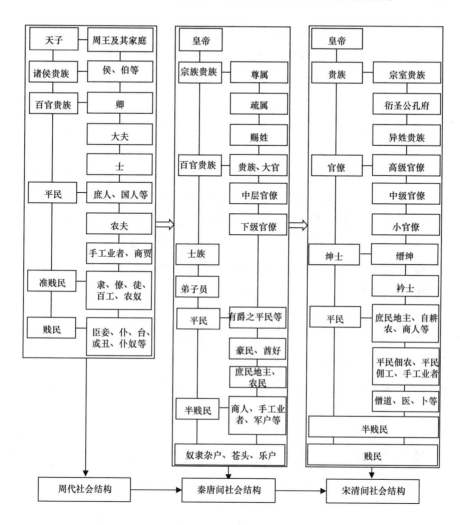

图 4.4　古代中国社会结构的历史变迁①

大群体。至宋清时期,官僚集团已基本占据社会结构的中层部分。

　　第四,平民阶层的扩展与崛起。这体现在两个方面:一方面是平民群体的扩大,由周代时期的庶人、国人等五大群体扩大为宋清时期的庶民地主、自耕农等十大群体;另一方面是平民阶层作为社会中下层,经由汉朝时期九品中正制和隋朝设立的科举制,可借以德行和参加选拔性

---

　　①　本图根据冯尔康先生《中国社会结构演变简史》一文综合整理而得（参见冯尔康《中国社会史研究》,天津人民出版社 2010 年版,第 81—252 页）。

考试进入官僚阶层。当然，极端者亦可借由农民起义实现身份转换。

总体而言，古代中国的社会等级结构虽有变动，但架构依然。不过细究其中又可觉察出两大社会变迁：一是传统社会重心的下移。传统礼制社会，"长者"和"师者"是社会结构的重心。在周代，贵族集团占据着社会重心，而在秦唐及至宋清时期，贵族集团与由平民演化而来的官僚阶层共享社会重心。二是传统社会结构的多次再构。自周代到宋清结构的变动即可看出社会结构再构的痕迹。此外，在这长时段的历史时期内，多次的王朝更替，又增加了社会结构再构的频率。如上所指出，传统社会结构自周代至清朝尽管出现了多种社会动向，但是依然维持着以尊长尊师的社会伦理等级结构。尤其是宋清时期，最高统治者着重封赐孔子家族为"衍圣公孔府"，配享贵族尊誉，以示推崇儒家礼制思想，匡扶文教道统。

然而，近现代革命运动逐步瓦解了传统社会结构，以致颠覆了尊"长者"和"师者"的伦理秩序。在我国历史上，除去先秦时期的王朝更替、西汉末年的王莽改制、北宋时期的王安石变法等是由社会上层发起的自我革命外，多数的社会革命是社会中下层发起和主导的，但其最终又复归到传统社会伦理等级结构中。而与过往不同，近现代革命是受内外压力而促成，有着民族主义和民权主义的双重诉求，其既是由社会中下层发起和主导，也是旨在建构起以社会中下层为主导的社会结构。具体而言，近现代革命，首要目的在于推翻以清朝统治的封建政权，建立起民族、主权和人民独立的现代国家政权；其次在于消除阶级特权，扩展民权；再次是建立以"人民当家作主"，或以"工农联盟"为主的政治体制。

近现代革命瓦解了传统社会等级结构，又建立起另一个社会等级结构。由于近现代在文教道统上持有革命性态度，又未适时建构起相应且有效的教化形态，因此给我国社会结构带来三大影响：一是社会统治力量的颠覆与传统社会政权结构的瓦解。虽与历史上多数王朝更替所依赖的社会力量类似，但作为近现代革命发起者和主导者的社会中下层，包含的群体更广泛，诸如资产阶级、知识分子、工人和农民，并以西方传导过来的革命性思想武装起来。革命之初，他们既已把传统社会政权放置于意识形态的对立面——认定传统社会政权的腐朽性、剥削性和落后性而学习西方文明意欲建构所谓的现代化概念的国家政权。因此,近现代社会发展至今虽然仍呈现等级社会,但已去除"治教一体"的社会底色,社会政权统治方式是以"治"为主,社会等级差异是以对生存性资源的占有和分配的数量为尺度。二是社会中下层的崛起与传统"长者"社会教化结构的瓦解。任何等级社会均分布着社会中下层。等级社会进步的标志之一是社会中下层生存与发展空间的扩展。自周代至清朝,传统中国的社会中下层随王朝的兴衰与更替而生存发展空间萎缩与扩展反复。不过,群体的不断扩大和存在经由科举进入社会上层的机会均说明社会中下层的生存发展空间总体趋于扩展。只是这种扩展是以服从和巩固传统伦理秩序为前提,以致历史上偶有农民起义和崛起,旋即被再构于传统伦理秩序之中。在近现代时期,传统社会伦理等级结构崩塌和组织社会力量的失却加速了"长者"社会教化力量、合理性和合法性的消弭,加之跌宕起伏的革命运动更是把社会中下层从传统社会结构中解构出来,助推其迅速崛起并壮大为社会发展的主导力量。毫无疑问,作为革命性政权和主导力量的双重更迭,社会中下层的崛起必然以去除传统"长者"力量为社会代价,亦即借用阶级斗争消除构成"长者"群体的有生力量——传统官僚、地主士绅等,亦即通过思想革命运动打破传统天道哲学观念和去除儒家伦理正统性,亦即"推翻一个旧世界,再造一个新世界",亦即以一种"否定过去的方式"建构一个以自身为主导的新的社会统治结构。三是个体解放与传统"师者"文教教化结构的瓦解。"师者"文教教化的达成是两者相互作用的结果:前者是个体默认集体权威的天然存在并服膺之,后者是集体默认应负有社会责任促成个体积极社会化——成为集体认可和欣赏的具体个体。然而,近现代革命运动不断打碎传统"长者"社会教化结构,并且把具体个体从各自所处的社会结构中脱离出来。近现代所提出的民权、民主乃至平等、自由均针对传统等级结构的君权专政和社会束缚,也意在突破相对封闭的传统等级的权力樊篱,让每个个体共享社会发展成果。近现代以来,传统奉为"长者"和"师者"的"天道""鬼神"被否定;皇家贵族、地主和绅士阶层被去除;宗族祖先、家族长老的权威被弱化。传统平民和贱民群体也已从传统的社会依附关系中解放出来,转换为社会公民乃至权力的拥有者。毫无疑问,近现代革命促成了个体从传统神权、政权和族权系统中解放出来，转而嵌入不同的政权、经济组织之中。每个个体掌握了自己命运，也成为了自身的"长者"和"师者"，也就使传统"师者"文教教化结构瓦解。

2. 文教道统的弱化与瓦解

文教道统依托于与之相对应的社会结构，一旦这种结构被破坏，文教道统就失去依托的力量。正是由于传统社会的重心不断下移和社会结构的反复多次再构，以及近现代革命运动造成的传统社会结构瓦解，导致文教道统力量不断弱化，最终趋于瓦解。正如有学者一针见血地指出，"行之千年的'王道'价值，以及承载这一价值的社会政治结构，在春秋战国时代被彻底摧毁""（而）对其中所包含的消极因素缺乏认识，对于孔子强调'克己复礼'以恢复旧文化和旧制度的苦心孤诣，缺乏同情"。① 历史发展到今天，我们似乎还以"过去—现在""落后—进步"的对立思维看待所走过的 5000 年历程，仍对传之千年、祖辈孜孜追求的建构和谐有序的社会理念和历史实践缺乏深刻有效的反思和借鉴。社会发展的高度现代化并不代表社会发展根基之牢靠，文明的现代化并不代表社会秩序的和谐共生。

事实上，如何把个体凝聚起来，维持社会秩序被历代圣贤和王朝统治者视为着重解决之问题。秦朝再统中华，立下定制，为后世垂范。秦唐期间，传统贵族占据社会核心位置，为社会发展的中坚，对文教道统的维护着力甚多。但至魏晋时期，之前长期的纷争战乱、政权更迭和社会结构的再构已使得社会对道德诉求和坚守有所松动，对"长者""师者"的尊重有所弱化。据《颜氏家训·勉学》记载："邺下谚云'博士买驴，书券三纸，未有驴字'。使汝以此为师，令人气塞。"隋唐两朝开创确立科举制，以选拔社会管理人才和扩大执政基础。此项制度虽促进社会上下层良性流动、社会中下阶层的崛起和社会阶层的世代更替，以为封建社会的巨大进步，但社会中下层进入官僚阶层后使得社会重心下移，也使得围绕考学而发生的学习、教授、理解儒家思想的世俗化和工具化。传统文教道统以"礼""仁"为核心，以尊"长者""师者"为指

---

① 参见程念祺《"王道"政治的理想是如何被毁弃的》，《南方周末》2015 年 10 月 22 日第 29 版。

向，社会中下层的崛起不可避免会促使社会对儒家思想做出再审视，乃至对尊"长者""师者"风气做出修正。正如学者所指出的那样，（中唐时期）"贵族知识阶层的瓦解与普通知识阶层的兴起，这些充满了实用精神和进取精神的士人阶层的崛起……他们那种为改变身份与存在状况的知识把握，导致了知识的简约和实用风气"。① 贵族知识阶层与普通知识阶层之间的一抑一扬使得传统文教道统的支持力量之间呈现此消彼长的态势。以致从韩愈自承的道统起，中国之士，已经不再论是非，只是依附皇权来说话罢了。所谓师儒也成了乡间诵读圣玉谕的人物了。② 这也就会出现，"师道之不传也久矣""彼童子之师，授之书而习其句读者""士大夫之族，曰师曰弟子云者，则聚而笑之"。③

晚唐时的藩镇割据日益加剧，中央权威尽失，终进入分崩离析的五代十六国时期。加之北方少数民族的侵扰，彼时古代中国社会结构趋于崩塌，伦理难立，依托武功的群雄先后登上历史舞台。虽最终由北宋统一中原，承继中华正统，但总体而言传统贵族尽殁。西北贵族（甘陕统治集团）衰落以致后来消失，广而言之，7—8 世纪旧领导阶层被淘汰:宋代社会是由新人组成的社会。④ 北宋新立，为把各大社会阶层和个体再次组织起来以维护社会统治秩序，极力倡导文教道统并建构起社会上下层易于接受的理学——一种强调内在心性修为的儒家学说，同时努力建立起与儒家思想相匹配的社会结构，确立社会的"长者""师者"的等级秩序:首先是尊孔。修葺兴建孔庙，抬高孔庙的礼制等级，给予孔子"玄圣文宣王""至圣文宣王"⑤谥号，追封孔子后人为"衍圣公"，设立孔子后人承袭封爵的礼仪制度。其次是推崇儒家学说。宋一朝，基本国策之一是以文治为主。社会上下均强调修身养性，把内在品性的修炼放在日常生活首位。当时士人以恢复儒家道统为己任，在结合道家、佛家

---

① 葛兆光:《中国思想史》（第 2 卷），复旦大学出版社 2010 年版，第 56 页。

② 费孝通:《乡土中国·皇权与绅权》，上海世纪出版集团 2007 年版，第 123 页。

③ （唐）韩愈:《师说》。

④ ［法］谢和耐:《中国社会史》，黄建华、黄训余译，凤凰出版传媒集团、江苏人民出版社 2008 年版，第 225 页。

⑤ 封孔子为"文宣王"，最早可追溯至唐玄宗开元二十七年。宋朝增加"玄圣"，后追加至"至圣"，可见宋朝之于孔子及其所代表的儒家思想的推崇和捍卫。

等思想基础上创建理学。再次是注重礼制等级秩序，对朝廷、宗族、乡里的礼制秩序做了诸多的规定和强化。最后是科举制。北宋肇始，政权初立，社会中上层急需补缺，王朝假借科举制从民间选拔人才。由于北宋是新人政权，以科举制为主选拔人才机制促进了社会阶层流动，大大增加了社会底层进朝为官、进阶为士人和光宗耀祖的机会。总体而言，宋朝时期，文风盛行，在王朝统治者和民间推崇之下，上下共同维护传统的文教道统，尊师风气淳朴。虽是如此，在民间受科举制影响，入学拜师有着工具性和功利的一面，读书即为参加科举，博取功名。所谓教学，亦即围绕科举展开。因此，彼时也有人发出感叹，"今世之人，不问从师也"①"天下之师绝久矣！今之名门，徒教组刺章句，希取科第而已"②。

明清两朝，一是起于行伍，二是起于彼时序属外族之满族，加之元朝对南北宋两朝所重构的传统社会结构和意识形态的冲击，使明清两朝前期的社会趋于松散：一是社会等级秩序的紊乱，元朝制定的是种族等级制度，与传统中国围绕"礼""仁"建构的"长者""师者"社会伦理等级制度相冲突，使得社会等级秩序紊乱；二是意识形态的混乱，传统以儒家思想为社会主体性思想，而元朝统治者总体不尊儒，③ 也不实行科举制。如此带来的后果是：社会再组织力量弱化、传统权威弱化和个体解放三者并存的局面。④ 因此，明清两朝为巩固政权、增强政权合法性和扩大统治基础：一是再组织社会，重构传统社会结构和重树社会权威。重拾儒家思想为政权主导意识形态，尊孔和推崇儒家学说，构建以尊"长者""师者"的社会等级伦理秩序，再开科举制选才。二是强化皇权地位，增强对个体的管控。明清两朝受到社会统治重心下移和元朝促进个体的解放的双重挑战，其应对之法就是强化皇权在政治、思想和日常生活领域的绝对地位，同时通过思想转向、设立机构加强对个体思想和

---

① （宋）柳开：《续师说》。

② （宋）王令：《师说》。

③ 虽然元朝册封孔子"大成至圣文宣王"，为历代最高封号，但纵观大元一朝，仍对传统儒家思想和士人缺乏尊重。

④ 在元一朝，由于当朝统治者实行有别于传统中国的统治方式，传统社会结构和意识形态被颠覆，传统权威不但得不到政权支持，反而竞相打压，使得传统之于个体的束缚和压制得到缓解，个体天性的一面得到发展空间。这可从元曲、风俗中得证。

言行的管控。明清两朝对孔子尊重的位阶开始下降，对孔子的封号由前朝"王"降为"师"。明朝嘉靖九年始改为"至圣先师"，清朝顺治二年为"大成至圣文宣先师"，顺治十四年，改封为"至圣先师"。[1] 这于传统社会而言，道统开始让位于政统，王权优先于师道。虽然明清两朝隶属传统社会结构，但从中可看出对文教道统支持力度的下降，而世俗、实用和工具性权力追求的上升。虽然社会上下倡导尊师崇儒，但这种对师道维持更多地直接转化为现实利益的工具性诉求。清人张履祥曾感叹："蒙师之责至重，而至轻贱之。举业之学至陋，而至尊隆之，可谓不知矣！"以致以往居于社会结构末位的商人，在此期间地位大幅提升，甚至较之于基层师者更有生存优势。一些在科场失意的文人开始弃儒从商，"诸生中，亦有籍父兄子弟营生，以资课业者"。[2]

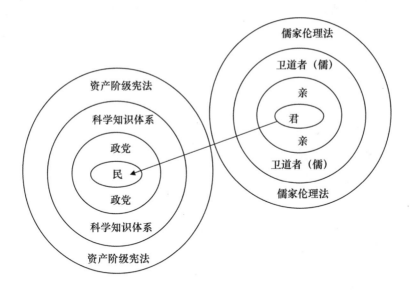

图4.5　儒学社会运行基础及其解构过程[3]

而至近现代，受西方影响前前后后多次掀起的革命运动所追求的目

① 李世宏：《中国传统尊师风俗研究》，山西出版传媒集团、山西教育出版社2015年版，第164页。

② 万明：《晚明社会变迁问题与研究》，商务印书馆2005年版，第99页。

③ 陈劲松：《儒学社会通论》，中国人民大学出版社2007年版，第413页。

的就是：一是打倒传统社会结构及其上层统治集团，以社会底层为主体的"工农联盟"政党替代传统"长者""师者"为主体的地主绅士集团为社会管理者；二是推翻传统社会等级伦理秩序，建构以"自由""民主""法治"为价值指向社会秩序，意在解除传统"长者""师者"的束缚，扩展个体的生存发展空间；三是批倒儒家学说，树立以"德先生""赛先生"为名的西方科学知识体系，倡导用科学知识指导日常生活。比照传统中国与现代中国，较为易于发现：一是社会结构等级性不变，但伦理底色尽失，对"长者""师者"的尊重缺失；二是传统文化的继承与拓展难以施行；三是截至目前，多数国人仍然用"封建落后—现代先进"的对立思维看待传之千年的文教道统。如此，传统文教道统失去了来自社会结构、价值伦理观念和知识体系三大方面的支持，而彻底瓦解。传统中的各项权威，在我们内心当中，不是已经完全崩塌，便是已经非常薄弱。①

（二）农村社会文教道统的弱化与瓦解

传统农村社会是以农业生产为主，在此基础上构建了"生产管理者（地主）—生产者（农民）"的社会生产管理关系、以血缘为基础旨在促进协作生产、伦理等级的宗族关系。而鉴于传统农村社会的小农经济的自给自足、社会交往与组织的血缘性、居住方式的分散与聚居并存和地缘空间的边缘性，以至于传统农村社会呈现三大特性：生存性资源与社会关系的平衡性；社会交通的封闭性；社会结构和秩序的稳定性。因此，传统农村社会对社会伦理关系的诉求远高于对生存性资源扩张的诉求，"对礼的推崇超过了对法的呼唤"。然而，明清以来，受制于内外环境的变化，传统农村社会结构出现变动，促使传统文教道统在农村社会的弱化。尤其是近现代系列革命运动彻底摧毁了传统农村社会结构和意识形态，颠倒了传统的尊"长者""师者"的社会秩序，而以革命名义再组织起来的农村社会以权力与利益为主导，去除了伦理底色，最终导致传统文教道统在农村社会的瓦解。

---

① 林毓生：《中国传统的创造性转化》，生活·读书·新知三联书店2011年版，第18页。

1. 农村社会结构的瓦解与再构

近现代以来的历次革命运动瓦解了文教道统赖以支持的农村社会结构。革命时期持续到新中国初期的土地改革运动，以"依靠贫农、雇农，团结中农，中立富农，有步骤地有区别地消灭封建剥削制度，发展农业生产"为总路线，以"发动群众、划分阶级、没收和分配土地"为步骤，改变了传统农村的土地结构，打倒了传统农村以土地和血缘为前提的宗族权威和长老政治，同时把农村社会的意识形态转化为革命阶级意识形态。通过革命，毁坏宗族作为社会组织的功能，将村民整合到生产队这一经济、政治和意识形态高度统一的组织当中……革命将人的角色从家族中的辈分、声望（是否乡绅）、学识（有无文化）、丁口（家庭是否繁盛）转化到成分（阶级划分）、劳动（工分多少）、修养（新道德）。① 由此，导致农村社会的政权、组织形式以及权威发生转换。一方面，国家政治组织强有力地介入村落共同体，在基层建立政权替代宗族耆老，成为农村社会公共事务的组织者和领导者；另一方面，开展"四清"等运动，消除农村社会对"天地"神权的崇拜；此外，不断的社会运动对诸如"政权""族权""神权"的代表展开批斗，传统礼制在农村社会受到批判和禁止。

在推翻传统农村社会的神权、政权和族权三大社会系统之后，农村社会建构起以生产者为主体的乡村政权，建构起以农民为主体、以权力与利益为纽带的农村社会结构。社会地位评价方面也由传统对建立在地缘、血缘和礼制基础上的"长者""师者"的尊重转变为现代对建立在阶级斗争基础上的农村干部的尊重、转换为对生存性资源处于支配和占有优势的个体的尊重。

2. 农村社会"尊师"氛围的消解

正是由于传统农村结构和传统文教道统被近现代历次革命运动所瓦解，尊"长者""师者"的社会支持性力量和土壤失却。反而受革命运动所渲染的阶级斗争精神感染，农村社会中"长者""师者"群体受到政治批判和社会排斥，乃至受到人格、身心、人身等方面的打击。以至于尽管在知识储备奇缺的农村社会，拥有学识和斯文传统的农村教师仍被定

---

① 萧楼：《夏村社会》，生活·读书·新知三联书店 2010 年版，第 260—261 页。

为阶级斗争的对象，被称为"臭老九""孔老二的徒子徒孙"。从20世纪50年代末至20世纪70年代末，各地农村教师在政治上受到不同程度的排挤和批判，乃至身心健康受到伤害。因此，农村教师也失去了原有教化名望的依托，失去了道德神圣性符号，而历次社会运动对传统社会权威的批斗则是进一步消解了农村社会尊师的社会氛围。

"文化大革命"之后，社会发展逐步步入良序。社会上下亦是自知恢复尊师重教之意义。上至中央，下至地方，从领导发言到具体法律法规，从精神褒奖到物质奖励，多方面提升教师社会地位，旨在营造全社会尊师重教的氛围。然而，时至今日，尊师重教的风气仍有待提升，尤其是在农村社会更是亟待改善。这主要体现如下两方面：一是农村教师的师道尊严感缺乏。每一个职业均有自身职业特有的尊严感、神圣感乃至自豪感。这种尊严感不仅来自职业服务社会的意义追求，而且来自职业人员对职业工作的认识和认同。对于广大农村教师而言，总体上缺乏师道尊严感，也缺乏工作认同感，以致"留不住"与"引不进来"成为长期以来农村教师队伍建设的难题之一。二是社会仍未给予农村教师以充分支持和尊重。教师本身履行育化万民的神圣职责，而农村教师不仅教化农村学生，也是对处于社会和教育弱势的农村学生给予教育帮助，更是身处社会发展空间特质劣势的农村开展工作。换而言之，农村教师工作体现着身处不利工作环境、育化农村学生和扶助弱势学生群体三重道义，理当得到社会尤其是农村社会的普遍尊重和支持。实践表明：农村教师薪酬待遇缺乏社会竞争性，难以体面地在农村社会生活；师道尊重缺乏社会、家长乃至学生的支持。据笔者所知，在20世纪八九十年代，有些地方的农村个别学生已失去对老师的"长者"或"师者"权威的畏惧，以戏弄老师为乐，家长对此并不加以干预，而且这不是个案，全国均有不同程度的事件发生。在吉林德惠县，1983年为了坚决刹住侮辱殴打，特别是伤害教师的歪风，公安机关依法逮捕了殴打德惠县第二十二中学教师李长久的社员张某某，并依法判处其有期徒刑二年半。① 在浙江宁海县，1980年以来对社会上发生侮辱殴打教师的21起事件都作了严肃查

---

① 德惠县教育志编纂组：《德惠县教育志（1910—1988）》，吉林省内部资料，1989年，第156页。

处。其中受公安机关行政处理的有 8 人。① 近前此种状况虽有很大改善，但农村教师依然缺乏职业威严感；社会以及农村社会对农村教师的处境缺乏同情，反而偶遭鄙夷。张道祥曾选择山东省滨州市 18 所农村小学 166 名农村教师作过调查，其中，"只有 19.9% 的教师认为比较受学生家长尊重，而感觉没有受到学生家长应有尊重的比例则高达 61.2%"。② 家长的这种教师印象又可能影响到孩子，进而削弱教师在学校和课堂的权威。

三 生存为上：农村教师道德理性与生存理性的冲突与妥协

传统文教道统维护着教师作为"长者""师者"的尊严。尽管具体的古代农村教师有着不同的历史和生存境遇，但总体而言有着"为人师"的身份荣誉感，有着"劳心者"的阶层归属感。然而，伴随着传统"长者""师者"的社会结构和文教道统的双重并发的弱化和瓦解，社会结构和关系建构转向权力与利益。人不尊，则转而尊器物。③ 这是社会发展的难题之一，也是选择之一。在此背景下，社会发展取向和风气逐步"转而尊器物"，而先天处于"器物"层面弱势的农村教师渐次落入维持师道尊严与面临生存挑战的冲突之中。随着社会发展的物质取向和职业大分化的加剧，农村教师的生存窘境越发严重。在一个以获得生存性资源为核心考量标准的历史时空下，生存窘境则加剧农村教师"卸去"作为"长者""师者"的道德荣光，加重了农村教师作为职业的困境。

(一) 社会发展的物质取向与农村教师的道德冲突

回顾古代中国自清之前的长时段历史，虽历经反复多次的王朝更替，但主线极为清晰：不管哪家做主封侯，都重构一个旨在"明德亲民"的

---

① 宁海县教育志（增订本）编纂委员会：《宁海县教育志》（增订本），浙江人民出版社 1997 年版，第 303 页。

② 张道祥：《农村中小学教师生存状况与对策研究》，硕士学位论文，山东师范大学，2008 年，第 12 页。

③ 钱穆：《现代中国学术论衡》，九州出版社 2012 年版，第 169 页。

社会，传统文教道统得到维续，"长者""师者"群体得到不同程度的尊重。然而，清末至今的社会发展逐步以物质为取向，而道德黯淡。这主要体现在三方面。

第一，社会底层崛起和个体解放带来的趋利取向。总体而言，人类社会发展史就是一部进步史，就是一部社会底层崛起和个体解放史。清之前，传统社会等级伦理结构相对稳定，虽有解构和弱化趋势，但是社会各个等级在每次重构后很快嵌入对应的结构中且始终等级界限清晰。此种的社会底层崛起主要体现在群体的扩大和向上流动的机会增大两方面，而个体是被抑制的，极其有限的天性解放也被淹没在集体的规约体系和身份认同之中。近代以来，我国社会面临着前所未有之困局——人口快速增长带来的社会中底层的群体扩大和利益诉求提升，王朝后期的官吏腐败与懒政、疏政带来的社会涣散和再组织力量缺失。另外，西方列强的经济掠夺加重社会生存性资源危机，政治入侵加重王朝统治危机，思想与观念传入加重传统文教道统危机。如此多重危机并发就促成传统王朝统治与社会结构的瓦解，社会底层便借以西方思想与观念通过革命对抗的方式取得社会支配权。庞大社会底层群体的崛起必然要以对社会生存性资源再分配为标志，必然要以颠覆传统等级伦理观念，以及削弱传统社会上层生存性资源占有权和支配权为前提，必然会用更为世俗、工具和实用的意识形态替代传统约束和抑制社会底层的思想观念。与此同时，伴随着社会结构和文教道统的弱化与瓦解，社会各个阶层中具体的个体也渐次从规约体系和身份认同中脱嵌出来，个体天性得到解放的同时欲望也渐次释放出来。社会底层崛起和个体解放历来首要需求即是感官刺激，以彰显对摆脱社会底层而模仿社会上层物质消费的身份荣耀感，以及释放个体解脱束缚和掌握命运的紧张感。因此，传统社会等级伦理结构不再，新近各大社会阶层和具体个体以"利"为导向，最大可能谋得"利"以实现社会价值。

第二，文教道统的缺失，使得社会行为由"礼""仁"来抉择转向"利""欲"，由理念为指向转为目的为指向，由原则优先转为手段优先。传统尊"长者""师者"的社会结构支撑着文教道统，支撑着师道尊严，维护着社会伦理秩序。然而，近现代革命运动的对象直指传统的文教道统，并依次瓦解了传统政权、族权和神权系统，破除了国民之于"天道"

"王道"乃至人伦的信仰，但并未在此基础上构建一个契合新时期社会等级结构和国民心理模式的伦理形态。在伦理观念失位乃至缺失的情况下，国人的行事逻辑更多地依靠合利性和合目的性，而忽略做法是否符道义性，是否符原则性。当生活与理想日益世俗化，不再对超自然的解释心存敬畏，当道德法典的人类本源被揭示出来，神的监督与惩罚消失之后，道德法典也失去了光辉和力量。① 纵观改革开放至今 40 多年的诸多事例，传统中国正是由文教道统的规约，以致社会可因循礼法而无须诉讼，而一旦这种操守规范被破坏和否定，即使有法律可诉讼，也是有法难依难行，更是很难把个体之间很好地组合起来，至于群体之间的彼此信任感和安全感更是消弭甚多。为达目的可不择手段，一些人为图利而罔顾天道良知。终是社会运行成本大幅增加而伦理良序难求。正如梁漱溟先生所指出，"中国的问题在哪里？今日中国问题在其千年相沿袭之社会组织构造既已崩溃，而新者未立；或者说文化失调……凤夕之法制、礼俗悉被否认"。②

第三，生存资源紧张加剧社会的物质取向。据统计，1812 年，中国人口已达 36169.34 万人，而田地只有 79152.52 万亩，人均耕地只有 2.19 亩。③ 然而，这种人均土地比例表明，整个社会的生活水平已下降到"饥寒界限"（人均 4 亩）以下。④ 这对于还未实现工业化的农业国家而言是一个极大的国民生存挑战。尽管新中国成立之初便转向抓经济发展，制定第一个五年计划，加快现代化步伐，尽管改革开放以来不断引进外资和技术以提升社会整体生产能力，但受制于人口基数大带来极大需求、个体解放带来的需求膨胀、分配不平等带来的资源分配不均等多重因素，生存性资源仍处于总体性紧张状态——人人均试图赚取更多的钱，拥有

---

① ［美］威尔·杜兰特、阿里尔·杜兰特：《历史的教训》，倪玉平、张闶译，中国方正出版社 2015 年版，第 163 页。

② 梁漱溟：《乡村建设理论》，上海人民出版社 2014 年版，第 21 页。

③ 梁方仲：《中国历代户口、田地、田赋统计》，中华书局 2008 年版，第 16—17 页。

④ "饥寒界限"是指每个社会都有一个由生产力水平决定的温饱系数。而维持一个人生计所需的口粮，据宁可在《汉代农业生产漫谈》中的估计，需原粮 486 市斤才可勉强达到维生经济的最低界限，再加上赋税、衣物、购置生产工具等开支，大概如洪吉亮所说"率计一人一岁之食，约得四亩"（参见许纪霖、陈达凯《中国现代化史 1800—1949》（第 1 卷），学林出版社 2006 年版，第 34 页）。

更大的权力，处处要占得先机和优势且不甘落于人后，大家幸福感、成就感缺乏，反而压力感和生存危机感大增。因此，社会各个阶层均以最大化占有和支配生存性资源为价值取向，均为获得更多的物质财富为目的指向。

社会发展的物质取向引发社会风气转向，引发社会对（农村）教师评价转向，使得（农村）教师陷入道德理性与生存理性的冲突之中：① 一方面工作的物质化、计量化（绩效化），（农村）教师的工作量与社会贡献被用物质加以丈量和评价，其优劣好坏被计量化，自已已失却对工作的主动权和评价权。另一方面工作的神圣性退却但又常加以道德绑架。文教道统的丧失使得社会不断把（农村）教师从"长者""师者"系统中剥离出来，实际也以工具化形象对待之——教育过程的"教学者"，事业单位系统中"领工资的人"，但在日常的口头和字面上却赋之以道德形象——蜡烛、园丁等。古之学者，从师以专其道，今之学者，自习以苟其禄。② 然而事实上，教师始终肩负着育化学生，促其积极社会化的重大教育和社会使命，尤其是农村教师依然担当着扶助处于社会和教育双重

---

① 若爬梳历史，我们也可发现，唐朝后期的韩愈在《师说》中即已提出教师发展的道德难题：一是"道之所存，师之所存"与"师道之不传也久矣"之间的师道难题，二是"传道授业解惑之师者"与"授之书而习其句读之师者"之间的为师难题。前者是社会大环境所决定，后者是教师自身业务水平所左右。无论何种，韩愈著述《师说》的一大前提——师道的存在。只是步入晚唐，社会风气转向，无论师道还是教师均呈现不同程度的"沉沦"。自此之后，不同朝代均有士人立于师道的角度感叹"师道之不传也久矣""天下之师绝久矣"，呼唤师道的复归，如宋代有柳开《续师说》、王令《师说》；明代有李梦阳《师友说》、王世贞《师说》、张自烈《续师说》，明清之际有黄宗羲《续师说》与《广师说》，清代有翁方纲《拟师说》、章学诚《师说》、姚莹《师说》等。尽管古代师道实际如何让人揪心，但毕竟文教道统维续着，社会仍然是在"天地君亲师"范畴下讨论师道和教师，而"长者""师者"依然能得到社会认可和尊重，教师至少也较易站到道德制高点。时至今日，与师者相关的讨论多数已脱离传统师道范畴的讨论，而是直击前置性问题：教师是否应承担社会道义，是否是社会代言者，甚至讨论是否是太阳底下最光辉的职业等问题（参见吴康宁《教师是"社会代表者"吗》，《教育研究与实验》2002年第2期；吴康宁：《太阳底下最光辉的职业，什么意思？》，《中国教师》2015年第10期）。本质而言，教师工作的神圣性、道义性和使命性自不待言，试可想，若没有教师在学生接受教育过程施加干预，促成其积极化，具体的个体如何组合在一起，如何凝结到相应的社会结构中，社会良序如何达成。当前专业人士对此持否定性讨论和判断"教师是太阳底下最光辉的职业"一说不太合乎逻辑（见吴康宁《太阳底下最光辉的职业，什么意思？》，《中国教师》2015年第10期），以及社会对教师工作神圣性的漠视，这更加反映出师道的"沉沦"，以及社会的物质取向。

② （宋）柳开：《续师说》。

弱势的农村学生成长的社会道义。因此，社会大环境的物质取向使得农村教师工作常常处在道德冲突之中。

而农村社会结构性改造导致农村重教风气变向，从而导致农村社会乃至全社会更加世俗和实用地审视和评价农村教师。收入高低、权力大小和话语权成为人们审视和评价农村教师的依据和裁量农村教师社会地位的尺度。因此，在世俗和物质支持极其有限的情况下，农村教师的职业声望、职业吸引力和社会地位的提升就极其困难。

（二）社会职业的大分化与农村教师的生存窘境

社会分工与职业分化是社会进步的体现。传统中国的职业主要分为"士农工商"，所谓"学以居位曰士，辟土殖谷曰农，作巧成器曰工，通财鬻货曰商"。① 这种职业体系既体现着社会分工的需要，也体现着社会等级的安排。而近现代化带来社会分工精细化，如此推动职业分化：一方面，过去同一社会分工只需一个职业群体，现在有更大工作量便分化出更多职业群体；另一方面，职业之间以及职业内部也因不同个人的能力而承担不同的工作量，在不同的岗位上行使职责，以致在支配和占有生存性资源方面出现分化。因之我国作为后发国家，现代化的努力主要侧重于工业现代化，抑或经济现代化——急需改变工业生产和经济发展落后的局面以巩固主权和民族独立。近代物质文明的生长，是近代中国社会新陈代谢的基础性环节。② 在此背景下，新兴职业大量涌现，并且快速出现以经济收入水平为标志的职业分化。而作为受过高等教育培训和拥有专业技能资质的群体，教师都会期望所从事的职业能给予其生存保障和发展空间。尤其是在社会各个群体的经济收入通过参与市场信息交换而日益增长，社会也日益注重用经济收入指标来评判个人能力和社会地位的当下，教师群体更希望职业提供不仅能满足生存需要，而且能实现身份地位的提升。但实际的职业提供却让农村教师陷入生存和发展的窘境。

据民国时期社会学者蒋旨昂在北平城北 20 里昌平县界的卢家村调

---

① （东汉）班固：《汉书·食货志》。

② 周积明、宋德金：《中国社会史论》（上卷），湖北教育出版社 2005 年版，第 785 页。

查，"教员在村民眼中，是很斯文的，无故更不常随便与人家接谈，对全村影响很小"，"薪水是由村与教员双方议定的，如果直接由县政府派来，则每月须15元，本村自己请的则可便宜些，虽则有的村子因为对这个教师有信仰，多花钱也可以"。① 在浙江省宁海县，民国35年后，教员"身价"因物价暴涨而下降，县政府规定各校于民国36年起向学生征收学米以资弥补。部分学校因经费支绌而难以维持。据民国36年5月30日《宁海民报》载："竹林中心学校开学数月，教员未曾领得薪谷，于是急火中烧，于本月19日罢课。"② 在湖北省汉川县，1934年小学教师月薪为银圆10—44元，后改发纸币，由于物价飞涨，货币贬值，教师温饱难保，无心教学。1946年5月，义川镇中心国民学校全体教师，因"物价过高，待遇低微……生活为艰"，联名要求县政府提高工资；县立初级中学教职员由于薪俸不能维持最低生活，纷纷另谋职业。1948年11月，省立马口中学全体教职员因待遇低微，生活穷困，联名向省教育厅"总请假三日"。③

民办教师是20世纪八九十年代中国农村教师的身份代表，其经济待遇差到连社会都报以嘲讽的态度。在某县民间有"馋先生，寡大夫"的说法，大意是指教师和医生比较抠门，在与某县相邻的某某地区，人们也常用"穷、酸、馋、吝、贪"来形容民办教师。④ 在吉林省德惠县，1981年县政府规定中、小学民办教师的工资标准，年终评分不得低于生产大队副大队长和副书记的工分。国家拨给民办教师的补助费要如数发给教师本人。1983年开始，民办中小学教师一律实行工资制，按月计算，年终一次付清，中学教师月平均工资为50元，小学教师月平均工资为45元（不含国家民师补助费）。1985年对民办教师工资又做了相应的调整。中学教师月平均工资为60元，小学教师月平均工资为50元（不含国家

---

① 李文海：《民国时期社会调查丛编一编·乡村社会卷》，福建教育出版社2014年版，第223页。

② 宁海县教育志（增订本）编纂委员会：《宁海县教育志》（增订本），浙江人民出版社1997年版，第299页。

③ 湖北省汉川县地方志编纂委员会：《汉川县志》，中国城市出版社1992年版，第525—526页。

④ 江苏档案馆（长期）：《1988：信访周报·民办教师待遇亟待改善》3094—2—354。转摘自魏峰《弹性与韧性》，上海三联书店2009年版，第173页。

民师补助费)。[①] 尽管如此，民办教师的工资很难按规定实额发放。直到 2009 年，农村中小学的民办和代课教师的月工资是 400 元左右，约是在编教师工资一半。

虽然邓小平同志在 1988 年就曾提出要提高教师地位，从"老九"变为"老大"，但 1991 年教育、文化、艺术和广播电视事业等脑力劳动者相对集中的行业人均工资 2257 元，排在 12 个分行业的倒数第 3 位；而体力劳动者相对集中的交通、邮电和建筑业的人均工资，却分别排在 12 个分行业的第 2 位和第 3 位。[②] 也就是说，与 1987 年的调查相比改变只是由倒数第 2 位变为倒数第 3 位。1992 年我国教育系统职工平均工资为 2739 元，比全民所有制企业职工平均工资 2878 元低 4.8%，在全国 12 个分行业中居第 9 位。[③] 仅从经济收入这个维度来评判，农村教师无疑是整个国民经济行业中社会身价最低的。纵观 20 世纪 80 年代末至 90 年代初的变化，农村教师的社会地位实际上有所降低。[④]

根据笔者 2009 年 1 月及 8 月所主持的两次调查，[⑤] 我国农村小学阶段教师工资集中在 801—1201 元，有 7% 的教师工资高于 1600 元，但仍有 4% 的教师工资低于 400 元。而农村初中教师有 51.3% 是在 801—1200 元，18.9% 的工资是在 1201—1400 元，超过 10% 的在 1401—1800 元，约有 3.3% 的工资过 1800 元。另外，国家法律规定教师平均工资应当不低于或者高于国家公务员的平均工资水平，[⑥] 而调研发现，超过 70% 的农村中小学教师认为自己的工作低于当地公务员。2009 年前后的农村教师的生存境况正如江西省某农村初中涂老师所反映的那样：

① 德惠县教育志编纂组：《德惠县教育志（1910—1988）》，吉林省内部资料，1989 年，第 159 页。

② 郭飞：《中国高校教师工资纵横谈》，《中国教育报》1993 年第 3 版。

③ 李小融：《中国基础教育问题》，湖南教育出版社 2000 年版，第 355 页。

④ 南京师范大学教科所（教育系）：《农村教育学》，人民教育出版社 1988 年版，第 395 页。

⑤ 调研涉及七个省八个县，调研学校包括 19 所农村小学和 18 所农村初中。共发放问卷 1300 份，收回问卷 1084 份，其中有效问卷 1002 份，回收率 83.4%，有效回收率 77.1%。实地访谈 21 位农村中小学教师。

⑥ 《中华人民共和国义务教育法》第四章第三十一条规定：教师的平均工资水平应当不低于当地公务员的平均工资水平。《中华人民共和国教师法》第六章待遇第二十五条：教师的平均工资水平应当不低于或者高于国家公务员的平均工资水平，并逐步提高。

我们基层的老师的确辛苦啊。工资低，待遇低，地位低。你看看我们这些教师，哪一个不是受过高等教育的，哪一个不是受过国家正规的高等教育、受过严格的选拔才应聘上岗的。但你看看其他系统，公安，邮电，政府，工作人员的工资高，地位高，工作环境也好。我们老师不一样了，每次跟他们打交道，受气的是我们老师。

国家虽提工资了，我刚出来（工作）时，工资才几百元钱，那时还可以。2002 年时工资为 900 元钱，现在是 1200 元，那就不行了。我现在一个月工资 1200 元左右，加上年终奖金 300 元，一年也就 15000 元左右。但这些也不够用啊。现在我家在县上，一个月的开销保守点估算就要 900 元，比如卫生费，煤气，油盐，菜钱等。这还不包括我的交通费及一些平常的杂用。这样一来，我每月大概只剩300 元钱，要是碰到点大事，工资就不够用……县上的老师在课外还可以办个辅导班之类的，平常他们的奖金及其他的优惠都比我们好。乡下不一样，只能围绕这点工资转。①

本章小结

本章旨在梳理社会规约体系之于农村教师社会地位支持的强化、巩固、弱化和瓦解的历史变迁；旨在解析三大问题：传统农村教师社会地位为何主要来自社会道德性力量支撑，这种力量是由何构成又是如何弱化与瓦解的，近现代以来的农村教师为何会斯文不在而生存堪忧。

以小农经济为主的传统中国社会的生存性资源总体上趋于平衡，社会亦即追求道德性资源的平衡，即会在具体的社会实践中形成匡扶伦理道德的"长者""师者"社会等级伦理结构和一套完善且缜密的社会规约体系——文教道统。社会等级伦理结构与社会规约体系相互支撑与强化。而作为"长者""师者"具体践行者的农村教师被赋予"圣人""世范"等道德性符号。然而，随着王朝更替引发传统社会等级结构的"解构—再构"反复，导致社会结构重心不断下移、社会中底层不断崛起、个体

---

① 资料来自于笔者于 2009 年 1 月 22 日在江西某农村初中访谈该校英语教师涂老师的录音整理。

不断从结构中脱离，使得文教道统力量逐步弱化。而受西方革命思想影响近现代革命运动对象直指传统社会等级伦理结构和文教道统，以致传统"长者""师者"阶层群体和意识形态被打倒，替之以权力和利益为主的社会主导思想，至此，农村教师彻底失却了来自社会结构和文教道统的道德性支持，也渐次失去在社会系统中先天性作为"长者""师者"的道德权威，转而依附于权力和利益支配系统。

文教道统的缺失，而新立的社会又未建构起相应契合人性的道德秩序，近现代社会发展日益物质取向，从而引发社会风气转向，引发社会对（农村）教师评价转向——农村社会乃至全社会更加世俗和实用地审视和评价农村教师。收入高低、权力大小和话语权成为人们审视和评价农村教师的依据和裁量农村教师社会地位的尺度。而以扩展物质文明为要务，我国近现代化历程加速社会分工和职业分化，远离生存性资源生产和支配中心的农村教师更显边缘化，生存窘境丛生。

第 五 章

边缘化:农村教师社会地位的当代窘境

> （我们生活的时代）具有强大的物化力量，使我们处于其控制之中。
>
> ——［德］乌尔里希·贝克、［英］安东尼·吉登斯、斯科特·拉什《自反性现代化》①

如果说在以政治为中心的革命年代造就了乡村教师的无足轻重，那么在随后的以经济为中心的改革年代，乡村教师的境遇也并没有好转。②直至今日以向农扶农支农、倾斜性有计划地支持农村教师发展的当下，农村教师社会地位的边缘化问题仍然难以破解。比较之下，不难判断当下是农村教师队伍建设的最好时代：一是舆论支持，社会各界对农村教师队伍问题已有共识，对农村教师葆有充分的理解和尊重，可以断言，未有哪个时代有当下急于解决城乡教育发展失衡问题，未有哪个时段有当下亟待提高农村教师职业吸引力；二是政策支持，上至中央下至地方均出台各类政策努力解决之；三是经费支持，改变以往的纸面支持，近年已有大量经费直接注入农村教师的待遇、培训和奖励等问题改善上。尽管政策、经费均有倾斜性支持，但为何问题依旧？那么，农村教师社会地位沉疴固疾的症结何在？地位上升难的困境何在？

如第一章所论述，群体（个体）社会地位由其对生存性资源和道德

---

① ［德］乌尔里希·贝克、［英］安东尼·吉登斯、斯科特·拉什：《自反性现代化》，商务印书馆 2014 年版，第 72 页。

② 张玉林：《关于当代中国乡村教师的边缘化问题》，《华南师范大学学报》（社会科学版）2006 年第 1 期。

性资源占有量和支配情况来决定。近代以降,工业化的快速推进一方面促进了个体尤其是中下层个体的生产力释放,使得生存性资源极大丰富;另一方面促进了个体尤其是中下层个体的结构性解放,使其卷入对生存性资源的追逐大潮之中。由此,近代以降的社会疲于争夺对生存性资源的占有和支配,而疏于对道德性资源的巩固与扩展。正如社会管理学家乔治·梅奥(George Mayo)所指出的那样:"过去二百年来,我们的政治和经济研究总是只考虑生活状况中的经济功能方面,所以在现实生活中,一不小心就听任对经济进步的追逐引领我们进入严重的社会瓦解状态。"① 然而,于西方而言,历经两次世界大战,经历多次影响广泛的经济和社会危机,加之既有基督教等宗教的存在和近现代化转化,以及对文艺复兴、启蒙运动等思想理念的继承,使其能够较为精准地把脉时代发展症状,并及时调整解决之,能够在对生存性资源的分配过程中,注意对道德性资源的扩展,以维持社会发展的结构性良序,个体也能够自觉地认同、依循、支持和参与到道德性资源的扩展和分配过程中。尽管如此,生存性资源仍然是近现代的稀缺性资源,仍然对群体(个体)社会地位起着决定性作用。

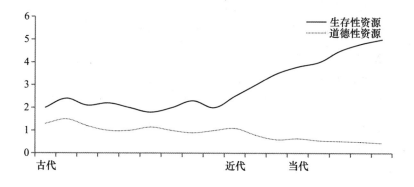

图5.1　我国生存性资源与道德性资源分布趋势②

---

① 〔美〕乔治·梅奥:《工业文明的人类问题》,陆小斌译,电子工业出版社2013年版,第110页。

② 图5.1是我国生存性资源与道德性资源分布的总体性判断构造的趋势图,是基于我国古今历史的总体性判断而简单勾勒出来的。古代中国生存性资源与道德性资源二者总量相对稳定,且长期维持在平衡状态,至近代二者开始失去平衡,进入当代二者的平衡被打破,并呈现极化分布——生存性资源极大丰富和道德性资源日趋萎缩的并存局面。

因之我国传统文教道统丧失，使得近现代中国在道德性资源的扩展上建树寥寥，反而受之于社会革命运动的激发，传统社会结构渐次瓦解，"长者""师者"群体及其与之相应的社会教化均谈出历史舞台，社会各阶层和个体的力量均得到释放并投入到对生存性资源的占有和支配的争夺之中，导致一方面科技进步和对生存性资源争夺加剧推动生存性资源不断被生产，总量极大丰富，另一方面分配不均引发生存性资源紧张，生存性资源稀缺性日益被这种紧张状态强化，进而更为确立生存性资源之于群体（个体）社会地位获得的决定作用（见图5.1）。正如当代被誉为百科全书式的德国社会学家诺贝特·埃利亚斯（Norbert Elias）所指出，"从今而后职业和金钱才是体面的源泉，艺术、社交中的翩翩之风度对于个体在社会中的威望和成功不再像在宫廷社会那样具有决定性的意义"。① 落实到农村，近现代以来的城乡生产功能的颠倒、城乡差距持续扩大以及农村道德权威式微更是加剧了有限空间内农村社会的生存性资源的紧张和道德性资源的萎缩。正如《崖边报告：乡土中国的裂变记录》所指出的那样，"村庄的每个人在追求精神文明层面都是懒于起步。生存的巨大艰辛只化作了徒手战斗严酷生存条件的坚强毅力……礼仪沦丧、道德滑坡的窘境与一个时代的大环境直接有关，而崖边的小环境正是构筑大环境的基础"。②

对于我国农村教师的社会地位而言，失却了传统的文教道统和社会道德性支持，也逐步从道德神圣的权威体系中剥离出来，转化为仅仅以教学知识为分工的社会职业，以突出个人能力为取向的职业专长来谋得生计也成为农村教师主要扮演的社会角色。因此，当代农村教师社会地位的获得也仅决定于其作为一项专门职业参与社会分工和社会分配过程中对生存性资源的占有量和支配状态。然而，当代农村教师职业的两大境况使其边缘化：一是知识稀缺性弱化使其在参与生存性资源占有和支配过程中处于边缘化境地。近现代农村教师去魅之后，由传统"长者"

---

① ［德］诺贝特·埃利亚斯：《文明的进程》，王佩莉、袁志英译，上海译文出版社2015年版，第510页。

② 阎海军：《崖边报告：乡土中国的裂变记录》，北京大学出版社2015年版，第132—133页。

"师者"身份转化为以教学知识为主的职业群体，凭借职业所具备的知识参与社会分工和资源分配。然而，农村教师知识稀缺性弱化导致社会给予的生存性资源极其有限，以致在以生存性资源为主导的当代社会地位评价体系中处于边缘化状态。二是城乡社会与教育等级化促成农村社会和教育的双重末端化加剧其社会地位的边缘化。传统城乡社会基于生产和管理功能区分所构筑的空间等级，在当代城市发展主义推动下等级位阶差距拉大。"源于权力所主导的由公共财政所供给的集体消费资源在空间配置上的失衡"，① 更是凸显了城市社会在当代地位优势。此外，因循社会系统，城乡教育系统也渐次形成发展和资源支配的等级差距。因此，除职业本身的知识稀缺性弱化以致在生存性资源的竞争过程中处于弱势之外，农村教师工作所处的农村社会和农村教育均处在社会和教育系统的末端位置更是加剧和强化其地位的边缘化。

一　农村教师知识稀缺性的弱化

当罩在头顶的道德神圣光环被去除，当代处境下的农村教师简化为某项职业，复归为以知识教学维持存在的社会角色。知识成了附着在农村教师职业上可以帮助其参与社会分工与竞争的仅有资源。事实上，每一位执行某项社会角色的个体，都被他的社会圈子认为具有或者他自信具有正常角色执行所必不可少的知识。② 于农村教师而言更是如此，知识是当代农村教师安身立命的根基。换而言之，农村教师所拥有知识稀缺性与否决定着当代社会对其生存性资源的分配，决定着其在社会结构中的位置。然而，总体而言，农村教师在知识资源的占有上一直未能形成绝对的稀缺性，反而在社会与教育向前发展的历史进程中渐次丢失知识的神圣性、工具性和权威性，直至当代显现出知识稀缺性的弱化。正因为此，农村教师在总体性社会分工和社会结构性安排中缺乏核心竞争力和职业优势，以致趋于边缘。

---

① 王宁：《消费流动：人才流动的又一动因》，《学术研究》2014 年第 10 期。
② ［波］弗落里安·兹纳涅茨基：《知识人的社会角色》，郏斌祥译，译林出版社 2002 年版，第 17 页。

（一）知识神秘化消弭与（农村）教师知识神圣性弱化

知识本身是客观中立的。由于知识是人类认识自己和世界的结晶和工具，彰显着人的赓续生命和构筑社会的能力，换言之，谁在知识占有上拥有优势，谁就在支配世界过程中获有优势。因此，知识也以资源的形式出现在社会运行中。鉴于最初生成的自然取向和被少数人掌握的历史实际，知识在很长历史时间段内具有神秘性。一是知识的自然取向和神秘解读。原初的人类知识始于对自然的认识和思考。（我们）追求更广阔的图景，渴望的是这样一种知识，那种使我们理解自己的生命和周围世界的知识。① 自身生命和外在自然是人类首要解决的问题，也是生成原初知识的基点和增长源。作为人类文明源头之一的古希腊文明，其为后世知识的扩展奠定了坚实的基础。古希腊早期那些哲学家们主要探讨的是自然哲学问题，也就是要在自然世界中找到这样一种"始基"或万物的本原，在其中一切东西自它产生，最后复归于它。② 不过，彼时对自然的定位非为当下基于科技置其于工具性、需求性被开发利用的角色，而是以一种怀系敬畏之心来理解自然，来建构人与自然世界的关系。如此一来，人类最初的文化形式是宗教和神话，哲学脱胎于宗教和神话的世界观。③ 因此，原初知识既是了解未知世界，也在此过程中因未知和敬畏而赋予神秘意义。二是知识仅被少数人掌握的社会神秘取向。在生产劳动粗放型时期，获取和习得知识首先需要闲暇时间，其次需要足够生存性资源以支撑掌握知识过程中的各种支出。这两项条件均非彼时社会劳动底层所能具备，而社会上层既有闲暇时间、足够的生存性资源，更有获取和习得知识以掌握社会话语解释权巩固社会地位的强烈动机。社会上层就此长期垄断了知识的生成、获取、习得，垄断了社会话语解释权。他们用世袭的方式把知识垄断起来，成为巩固显贵地位的重要工具。④ 因此，社会上层借由神秘化知识形成统治威权，从而避免来自底层的挑战。

---

① ［美］罗伯特·所罗门：《大问题：简明哲学导论》，张卜天译，广西师范大学出版社2011年版，第3页。

② 邓晓芒：《思辨的张力》，商务印书馆2014年版，第12—13页。

③ 赵敦华：《西方哲学简史》，北京大学出版社2010年版，第1页。

④ 孙培青、杜成宪：《中国教育史》，华东师范大学出版社2009年版，第6页。

这就更加强化了知识的神秘性（参见图5.2）。

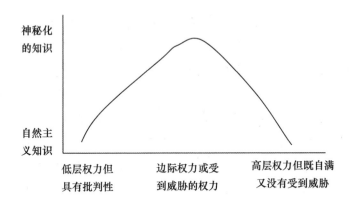

图5.2 神秘化和威胁①

知识神秘化时期的教育主要在于培养社会上层，内容主要关于自然认识、宗教仪式、道德修养，以及包括生产管理和军事战争，目的旨在服务于社会管理。《礼记·表记》中曰"夏道尊命，事鬼敬神而远之"，"周人尊礼尚施，事鬼敬神而远之，近人而忠焉"。一方面重视礼仪道德修为教育，另一方面渲染宗教迷信，二者互为支撑强化。知识也常以宗教迷信的方式传导和规训下一代。另外，教育也主要是社会上层的社会活动，即所谓"学术官守""学在官府"，形成"惟官有书，而民无书""惟官有器，而民无器""惟官有学，而民无学"的历史局面。② 因此，彼时的知识属于封闭性稀缺性资源。换而言之，拥有知识抑或接受教育既以上层地位为前提，也是以上层地位为象征。同时，因知识神秘性和阶层性，能够开展知识教学的教师本身即存在社会地位的优势，其开展教学也有绝对的话语解释权，不可也不容被质疑。殷商周王室的祝、巫、史、宗等在"绝地天通"之后，垄断了这些仪式、象征的执行权力和解释权力。③ 社会也赋予教师以神圣意义，赋之以等同宗教和匡扶社会的作

① ［英］大卫·布鲁尔：《知识和社会意象》，霍桂恒译，中国人民大学出版社2014年版，第103页。

② 孙培青、杜成宪：《中国教育史》，华东师范大学出版社2009年版，第17—18页。

③ 葛兆光：《中国思想史》（第1卷），复旦大学出版社2010年版，第66页。

用。《礼记·文王世子》:"师也者,教之以事而喻诸德者也。"《周礼·地官司徒第二》:"师氏掌以媺诏王,以三德教国子。"

然而,春秋战国时期知识发展两大演变使得知识体系由封闭走向开放,其神秘性逐步消弭,进而使得(农村)教师的神圣性弱化。一是知识的世俗化。知识生产的重心开始由解决"人与自然""人与天"互动关系的这种抽象宏大问题转移到"人与社会""人与人"互动关系的这种具体细微问题。知识体系的重心也随之由探究世界本源性转移到探究人性和社会建构。总体上可以发现,知识日益与世俗化的日常生活紧密地交织在一起,也即日益脱离"自然"与"天"的神秘性,呈现"理想但又现实,实际但不肤浅"① 的特征。知识的世俗化使得社会中下层更易于理解和习得,更重要的是社会中下层由此可借由省思自身生活的经历经验参与到知识的生产过程中,获得话语解释权。二是知识的位阶下移。东周后期王权式微,诸侯崛起。由此出现两大社会动迁,首先是社会运行逻辑由注重仁义秩序的"王道"演变为挟武力以自居的"霸道";其次是权力"中心—边缘"的颠倒,权力"边缘"的崛起过程必然促发去权威化运动。这就使得过去天经地义、不言自喻的"知识"和"思想"不再拥有不言自明的权威性,社会上层对知识占有和解释的垄断性松散,诸侯以及其生养的文化人也获得合法性介入对社会解释、对知识生产的过程中。② 因此,占有和生产知识的阶层走向扩展或是下移,知识本身也不再是社会上层的唯一占有物,以致出现"在春秋时代,以原伯鲁为代表的贵族弟子们不愿意接受教育,并且认为不学无害",③ 可以"人无常师",可以"三人行,必有我师焉",可以"有教无类"。正是由于知识的世俗化和位阶下移,使得知识在内容和受众范围上趋于开放,进而神秘性消弭,使得开展传导知识为工作的教师的神圣性弱化。

(二)知识实用主义转向与农村教师知识工具性弱化

知识神秘性消弭导致(农村)教师知识神圣性弱化,但这并不意味

---

① 参见冯友兰《中国哲学简史》,天津社会科学院出版社 2007 年版,第 8 页。
② 参见葛兆光《中国思想史》(第 1 卷),复旦大学出版社 2010 年版,第 69 页。
③ 李世宏:《我国传统尊师风俗研究》,山西教育出版社 2015 年版,第 19 页。

着知识和（农村）教师在社会结构中已彻底失却地位。在古代农业社会中，粗放型的生产劳动和彼此相隔的地理交通束缚着广大社会中下层，使其无法具备充足的闲暇时间习得和生产知识，以及无法互通有无地扩散知识。因此，社会上层依然主导着知识的占有、生产和解释，知识的占有情况依然是阶层分殊的主要标志之一。在秦朝统一中国定制封建之后，如何实现由血缘关系扩展建构的贵族统治关系网络向非血缘关系的职业官僚吏治关系网络转变是历朝历代的管理难题。汉至晋朝，此难题的应答之策是综合血缘、德行与才能三位一体的"察举制""九品中正制"等。虽此等制度缓解了紧张的传统以血缘关系为主轴的王朝统治，但并未满足在王朝更替、秩序新立过程中崛起的社会中下层的政治诉求。因此，在隋朝一朝，创建了以儒家思想为核心知识体系的科举选才制度。在科举选才的体制下，知识成为社会中下层向上流动的门阶条件（door-step conditions）。① 自此之后，以儒家为核心的知识体系日益转向实用主义，习得和占有知识日益成为实现社会进阶的工具。社会上下渐次卷入受实现社会进阶的工具主义驱动而具备实用主义特质的占有和习得知识的历史大潮中。

至此，以儒家思想为核心的知识体系，一方面依然旨在解释"人与人""人与社会"的互动关系，并依托王朝政治成为社会主导的价值体系，促进文教道统在实践中落实；另一方面因科举选才制度的推行使之"迅速沦落为一种依附于经典的知识，并在考试制度的挟迫下，被简约化为一些无意味的文本或公式，只是作为记忆和背诵的内容存在"，② 而疏于对抽象性、自然性世界本源的探讨，转而竭力与日常生活交织在一起，紧紧围绕社会功用来开展知识生产。因此，传统读书人习得知识，一方面标榜"修身齐家治国平天下"，另一方面却以极为功利的心态借由教条化背诵记忆式的知识习得，以参加层层考选，获取进阶的功名。这种过分供给的真正意义不仅智力职业丧失其社会价值，而且还是文化和智力

---

① 门阶条件是指对增加非人际关系化交换的制度性、组织性支持，以及在转型中能支持权利开放秩序、又与自然国家的逻辑（将有权势的个人的利益联结在一起以避免暴力）相一致的那些制度（参见［美］道格拉斯·C. 诺思等《暴力与社会秩序》，杭行、王亮译，格致出版社2013年版，第32页）。

② 葛兆光：《中国思想史》（第2卷），复旦大学出版社2010年版，第5页。

活动本身为舆论所轻视。① 换言之，多数读书人为何选择读书道路，即是以考取功名为志业，以此光宗耀祖。进言之，之于社会而言，教师存在的主要价值就是能够帮助所教学生达成其终极目的。自唐代以来，逐步形成了一种新型师生关系，举子与主考官（座师）、先达等能够帮助自己获取功名的人结成了"师生关系"。② 举子与主考官、先达之间并未有实质的知识教学关系，却因考取功名的实用需要，主动与之构建师生关系，并以此占得进阶先机，以此为荣。因此，在这种建构师生关系的逻辑下，越是趋近于功名获取，教师越能得到尊重。

　　然而，农村教师在这种科举选才制度下的知识工具性大大弱化：一是教学内容在于识字启蒙教育，包括《千字文》《三字经》，以及一些简化的儒家经典；二是身处乡村，与功名获取存在很远的社会距离。因此，彼时的农村教师不能直接促成学生获取功名，也就在这种实用主义和明确的工具取向的知识习得环境下很难实现社会地位的跃升。也因其不需要高深文化，聚集了诸多落第学子。但这并不说明农村教师在传统农村社会处于绝对的末端位置。因传统农村有着文教道统的坚实支撑，教书授业仍被看作神圣和值得尊敬的工作，因劳心者和劳力者仍存在道德分殊，因识字率低和对获取功名存在期待，农村教师在传统农村社会仍然维持着知识权威，仍然能够获得足够的尊重以及社会优越感。（以农村教师为代表的）乡村知识分子总体上比一般农民具有较高的或者至少不同的生活水平，因此他们代表着农民希望摆脱或改善其处境时所参照的社会典范。③ 农民也期望子女能够进入读书人行列，为获取功名实现身份转换准备条件。正因如此，在外为官返乡以及当地有名望的士绅乐于开馆收徒造福乡梓。当然，也有落魄书生为谋得生计，聘用于宗族家庭，获取微薄收入以求糊口。尽管如此，农村教师仍有劳心者的声誉和尊严。（私塾教师）虽然穷困潦倒，但还是深居简出，自视甚高。④ 陆游有诗为证：

---

① ［德］卡尔·曼海姆：《重建时代的人与社会》，张旅平译，译林出版社 2011 年版，第57—58 页。

② 李世宏：《我国传统尊师风俗研究》，山西教育出版社 2015 年版，第 133 页。

③ ［意］安东尼奥·葛兰西：《狱中札记》，曹雷雨等译，河南大学出版社 2014 年版，第 14 页。

④ 参见梁庚尧《宋代社会经济史论集》（上）之《南宋的贫士与贫宦》，台湾允晨文化实业股份有限公司 1997 年版，转摘自周积明、宋德金《中国社会史论》（下卷），湖北教育出版社 2005 年版，第 272 页。

"授罢村书闭门睡,终年不着面看人。"

(三)知识西方主义转向与农村教师知识权威弱化

在明清时期,西方传教士来华传教,便受到中国士人的礼遇,借此契机西方知识由此进入我国传统的知识体系中。而在近代,我国传之千年的知识思想体系因西方武力和文明的双重并向入侵而随之撬动。在民族、政权、民生等多重危机并发的历史情境下,既有的制度和知识优越性渐次消退,为寻求强国富民固本之道,我国知识体系开始向西方主义转向:一是文明观念的转向。中国人开始从以伦理道德为中心转变到以强弱为中心的文明优劣观。[①] 二是知识体系的转向。知识体系从探究"人—人""人—社会"互动关系的总体性观念转变为探究"自然—人—社会"多维互动观念,由注重道德养成转向器物实业学习,由一体性转向分科别类体系。这种转向先之以"师夷制夷""中体西用"等循序渐进方式,后因多重危机加剧导致社会秩序失调、自我信心丧失,遂采之以"疾风骤雨"式广泛推动知识西方化。

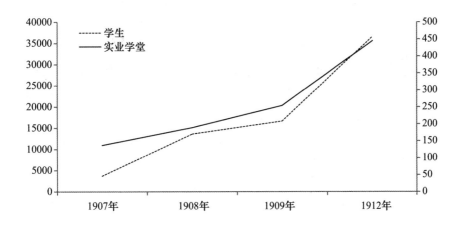

图5.3 1907—1912年全国实业学堂和学生数[②](单位:人)

---

① 葛兆光:《中国思想史》(第2卷),复旦大学出版社2010年版,第463页。
② 图5.3依据《清末新政与近代学堂的兴起》一文提供数据整理而得(参见王笛《清末新政与近代学堂的兴起》,《近代史研究》1987年第3期)。

受此影响，具体到教育领域的表现：首先是科举制的废除。全国读书人失去了猎取功名的唯一途径，失去了以读书为实现社会进阶的可能，读书的实用主义和工具取向失焦。其次是各地设立新式学堂、学制、科目培养人才。采取西式办学方式设立新式学堂，依照学习进度设立学制年限，依照学习内容设立算学、舆地、商务等科目，培养社会功用的实业技艺人才（参见图5.3）。最后是留洋潮兴起。士人、读书人纷纷西向出国取经。知识西方主义转向对我国社会产生了普遍的影响：一是作为传统知识体系核心的儒学衰落而洋学兴盛。"当此之时，中国之人竞以洋务为先，士子学西学以求胜人""国家取士以通洋务、西学者为超特之科，而孔孟之学不闻郑重焉""天下之士莫不舍孔孟而向洋学"。[1] 二是传统扮演社会教化角色的"长者""师者"知识权威的弱化。儒学既为"长者""师者"权威提供了合法性和合理性，也为其提供了知识来源，然而儒学的衰落本身就触动了权威的根基，加之儒学知识体系建构方式迥异的洋学兴盛更是使得权威失去了知识支撑。中国人赴外国留学人数的激增，正意味着长期以来这一自明的前提终于破灭。而且因为这一前提也是支撑士大夫权威的前提，如此一来，士大夫的权威也就遭到了决定性的打击。[2]

对于农村教师而言，知识西方主义转向虽短期内受此影响甚微，反而更得乡民保护，有如（民国二年，上海与吴淞之间的沈家行）"吴君所授之小学，亦因改用新教科书之故，不受村中父兄之欢迎。虽调停结果，采取新旧参半式的方法，但村人总是信仰古书……吴君迁往他处"，[3] 但是广泛普遍且深入的近代运动使得农村社会和教育最终卷入西方化的大潮中，新式学堂、学制和学科知识最终替代了乡村私塾教育体系。知识西方主义转向更是加剧了农村教师知识权威的弱化：首先是猎取功名的工具性丧失。农村开展教育、聘用教师的最终目的是帮助子女获取知识以实现社会进阶，科举制的废除已宣告这一工具性的丧失。其次是社会

---

① 刘大鹏：《刘大鹏日记》，乔志强标注，山西人民出版社1990年版，第72、102页。

② ［日］佐藤慎一：《近代中国的知识分子与文明》，刘岳兵译，江苏人民出版社2006年版，第17页。

③ 李文海：《民国时期社会调查丛编一编·乡村社会卷》，福建教育出版社2014年版，第20页。

支撑的丧失。传统农村教师所拥有的儒家知识不仅可赖以谋得生计，也可促其再次取得功名，实现身份转换，更可维护其"读书人""劳心者"的尊严，然而知识的西方主义转向使得这一前提破灭。再次是处于上不及知识核心，下又远离农村的"悬空"状态。西方知识体系抑或洋学与我国传统儒学关注日常生活、基于经验总结不同，它有着严谨的生成逻辑，加之从外传而入经由城市而到农村，以致农村教师缺乏对西方知识的生成能力和解释能力。最后是西方知识生成于西方工业社会土壤，与注重农业生产和人际关系处理的我国农村社会存在相斥，以致农村教师无法犹如过往自学或本土产生，而得依托新式学堂培养。因此，受此二者影响，农村教师上不及知识核心，缺乏知识的生成和解释能力；下又远离农村，既脱离农村的教育诉求，又在身份上脱离农村。

（四）知识城市化取向与农村教师知识稀缺性弱化

知识城市化取向是知识西方主义转向在当代的延续和深化。纵观世界发展史，工业化必然伴随着城市化。新中国成立后，为推动工业化以赶超欧美国家，作为后发国家我们不仅在经济上而且在制度上确立了城市化发展方向。城市成为我国社会发展的"龙头"所在，起着引领和牵引的作用。在城市化发展取向和知识西方主义的双重作用下，知识城市化取向愈加强化。知识城市化取向主要表现在两大方面：一是知识生产和解释权在城市。主流知识和新生知识主要是围绕城市而生成和解释的，城市自然主导着知识的解释权和话语权。而近代以降，农村人口中知识和能力携带者向城积聚导致知识人才的城乡差距巨大，更是推动了知识的城市化。简言之，过去"学在官府"的格局已转换为当代的"学在城市"。二是习得和占有知识的目的在于实现城市化。习得和占有知识的旨归在于帮助个体实现积极社会化——一方面形成对自身和周遭世界的基本认知，另一方面形成生存与发展的能力。然而，在城市化高速发展的当下，城市不仅意味着知识高地，也意味着社会空间等级高地。因此，个体习得和占有知识的直接和核心目的在于进入城市，最终实现城市化，以求获得更多生存性资源和身份转换。

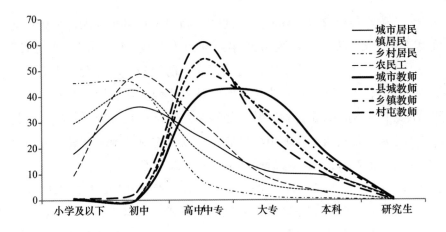

图 5.4 城乡居民与教师的学历比较分布①（单位：%）

　　然而，知识城市化取向背景下的农村教师知识却呈现稀缺性弱化，这主要体现在两大方面。

　　第一，知识占有量的比较性劣势。我国现代教育体制已上下贯通，城乡教育和知识体系也共同处在一个社会发展框架下。因此，在当前仍以竞争性和排斥性为主导的教育升学体系下，教师知识占有量情况直接关系到教师队伍的绝对质量情况和教育竞争力，也就直接关系到社会给予教师以何种社会位置。然而，比较而言，农村教师知识占有量处于劣势。首先是农村教师与城市教师在知识占有量上处于绝对劣势。尽管学历和毕业院校并不直接代表教师直接知识占有情况，但考虑到获得过程、培养层次和社会反响等因素，此二者是衡量教师知识占有量的两大普遍公认且可测的指标。在学历层面，城乡教师学历主要分布于高中/中师、

① 城乡居民学历数据来源于全国第六次（2010 年）人口普查关于"全国 6 岁及以上人口受教育程度"的数据整理，其中针对"未上过学（含扫盲）"和"小学"两项数据，做了合并为"小学及以下"一项的数据处理。农民工学历数据来源于东北师范大学农村教育研究所 2014 年在苏州关于农民工随迁子女入学调研数据的整理，其中针对"高中"和"中专/技校"两项数据，做了合并为"高中/中师"一项的数据处理，最高学历设置为"本科及以上"，故无法拆至"研究生"学历。城乡教师学历统计的第一学历，依据《中国农村教育发展报告 2012》提供的数据整理（参见邬志辉、秦玉友《中国农村教育发展报告 2012》，北京师范大学出版社 2014 年版，第 257 页），其中针对"高中"和"中专/中师"两项数据，做了合并为"高中/中师"一项的数据处理。

大专和本科,但城市教师普遍比农村教师高。村屯教师主体在高中/中师,占60.87%,另外大专为26.71%,本科仅为9.01%;乡镇教师学历中,高中/中师为48.52%,大专为34.94%,本科为15.66%;县城教师学历中,高中/中师为54.21%,大专为33.13%,本科为11.01%;城市教师学历中,高中/中师为40.78%,大专为41.14%,本科则达到17.23%。比较而言,虽然县镇教师较之于乡镇教师略有差距,但城乡教师学历水平分布总体上是从城市到村屯依次下移。尤其在大专和本科学历层面,城市教师优势明显(参见图5.4)。在毕业院校层面,城乡教师主要分布在中专/中师、大专院校和省属普通本科高校,但城市要优于农村教师。村屯教师毕业院校中,中专/中师占38.58%,大专院校占26.54%,省属普通本科高校仅为13.27%,并且高中也占到11.42%;乡镇教师中,中专/中师占33.89%,大专院校占32.44%,省属普通本科高校为19.8%;县城教师中,中专/中师占42.29%,大专院校占28.68%,省属普通本科高校为16.06%;城市教师中,中专/中师占33.29%,大专院校占35.14%,省属普通本科高校为18.4%,并在985高校、非985的211或部属高校和非211省属重点本科高校均有分布且排在首位。比较而言,教师毕业院校层级水平总体向农村下沉(参见图5.5)。其次是农村教师与农村居民在知识占有量上的比较性劣势。此二者的比较性劣势并不是体现在对知识绝对存量上,而是反映在二者对农村教育阶段知识的解释权和话语权上。随着我国教育的普及和扩张,农村居民的受教育水平得到大幅提升。据第六次(2010)人口普查数据显示,乡村居民学历分布是,小学及以下为45.31%,初中为44.91%,高中/中专达到7.73%。据调研数据显示,农民工学历分布是,初中为48.58%,高中/中专为30.20%(见图5.4)。虽然农村教师的学历主体在高中/中师,大幅高于乡村居民,小幅高于农民工,但与过去文盲时代相比,三者之间的差距已大大缩小。乡村居民教育水平的提高,使得对农村教育知识体系有一定的认识和理解,必然产生对农村教师知识神秘性和稀缺性的降低。换言之,乡村居民已祛除了在文盲时代对农村教师和所拥有知识体系的敬畏心理。

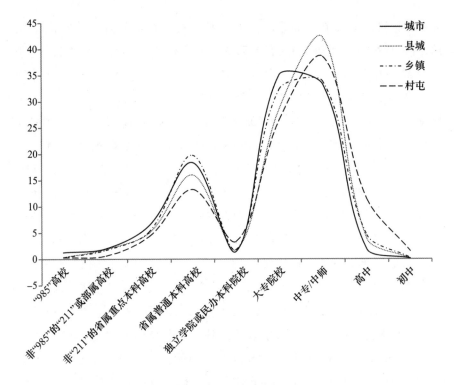

图5.5　城乡教师第一学历毕业院校分布①（单位：%）

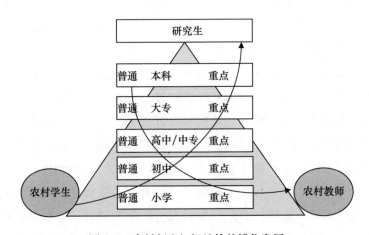

图5.6　农村师生知识结构的错位发展

① 依据《中国农村教育发展报告2012》提供的数据整理（参见邬志辉、秦玉友《中国农村教育发展报告2012》，北京师范大学出版社2014年版，第267页）。

第二，未能有效地帮助农村学生实现城市化。由于经济资源、组织资源和文化资源极其有限，身处社会底层的农民一直以来视习得知识为实现社会进阶的工具。在这种意义上，教育之于多数农民而言是一种工具性存在，农村教育的首要目标是促进农村学生的社会进阶。[①] 农民也一直以来是以"有用或无用"作为评判是否"读书"的标准，也以能否有效帮助子女实现社会进阶而生成对农村教师的基本态度。然而，农村教师未能有效地帮助农村学生实现城市化。首先是农村教师未能有效地提升农村学生的学术竞争力。诸多事例表明，城乡学生学术竞争力差距有持续拉大趋势。在日趋激烈的学术竞争的背景下，为实现社会进阶，农村学生希求更有质量的知识教学，以为赢得当下的考选竞争和未来进入更高层次更高质量的教育系统打下基础，但是农村教师知识供给实际未能满足农村学生需求，反而存在错位，以致农村学生在层层考选中弱势尽显（见图5.6）。其次是农村教师未能够有效地为农村学生未来的城市化准备条件。由于远离知识生成中心——城市，农村教师未能给农村学生就城市生活、工作、运作提供知识，未能提供最新知识。农村学生的城市化反而需要通过农村教师外的其他途径实现，必然导致农村学生和家长对农村教师知识期待和需求的弱化。

拥有知识是教师之所以为教师的前提，是社会给予教师以何种社会安排、配给生存性资源的依据。农村教师知识稀缺性弱化则会导致：一是处在城乡教师职业体系的边缘位置，农村教师知识体系本身就在教师队伍末端；二是处于农村社会的边缘位置，农村社会和居民对其需求性下降；三是处于师生关系边缘位置，正如有"农村学生视农村教师为'能力缺乏者''社会淘汰品''装权威耍威风'"；[②] 四是处于生存性资源分配的边缘位置，社会因其知识稀缺性弱化而给予其相应较低的生存性资源。综合而言，由于农村教师知识弱化导致其在职业、农村社会、师生关系和社会待遇方面的边缘化。

---

① 周兆海：《重视农村教育的三重面向》，《中国社会科学报》2015年10月8日第4版。
② 参见李涛《底层社会与教育》，博士学位论文，东北师范大学，2014年，第115—116页。

二 城乡社会与教育系统之于农村教师的等级强化

我国是个传统性等级社会。社会等级不仅分布于群体之间、个人之间，还分布于地理空间之间。经由生产和管理分区所演化，我国城乡社会在长期的历史发展中形成了等级空间的构造。传统城乡社会等级重在空间等级认同，弱于群体等级认同。身处农村场域的士绅对社会有着发言权和主导权，而身处外地者也乐于回归乡里。彼时，无论城市还是乡村，基本是官府与士绅共同控制社会的统治格局……社会心理、风俗习惯虽有差异，却有着文化上共通的一致性。[1] 然而，近代以降，"自西潮东渐以后，城市带有西化色彩的物质和精神生活方式，加之城市集中着财富、权力、名位等社会稀缺资源"，[2] 城乡差距随之急剧扩大，城乡社会等级关系得到再强化。具体有两大表现：一是城乡社会空间和群体双重等级认同的形成。随着近代化的推进，我国社会发展由城乡并行转向城市单极主导，农村优势阶层（士绅、地主和知识分子等）流入城市，并努力完成以西式观念为主的城市化，拒斥回归农村。农村社会完全成为社会弱势群体的聚集场域。二是城乡社会道德性资源式微，生存性资源由城市单极支配。传统文教道统的瓦解导致社会道德性资源的全面式微，转而追逐对生存性资源的占有和支配。而城市日渐兴起的生产功能使之具备远超于农村的生产生存性资源的能力，加之社会权力和阶层重心的向城转移，使得城市日渐成为社会发展的单极支配力量，而农村的附属和依从地位日益强化。

新中国成立后，城乡社会发展的二元框架随着城乡户籍管理制度的确立而确立，随着城乡社会发展两极化的形成而加强，这越发强化了城乡社会和群体的双重等级结构。在城乡二元结构体制的制约下，城乡教育资源亦即二元分配，农村教育的末梢地位逐步凸显。无论在教育等级

---

① 许纪霖、陈达：《中国现代化史1840—1949》，学林出版社2006年版，第13页。
② 王奇生：《民国时期乡村权力结构的演变》，载周积明、宋德金《中国社会史论》（下卷），湖北教育出版社2005年版，第563页。

架构上，还是在教育资源的配置上，农村教育均居于城乡教育结构的边缘位置。此种重城轻乡的教育管理体制也使得作为农村教育发展的关键因素——农村教师——也因主体的末梢地位而使本身的社会地位很难得到社会的重视和提高，而且也因农村教育的末梢地位制约其社会地位的改善和提高。与此对应，一者缘于历史发展，二者缘于制度安排，社会系统和教育系统均使得农村社会和农村教师末端化和边缘化，也引导和强化了社会大众之于农村教师社会地位偏低的主观建构。因此，由于农村教师深嵌于农村社会场域，其社会地位自然受到近现代化过程中城乡社会和教育双重等级结构的影响。

（一）城乡社会等级空间的结构性紧张关系

鸦片战争之后，我国城乡社会逐渐卷入以西方主导的市场经济中，近现代化序幕随之拉开。然而，总体而言，我国"苦难"的近现代化历程开始于且实践难题也在于"农村"。从近代时期的太平天国运动、义和团运动、乡村建设运动、共产党领导的新民主主义革命，到现代时期的土改运动、人民公社化改造、家庭联产承包责任制，以及新农村建设、以工支农等均致力于促进社会结构的解构与再构，个体脱离于结构束缚、再嵌入与再脱离，以及农村社会力量的再激发和再组织。无论其失败成功与否，均反映出农村之于我国近现代化的重要作用和意义，投射出农村参与我国近现代化的深度与广度。然而，纵观我国近现代化历程，不难发现"现代化的发展，给中国的城市与乡村、沿海与腹地带来了一个截然分明的二元化结构"，① 也不难得出一条主线：农村的社会地位不断由主导转向服从，由主动转为被动，由中心变为边缘。这种历史转向的背后更折射出城乡社会发展的双重困局：一方面，我国近现代化多由农村推动，农村却从中所受益处极其有限。无论民主主义革命力量之投入，还是现代化建设力量之输出，农村均提供大量的生力军，其贡献之大无出其右。然而，除新中国之初至20世纪80年代仅40年间富有活力之外，农村社会发展长期或处于停滞，或处于混乱，或处于涣散，或是落寞，成为共和国快速发展过程中的"尴尬"背景。

---

① 许纪霖、陈达：《中国现代化史 1840—1949》，学林出版社 2006 年版，第 13 页。

　　另一方面我们有意促进农村社会发展，推动城乡社会的整体性发展，但似乎旨在建设一个远离农村，乃至去除农村底色的现代化中国。虽然近现代化革命的目的之一是对农村的社会力量再组织和社会秩序再恢复，但是目的达成后并未进一步导入促进农村社会的持续发展进程中，虽然民国年间一批批有识之士基于历史传统和国情实际给予农村社会重建以国家和民族振兴的战略高度，并身体力行，化思想为行动投入于乡建运动。① 乡建运动虽以失败告终，但此类观念和行动一再唤起国人对农村社会的重视。直至当代，无论社会舆论还是政策文件，均高度重视"三农"问题及农村教育发展，但是农村社会发展的最终命运被引导入服从国家支配和支持城市发展的历史轨道中。农村成了国家发展框架中的"配角"。尽管此后出台相应的扶持农村发展的政策，但城乡二者业已形成的累积性差距仍在持续扩大，社会发展重心已严重向城倾斜。当站在《新青年》② 创刊一百周年的历史当口，我们不禁要问，革命尚已成功，近现代化启动至今已有近170年，然而，目前的农村还留有什么，曾经为之骄傲的传统文化，鸡犬相闻的静谧乡间，蓝天碧水的乡土人间，和睦友善的熟人社会，敦厚淳朴的父老乡亲哪儿去了？我们也不禁要问，目前的农村还有什么，《千字文》《百家姓》的乡村教化，和谐相护的人际关系，稳定良性的发展秩序，祥和安康的生活状态哪儿去了？毋庸置疑，上述问题的答案主调是否定的。农村处于一种没有进步的发展，那城市呢？在政策和资源的双重支持下，借由工业和第三产业释放的产能，城市得

---

　　① 王拱璧在其家乡开展新村建设和新村教育，梁漱溟在山东邹平（含菏泽）开展"邹平实验"，晏阳初领导中华平民教育促进会在河北定县开展"定县实验"，陶行知主持中华教育改进社、呼吁乡村教育改造，阎锡山在山西开展村治实验，卢作孚在重庆北碚开展乡村改造运动，黄炎培主持的中华职业教育社、在开展江苏徐公桥农村改进试验区，雷沛鸿在广西开展乡村建设，等等。为何投入乡建运动，确如代表性人物梁漱溟指出的："浅一层来说，是由于近些年来的乡村破坏；第二层，是起于中国乡村无限止的破坏；第三层，是起于中国社会积极建设之要求；第四层，今日中国问题在于其千年相沿袭之社会组织构造既已崩溃，而新者未立，乡村建设运动，实为吾民族社会重建一新组织构造之运动。"（参见梁漱溟《乡村建设理论》，上海人民出版社2014年版，第9—24页）。

　　② 《新青年》是由陈独秀于1915年9月15日在上海创刊，初名《青年杂志》，1916年改名《新青年》。《新青年》编辑部后于1917年移师北京，1920年返回上海，在1926年停刊。《新青年》倡导科学、民主和新文学，发起了新文化运动，推动了五四运动，鼓吹民主革命和反封建。

到快速发展。总体而言,我国城乡社会发展已趋于"极化"态势。

上述双重困局属于并发互构且一时难解,以致城市社会繁荣与乡村社会破败并存的局面难以短时间内得以扭转。这一方面表明城乡社会发展问题之严重,另一方面却也道出城乡社会结构性发展之于乡村社会的束缚非一时所能破解。这也导致三方面影响:一是城乡社会等级空间结构将持续存在。尽管目前国家有意增加对农村社会发展的支持力度和密度,尽管新型城镇化政策实行意欲消弭城乡发展裂缝,尽管城乡社会等级空间由分化走向融合是历史大势,但目前城乡社会发展分殊迥异,人口向城流动路线清晰。城乡社会等级关系仍将持续存在。二是城乡社会互为排斥仍将持续存在。以权力和利益为社会评价体系的当下,城市社会更能够符合人们获得权力和利益、获得生存性资源的期待。因此,城乡社会等级结构关系的持续存在将维持二者之间的排斥关系——与"农"相关的人与物仍将在较长时间内被赋予"落后""土气""穷"等意义,反之,与"城市"相关的则被赋予"先进""现代""未来"等意义。农村仍将处于社会等级的洼地,而城市则继续占据着制高点。三是加剧处在农村场域的群体身份弱势地位。在以城市发展为取向,以获得生存性资源为目的的社会主调下,向农或在农发展均是一种"逆城市化""逆社会化"的社会表现。在此背景下,人人均以走向城市、扎根城市、获得物质富足作为社会成功的标志,反之,回到农村或者服务农村被认为是社会竞争体系中的失败者或落选者,被赋予"没出息"的意义指称。与此对应,城乡社会发展的实际也在强化这种群体身份差异:城市不断积聚着在个人能力、社会资本、经济资本等方面处于优势的社会"强者"群体;农村则生活着在上述方面处于劣势的社会弱势群体。而近前所大力推动的新型城镇化则可能发挥着筛选功能,将会进一步加剧对城乡社会群体的"优胜劣汰",进一步拉大城乡社会群体的社会距离。

(二) 城乡教育等级差序格局的形成与强化

我国除却城乡社会存在等级关系外,城乡教育也在历史发展和制度安排的作用下建构起等级差序格局。人类社会特有的教育活动,起源于人类适应社会生活的需要和人类自身身心发展的需要,是人类社会存在和发展的必要条件。① 在我国城乡社会长期分化的过程中，教育也相应地形成了城乡有别的等级结构关系。总体上，城乡教育等级关系经由秩序维护与等级教育的互构、功能区分与差异供给的强化和个体发展与资源配置的冲突三个演化阶段，这种差序格局也在近前城乡社会发展差距拉大情形下不断强化。

1. 城乡社会等级空间构造下城乡教育发展：秩序维护与等级教育的互构

获得生存性资源是人类得以生存和延续的前提，人类活动皆是围绕生存而展开。在生存性资源匮乏而又极度依赖自然的原始和部落狩猎社会，为最大限度地获得生存性资源，人类便展开关于识别和怎样获得生存性资源的教育。《尸子》记载"伏羲之世，天下多兽，故教民以猎"，《周易·系辞》记载"神农氏制耒耜，教民以作"。这是一种生存经验丰富者对缺乏者的生存能力培训。正是通过此类形式，生存经验丰富者获得了对生存经验乃至自然世界的解释和话语权，并进一步获得在群体中的威望。但由于生产能力有限、生存性资源匮乏，人类只有通过合作，共同参与生产，才能合力解决生存窘境。

随着生产工具的改进和人类群体的扩大，生存性资源的生产环境得到改善，部分生产能力较强的人逐步脱离生产序列，进而成为生产的管理者乃至拥有者。在生产劳动以生理机能损耗乃至面临生命之忧来展开的情况下，生存能力强的人必然会寻求机会脱离生产，并会进一步把这种生存关系固定下来。达成的方式，除了暴力争夺镇压外，便是教育。因此，教育就分化成为管理者而教和为生产者而教。《尚书·舜典》记载"夔，命汝典乐，教胄子""契，百姓不亲，五品不逊，汝作司徒，而敬敷五教，在宽"。前者是教育生产管理者，内容是典章音乐，目的在于性情陶冶和精神追求，而后者是教育生产者，内容是行为规范，目的在于规训教化和服从秩序管理。

到农业社会，社会已演化为社会管理者、生产管理者和生产者三大群体，并构造了具有社会等级的城乡居住空间。教育也依此演化成为社会管理者而教、为生产管理者而教以及为生产者而教的具有等级空间差

---

① 孙培青、杜成宪：《中国教育史》，华东师范大学出版社2009年版，第3页。

异的分布形态。《礼记·学记》记载："古之教者，家有塾，党有庠，术有序，国有学。"在社会等级空间内设立具有等级差异的教学机构，形成城乡有别的官学和私学体系。《汉书·平帝纪》记载："安汉公奏立学官，郡国曰校，县道邑侯国曰校，校学置经师一人；乡曰庠，聚曰序，序庠置《孝经》师一人。"城市官学服务于社会管理者和具有较强实力的生产管理者，得到政府资源支持并在社会等级进阶中处于优势，目的在于培养未来的社会和生产管理者。而农村私学依赖家族资源支持，服务于生产管理者和较强实力的生产者，倾向于行为规范和道德教化，其"目的是以父母、祖父母，甚至远祖的模式来培养他们的后代。人们不让孩子自己发展，拥有各自独特的性格。他们关心的只是……尽快使孩子成为符合传统规范的成人"。[1] 在晋朝前后，由于势力庞大的地方贵族日益威胁到王朝统治，后朝吸取教训，开始采用生产管理者乃至生产者皆可参与的教育选拔方式——科举制来选拔社会管理者。由于社会管理者和生产管理者均是源自生产者阶层，其与生产者的心理和文化距离并不很大，尤其是多数生产管理者与生产者共处一个地理空间，导致两者间的文化距离并没有逐步拉大。因此，尽管教育存在城乡等级空间之分，但处于社会边缘的生产管理者和生产者仍可通过个人的教育努力实现社会等级的转换。科举制也很好地维护了城乡社会的等级秩序和等级教育，促进了我国农业社会的"超稳定"。

2. 城乡社会等级空间重构下城乡教育发展：功能区分与差异供给的强化

时至近代，因西方列强侵略而引发晚清城乡社会生存性资源供需的总体性危机，促使国人寻求自强御敌之道。西方国家的成功自然成为国人学习借鉴的首选。在学习西方和应对西方挑战过程中，晚清社会在经历了"师夷长技以制夷""求强，求富""中体西用"的社会大讨论后，逐步把教育的功能上升到推动国家工业化和实现民族独立的战略高度，并渐次开展以促进社会生产为主旨的教育改革——"废科举，兴学校"。新式学校呼应工业化社会生产，需要固定的校舍，受过专门培训的师资，

---

① 许烺光、祖荫下：《中国乡村的亲属，人格与社会流动》，王芃、徐隆德译，南天书局有限公司 2001 年版，第 176 页。

系统的课程教材和教学器材，而新式教育系统有着固定学龄分段且更长的修业年限，等等，这些意味着新式教育需要社会和个人更多的资源投入。然而，由于晚清政府内忧外患，加之城乡社会生存性资源的总体性危机，使之教育资源分配偏向急需开展工业化的城市，而无暇顾及农村教育。新学校取代了大部分私塾，而没有直接减少文盲的数量。它主要在城市地区——特别是通商港口——发展起来……政府津贴大多发给城市学校，所以多数最好的学校都是设在城市里。①

新中国成立后，城市的生产功能仍未得到发挥，城乡社会仍未摆脱总体性危机，仍亟须推动工业化和提升城市生产功能。同时，由于城市生存性资源供需紧张，无法吸纳非体制内的农村流动人口，城市严控农村学生通过教育努力实现社会等级流动的通道。在此背景下，城乡教育功能在国家政策层面较为明确划为：城市教育为工业化而教，由国家供给；农村教育为农业而教，主要由基层供给。1953 年颁布的《政务院关于整顿和改进小学教育的指示》指出："由于国家逐步工业化，城市人口增加较快……在工矿区、城市特别是大城市，公立小学应作适当发展，在农村，为适当解决农民子女入学问题……除在学校较少的少数民族地区和老革命根据地应作适当发展外，其他地区均以整顿提高为主，一般不作发展。"② 1958 年国家明确提出，执行教育"两条腿走路"的方针。"目前进行社会宣传工作，应着重宣传动员农村高小毕业生从事农业生产……在有条件的城市，应动员中、小学毕业生进工厂做工和学工。"③由此，城乡教育共同服务于国家发展布局，但因城乡社会的功能区分而使资源供给差异，城乡教育发展也隔离分殊。

3. 城乡社会等级空间强化下城乡教育发展：个体发展与资源配置的冲突

20 世纪 80 年代以来，随着城市生产功能的发挥和人口流动的加速，

---

① ［美］吉尔伯特·罗兹曼：《中国的现代化》，国家社会科学基金"比较现代化"课题组译，江苏人民出版社 2003 年版，第 356 页。

② 何东昌：《中华人民共和国重要教育文献 1949—1975》，海南出版社 1998 年版，第 263 页。

③ 何东昌：《中华人民共和国重要教育文献 1949—1975》，海南出版社 1998 年版，第 332 页。

城乡社会的结构和附属关系也发生了改变。尤其是十四届三中全会提出构建社会主义市场经济体制的基本框架之后,市场经济改革的不断深入,城乡社会卷入国内乃至国际的市场经济浪潮中,各群体不断地融入市场信息的交换中,通过参与市场来获得生存性资源。维持个人(群体)生存的物品和服务已变为社会化生产,获得途径也由过去的单位或政府供给变为现在向社会购买或交换。个人(群体)必须在生产、流通和销售的一个或者多个环节付出劳动才能得到相应的物品和服务。原有社会管理者、生产管理者和生产者群体脱嵌于各自相对稳定和封闭的城乡社会和单位系统,并渐次建构起依自致能力高低来决定,且相对多元和开放的社会等级序列。因此,通过教育来促进个体发展,实现社会等级提升已然成为城乡社会的共同要求。

然而,在城乡社会趋于强化的背景下,国家教育政策层面的城乡教育功能区分逐步消解,但城乡教育资源配置仍是以城市教育为主的差异供给。1985 年 5 月颁布的《中共中央关于教育体制改革的决定》指出教育分级管理,而 1994 年实行的分税制改革则使得中央和地方在事权与财权上的不对应,弱化了地方财政的教育供给的能力。这些虽然表明政府下放了教育管理权,扩大了地方教育管理权限,但是在原有的资源分配体制下,这种下放不仅加重了地方负担,而且削弱了农村教育原本薄弱的基础。很显然,地方财政很难改善农村教师的工资水平、医疗福利待遇、住房等问题。尽管中央政府随着城市生产生存性资源扩张的不同阶段,相应地提高了对农村教育资源的供给力度,农村教育资源的支持位阶也实现了从乡级政府到县级政府,再到省级统筹的提升,但各地农村生产功能各异且整体偏弱,以及城市仍对农村存在"剥夺",加之原有累积性差距,使得既有的资源支持难以改变对农村教育资源供给不足的问题。这就出现了,一方面社会总体性生存性资源丰富,另一方面农村教育普遍衰落的局面。而农村教育的普遍衰落必然影响到农村学生在教育和社会竞技场中发展空间和社会等级进阶。因此,目前城市教育资源的充足及城市学生发展的优势与农村教育资源供给的不足及农村学生发展的弱势之间的冲突,是当前城乡教育一体化发展必须克服的难题。

（三）城乡社会与教育的等级强化下农村教师社会地位窘境

农村社会和农村教育均处于城乡社会与教育等级结构体系中的末端位置，并在资源分配不均衡和社会快速发展的影响下，二者的末端位置不断得到强化，从而使身处这两大体系中的农村教师社会地位末端化并被不断强化。这主要体现在三方面：一是无法获得具有社会竞争性的生存性资源。农村教师很难在处于末端的农村社会和农村教育体系中获得和占有富有社会竞争的生存性资源，也即难以实现社会进阶和身份转换，反而农村社会和农村教育所能提供的有限生存性资源使其在整体的社会结构中处于底层位置。二是制度的供给力度和吸纳程度不足。农村教师之于生存性资源的获得仰仗于制度安排，其底层位置实际也投射出制度供给力度和吸纳程度的不足，没有采取充分支持以帮助其扭转不利处境。三是城镇化快速推进加速农村教师社会地位的"下沉"并强化之。城镇化带来三重社会效应：生存性资源向城镇高度积聚，农村日益贫乏，城乡社会发展差距扩大；农村人口向城流动加剧，形成以城镇为中心的地位层级评价逻辑；农村人口可自由进入城镇和参与市场交换，以此获得比之农村更多的生存性资源，并形成以生存性资源为取向的地位层级评价逻辑。由此，农村教师无论工作场域还是比之于周围群体占有生存性资源量，均处于一种"下沉"状态。

1. 农村社会空间特质：贫乏与被排斥

新中国成立后，国家通过对一系列社会改革，对趋于分崩的城乡社会力量进行了再组织，借由政治力量架构起城乡社会联结框架，建立起从乡（镇）、县、市、省到中央的层级式向上高度集权的行政管理体制。具体而言，整个政府管理体制如同由 6 个大小不同的同心圆构成。其中，中心圆权力最大，可支配资源最多，为中央政府，由中心向外依次为中央政府、省级政府、地市级政府、县级政府、乡（镇）政府和村（大队），① 其权力和可支配资源量也依次递减，而且，外围的权力和可支配资源向中央集聚。各个同心圆的图线也由中心的粗线变为最外圈细且虚

---

① 村（大队）尽管是自治，但村（队）里强调党员书记领导，在党政一体的政府运行模式下，村（大队）实质上也参与由政府主导的资源分配体系中。

的图线。费孝通在《乡土中国》中指出，乡土社会的社会结构是以自己为中心向外延伸的"差序格局"，中国的政府与教育管理结构也类似，是以中央政府为中心向外延伸。"差序格局"的一个重要特点是层次性和亲疏分别。尽管是高度的中央集权，但权力的通达从中央到地方并非畅通无阻，只不过新中国成立后，党和政府构建了一个以现代政府模式的底层机构，使中央政策在地方贯彻成为可能。但处在乡（镇）、村（大队）的农村教育相对应地所能支配的资源也极其有限（见图5.7）。毫无疑问，在这种社会运行模式下，可支配资源少就意味着在社会公共事务中缺乏支配权、发展权和话语权。在这种政府管理体制下，计划经济得以高效运行，社会资源流向为支持发展城市工业和政府计划的大规模项目中。如此状况，必然导致农村社会及农村教育处在社会资源分配体制的末梢位置。

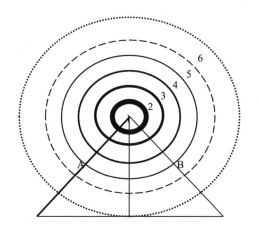

图5.7 政府及教育管理图示①

而对于农村教师而言，参加工作显然不仅仅是为了薪酬待遇，也是为了家庭发展。就其个人求学和社会阶层②即可得知，为了获得和占有更

① 图中，1代表中央政府；2代表省级政府；3代表地市级政府；4代表县级政府；5代表乡（镇）政府；6代表村（大队）；A代表社会资源的中央集聚；B代表中央下放的权力。

② 调研数据显示，农村教师父辈职业基本属于社会结构的中下层和底层，村屯教师父辈职业中农民占61.23%，教师占13.70%，乡镇教师的占比分别是61.38%和16.39%（参见邬志辉、秦玉友《中国农村教育发展报告2012》，北京师范大学出版社2014年版，第244—245页）。

多的生存性资源，为了求得更好的工作和更好的家庭发展环境，他们才
甘愿在激烈的高考竞争中选择师范院校，最后选择教师职业，赴农任教。
他们本身的经历就是一个不断努力实现社会进阶的过程。因此，他们也
希望参加工作不仅能够给自身带来生活境遇的改变，也希望以此给子女
和家庭提供更好的生活和发展环境，以实现身份转换和地位提升。然而
在公共服务城乡二元属地化管理和供给的政策背景下，农村教师工作所
处的农村社会空间在经济、教育、医疗、娱乐和交通等方面的指标远低
于城市社会空间（见表5.1）。二者各方面的差距更是得用倍数来加以描
述，并且随着城市进一步发展而累积更大的差距。相对贫乏的农村社会
空间已在强调经济发展和社会资本竞争的大环境中处于弱势和衰势，已
很难有效地提供资源给当地居民参与以城市为主的市场竞争。在人口流
动自主化和流动高度化的当下，农村本地人也通过教育升学、劳动力输
出和搬家迁居等方式纷纷逃离农村。因此，农村社会空间所能提供给农
村教师子女和家庭的发展几乎为无，反而农村教师去农村任教的行为是
一种逆城市化流动。而农村教师若是要维护子女和家庭更好发展的可能，
就必须以仅有的工资收入支撑其在乡镇、县城乃至消费更高地方的学习
和生活。

表5.1   **城乡社会发展差距（部分）**

	农村	城市
人均预期寿命（岁）*	72.29	77.33
人均受教育年限（年）**	7 >	10
居民人均可支配（纯）收入（元）	7916.6	24564.7
每千人口医疗卫生机构床位（张）	3.11	6.88
居民家庭人均文教娱乐支出比重（%）	7.5	12.2
居民每百户拥有家用（生活）汽车（辆）	6.59	21.54

资料来源：国家统计局：《中国统计年鉴2013》，中国统计出版社2013年版。"*"为2009
年的数据（胡英：《中国分城镇乡村人口平均预期寿命探析》，《人口与发展》2010年第2期）；
"**"为2003年数据（孙宇挺：《中国人均受教育年限达8年，农村义务教育经费大增》，ht-
tp：//www.chinanews.com/，2014-12-21）。

2. 农村教师的职业提供：生存与发展的窘境

改革开放前后，农村教师队伍较长时间处在民办教师的阴影之下。20 世纪 60 年代，国家财政的有限和农村社会对教育的巨大需求之间的矛盾催生了大量的农村民办教师，以至民办教师问题在接下来很长一段时间未能得到有效解决。在 20 世纪 80 年代到 90 年代，随着国家财政体制管理的精细化和商品经济在农村的发育和扩大，民办教师作为农村社会教育公共产品的服务人员的政治地位和经济待遇问题日益凸显。与公办教师具有干部身份、拥有较高的政治地位和经济待遇相比，民办教师是"体制外"群体，地位和待遇堪忧。民办教师的命运常常掌握在地方掌权者手上，地方掌权者既能推荐或允许某人成为民办教师，也有权辞退民办教师。在农村，民办教师不仅屈从于公办教师，而且依附于地方掌权者。在强调"铁饭碗""公家人"的年代，许多农村教师尽管工作在象征国家权力深入乡村的学校，其政治地位和经济待遇还是停留在"民办"，是体制外的群体。不少地方明确规定，小学的正副校长都得从公办教师中选任，而有的乡村公办教师少得可怜……而民办教师中……有的过去就是校长、副校长，因为是民办教师，却往往给拉了下来。[1]"公""民"分明，民办教师的劳动没能得到体制的认可。

改革开放初期，"由于广泛的现代社会分工所造成的个人之间与组织之间的那种新型相互依赖关系，大多数是通过国家有计划的调控而不是通过市场的自发调控来实现的"，[2]虽然农村教师处于资源再分配的末端位置，但因其体制内身份，具有身份地位，这吸引了大部分农村精英加入其中。中央政府在新中国成立之初就着力建构国家控制社会的体制，并不断强化国家对资源的垄断和分配能力，造成全社会对国家体制的高度依附。在这种体制下，国家能够突然地转移社会群体所拥有的相对资源，从而改变他们相对的社会经济地位，这样的资源转换通常是出于意识形态和政治的考虑，而不是以市场效率为依据的。[3]在农村教师管理

---

① 庞守兴:《困惑与超越——新中国农村教育忧思录》，广西师范大学出版社 2003 年版，第 150 页。

② 谢立中:《当代中国社会变迁导论》，河北大学出版社 2000 年版，第 49 页。

③ 边燕杰:《市场转型与社会分层》，生活·读书·新知三联书店 2002 年版，第 384 页。

上，农村教师的工资待遇、编制、职称、学历等被政府通过制度以规定之，与国家体制也形成依附关系。另外，由于工业化滞后和缺乏现代管理理念，城市的生产功能未能充分发挥，加之土地分配的高度平均以及之后理想的农业合作社都未能提高农村社会的生产效率，导致新中国成立初期仍面临总体性资源不足的问题。为了加速实现工业化，同时稳定城乡社会，政府实施了以户籍为核心，禁止城乡人口流动，资源配置有利于城市的城乡二元管理体制。在此体制下，政府通过行政手段整合农村资源支持城市，而在资源再分配时对农村的安排较少。因此，农村教师依附于体制，但体制安排中则处于资源再分配的末端。尽管如此，农村教师的体制身份依然吸引农村精英的加入。由于早期城乡二元管理体制禁止城乡人口流动，这造成城市社会对农村社会的屏蔽，农村社会在一定程度上形成一个封闭系统，农村社会对群体（个体）社会地位的判断来源于对在农村内部对资源的获得和占有。而农村教师的体制身份意味着可以从国家分配中获得资源，这对当时附着在土地上而土地又高度平分造成的普遍不富的农村来说，农村教师是一种国家体制的象征，属于"金饭碗"。

随着改革开放的推进，尤其是十四届三中全会提出构建社会主义市场经济体制的基本框架之后，我国市场经济改革不断深入，农村社会不断裹挟到市场经济的浪潮中，农民群体不断地融入市场信息的交换中，通过参与市场能获得更多的收入，其经济收入迅速提高。而农村教师本身不能参与商品生产、市场交换，仅依靠于资源再分配的制度性安排，但国家体制未因此针对农村教师做出相应且有效的调适，导致其经济收入未有实质改观，反而在农村社会以及全社会的经济收入提高的比较中显得收入下降了。同时，在城乡市场信息交换过程中，农村社会虽受城乡二元管理体制之困，但人口流动仍然使其由封闭转向开放，农民由固着于土地转向离地入城。农村社会对群体（个体）社会地位的评价也就不在做农村内部的比较，而转向看重在市场经济社会中获得和占有资源的多少。相对而言，农村教师反而固着在农村场域，所能获得和占有的资源极其有限。

在实践中，作为受过高等教育培训和拥有专业技能资质的群体，在职教师和师范院校大学生都会期望所从事的职业能给予其生存保障和发展空间。尤其是在社会各个群体的经济收入通过参与市场信息交换而日益增长，社会也日益注重用经济收入指标来评判个人能力和社会地位的当下，教师群体更会希望职业提供不仅能满足生存需要，而且能实现身份地位的提升。而近 20 年，农村教师深受体制分配之苦，在农村乃至全社会的弱势地位凸显。其中虽然纵观 20 世纪 90 年代以来的教育财政管理体制，农村教师队伍的财政支出管理重心逐渐上移，由单纯乡到县的地方政府负责，到中央政府和省级政府共同承担，[①] 但农村教师实际的职业提供仍然让其陷入生存和发展的窘境。这具体体现在两大方面。

第一，农村教师工资收入长期处于偏低状态。工资收入是就业人员的生活保障。据研究者针对农村教师职业生活经历问题的质性研究得知，在工资方面，之前有工资拖欠，[②] 现在基本解决，但城乡工资有差别，城里工资高；在过节礼物方面，与县城其他公司的岗位和教师相比，农村教师过节收到的礼品确实很少且有差距；在奖励方面，表现优秀的农村教师比之县城教师更难更少得到物质和精神奖励。[③] 具体到经济收入层面，虽然农村教师工资性经济收入在近十几年有所提高，但总体上处于下游水平，与城镇同行教师、其他城镇企事业乃至农村外出务工劳动力

---

① 新中国成立初期倡导"人民教育人民办"，"村村办小学"实为百姓承担教育办学经费。1985 年确立了"分级办学、分级管理"的教育管理体制。但 1999 年《中共中央国务院关于深化教育改革全面推进素质教育的决定》提出"加大县级人民政府的教育经费、教师管理和校长任免方面的统筹权"，旨在改进"以乡为主"教育管理体制。2000 年《关于进行农村税费改革试点工作的通知》的颁布标志着农村教育办学经费投入主体由"农民"转为"政府"，农村教师工资转为县财政统一支付。2001 年《国务院关于基础教育改革与发展的决定》明确了县级地方政府的权责与作用。2006 年新《中华人民共和国义务教育法》确立了以省统筹、以县为主的义务教育管理体制。总体而言，农村教师队伍的财政支持的管理中心经历了由村到省的渐次上升过程。

② 1993 年前后，不少地区教师工资被拖欠。1992 年以来，全国有 20 多个省、市、自治区拖欠中小学工资总额约 13 亿元（截至 1993 年 10 月），至 1993 年年底，仍欠 6 亿多元（见李小融《中国基础教育问题》，湖南教育出版社 2000 年版，第 355—356 页）。据有研究者调研得知，1998—2005 年，农村教师工资虽按时但没有足额发放，平均所发工资占应发工资的 60%—70%，其余均为档案工资，个别乡镇还存在长年全额拖欠教师工资的现象（见李静波、郭丹丹《东北某县农村教师问题调查研究》，载国家教育行政学院《基础教育：政策与制度热点》，山东大学出版社 2005 年版，第 144—146 页）。

③ 参见谢春丽《我想调离农村：一位农村小学青年女教师职业价值观的质性研究》，南京师范大学硕士学位论文，2012 年，第 21—24 页。

相比处于较低水平，且缺乏竞争力。在 2003 年，农村教师年收入约 9597 元，而省会城市教师约为 18065 元，两者相差近 8500 元。更有甚者，多数地方的农村教师工资收入与同年龄、同学历、同职称的城市教师相比，平均少 1/2 左右，是城市重点学校教师工资的 1/5 左右。① 更是与除城镇集体单位就业人员之外的城镇单位就业人员、城镇单位在岗职工、国有单位就业人员和其他单位就业人员的年收入相差超过 3000 元，约是农村教师近 4 个月工资收入。此后农村教师工资虽有增长，但城镇教师、其他行业教师工资以及物价均在增长，比较之下，农村教师的工资收入仍与其他职业群体存在较大差距。以 2009 年的年工资比较而言，村屯教师仅为 20339.76 元，乡镇校教师为 20509.60 元，二者与县城校教师相差 1200 多元，与地级城市和省会城市学校教师相差近 1 万元。尽管不同行政层级学校教师在入职前的教育水准和专业资质有一定差异，其所面对的工作量和生活消费环境有异，但各自的工作内容基本相当，劳动过程相对同质，彼此间较大的工资差距已让人高低立判。此外，2012 年农村教师年工资也均低于城镇单位就业人员，甚至低于外出务工劳动力就业人员近 6000 多元。直至 2015 年，在各级政府出台多项政策大力支持乡村教师队伍建设的背景下，农村教师的年收入水平已超过 4 万元，乡镇教师为 46005 元，村屯教师为 43778 元，已大幅缩小与城市教师的工资性收入差距，且已超过农村外出务工劳动力（2015 年人均经济收入 36624 元）近 7000 元，但是仍与城镇企事业单位人员存在近 1 万元的差距（见表 5.2）。因此，无论从纵向与本职业其他教师比较，还是横向与城镇单位就业人员以及外出务工人员比较，农村教师的工资收入长期处于弱势，近期虽在政策的支持下有了很大的改观，但此类政策的持续性、稳定性仍需再审视。相对而言，农村教师职业无法在工作内拓展其经济收入来源，即说明工资性收入就代表其经济收入水平和生活水准。农村教师较低的工资性收入也就意味着其较低的职业发展空间和生活水准。

---

① 秦玉友：《农村教育体系调整研究》，东北师范大学出版社 2008 年版，第 136 页。

表 5.2　　　　义务教育段教师与其他就业人员年均工资比较　　　　单位：元

年份(年)	城镇单位就业人员a	城镇单位在岗职工a	国有单位就业人员a	城镇集体单位就业人员s	其他单位就业人员a	农村外出务工劳动力b	省会城市校教师	地级城市校教师	县城校教师	乡镇校教师	村屯校教师
2003	13969	14040	14358	8627	14843		18065c			9597c	
2004	15920	16024	16445	9723	16519						
2005	18200	18364	18978	11176	18362						
2006	20856	21001	21706	12866	21004				14517d	11013d	10530e
2007	24721	24932	26100	15444	24271				16900f		15600f
2008	28898	29229	30287	18103	28552						
2009	32244	32736	34130	20607	31350		33583g	33062g	21795g	20510g	20340g
2010	36539	37147	38359	24010	35801						
2011	41799	42452	43483	28791	41323						
2012	46769	47593	48357	33784	46360	26988		34566h	30794h	28842h	26341h
2013	51483	52388	52657	38905	51453	30504					
2014	56360	57361	57296	42742	56485	33564					
2015	—					36624	48098i		44075i	46005i	43778i

资料来源："a"——中华人民共和国国家统计局，国家数据—年度数据—就业人员和工资，http：// data.stats.gov.cn。"b"——2012—2015 各年的第 3 季度数据月均收入×12 个月所得到年均收入值（见中华人民共和国国家统计局，国家数据—季度数据—人民生活—外出务工，http：//data.stats.gov.cn。"c"——来自东北师范大学农村教育研究所 2002 年 9 月至 2003 年 4 月开展的"农村教育状况全面调查"获得的数据）。调研得知，省会城市某所普通初中的教师工资月收入约为 1389.58 元，而西南 E 县的农村教师月收入约为 738.21 元。在此基础上乘以 13 个月得到相应值（参见秦玉友《农村教育体系调整研究》，东北师范大学出版社 2008 年版，第 136 页）。"d"——刘金松《如何让农村教育发展更有后劲》，《中国教育报》2007 年 11 月 19 日。"e"——有学者于 2006 年在中西部 6 省 18 县（市）开展调研，发放 4100 份农村教师问卷，数据分析得到农村教师月均收入 810 元。在此基础上乘以 13 个月得到相应值（参见雷万鹏《中国农村教育焦点问题实证研究》，华中科技大学出版 2007 年版，第 7 页）。"f"——吉林省德惠县城第三小学宋玉梅老师，小教高级，每月收入 1300 多元，德惠市下家甸小学徐永芬老师，小教高级职称，每月收入 1200 元。在此基础上乘以 13 个月得到相应数值［参见马扬《农村教师工资福利亟待提高》，《东方城乡报》2008 年 2 月 12 日（B04）］。"g"——张源源《义务教育教师职业城乡分层问题研究》，东北师范大学博士学位论文，2011 年，第 61—62 页。"h"——来自东北师范大学农村教育研究所于 2012 年大调研数据，选取浙江、江西和湖南三省数据计算得到，城市教师每月总收入 2658.94 元，县城教师是 2368.77 元，乡镇教师是 2218.59 元，村屯教师是 2026.24 元。在此基础上乘以 13 个月得到相应数值。"i"——来自东北师范大学农村教育研究所于 2015 年大调研数据，选取浙江、江西和湖南三省数据计算得到，城市教师每月总收入 3699.87 元，县城教师是 3390.39 元，乡镇教师是 3538.88 元，村屯教师是 3367.59 元。在此基础上乘以 13 个月得到相应数值。

第二，农村教师职称晋升和荣誉评价的"延后性"。职称晋升和荣誉评价是就业人员职业发展的核心指标。教师职称晋升不仅意味着对教师辛勤工作的认可和尊重，更代表着职业发展向上提升的可能。尤其是职称本身附着了薪资级别、荣誉评比和进修培训等显性和隐性的福利，职称就意味着专业身份和社会身份的区别。而荣誉评价则代表教育系统乃至社会系统对其工作的认可程度，也是一种身份象征。但调研数据显示城乡教师职称悬殊，农村教师在职称晋升和荣誉评价双重体系中基本处于劣势。具体表现在如下三个方面：一是城乡教师职称分布上，乡镇初中和村屯小学成"职称短板"。在初中阶段，"中教高级"所占比例由城向村屯依次递减；在小学阶段，"小教高级"所占比例城市是 48.38%，县城是 55.94%，乡镇是 47.38%，村屯是 41.57%。二是城乡教师职称晋升时间上，农村教师普遍晚于城市教师。在初中阶段，乡镇教师晋升到"中教高级"的平均年龄是 40.86 岁，要比城市教师多花 1.89 年，比县城教师多花 1.84 年。在小学阶段，村屯教师晋升到"小教高级"的平均年龄是 37.41 岁，要比城市教师多花 4.43 年，比县城教师多花 5.17 年，比乡镇教师多花 1.7 年。职称晋升年龄延后就意味着职业发展的延后，意味着与此相关的诸如薪资提级、荣誉评比、进修培训乃至提干等的延后。三是城乡教师荣誉分布上，村屯教师成教育体系"荣誉末端"。在"市级骨干教师""省级骨干教师""特级教师"三级荣誉评价体系中的教师比例分布上，总体样态是村屯比乡镇低一半以上，乡镇又比县城低一半以上。[①] 据东北师范大学农村教育研究所 2015 年 12 月在浙江、江西和湖南三省的调研数据分析也得知，获得市级及以上荣誉的教师比例，城市是 46.6%，县城是 36.4%，乡镇是 43.3%，村屯是 22.7%。由此看来，乡镇教师获得荣誉层级提升较大，与城市和县城差距缩小，甚至已超过县城，但村屯教师仍然是城镇教师的一半。而没有获得荣誉的教师比例，城市是 12.2%，县城是 18.4%，乡镇是 14.6%，村屯是 30.7%。此项村屯教师比之城镇教师多之一半以上（见表 5.3）。概而言之，村屯教师仍处于教育体系"荣誉末端"。

---

① 以上三个方面调研数据摘自邬志辉、秦玉友《中国农村教育发展报告 2012》，北京师范大学出版社 2014 年版，第 232—236 页。

表5.3　　　　　　**2015年城乡教师获得最高荣誉分布情况**

	城市		县城		乡镇		村屯	
	频数	百分比（％）	频数	百分比（％）	频数	百分比（％）	频数	百分比（％）
未获得	49	12.2	42	18.4	110	14.6	50	30.7
学校级	33	8.2	20	8.8	90	11.9	27	16.6
县级	132	32.9	83	36.4	228	30.2	49	30.1
市级	97	24.2	49	21.5	182	24.1	22	13.5
省级	59	14.7	27	11.8	85	11.3	7	4.3
国家级	31	7.7	7	3.1	60	7.9	8	4.9

注：N＝1547，有效百分比＝97.46％，缺失值＝41。

　　因此，农村教师薪酬待遇的实际使之面临生存和发展双重窘境。众所周知，农村教师群体与普通大众一样，皆是通过职业来安身立命。按照社会分工的一般规律，农村教师群体较高的受教育水平和专业技能理应获得较高的薪资待遇和发展空间。调查数据显示，目前农村教师平均受教育年限超过 13 年,[1] 全国平均受教育年限 9 年[2]，高于近 4 年。因此，无论个人的社会资本，还是整体的社会分层，农村教师皆应属于社会优秀人才序列，其定会有较高的个人和家庭的生存与发展诉求。然而，农村教师实际的职业提供和社会空间特质仅满足了在职农村教师的生存需求，却未能有效地促进其个人和家庭的社会发展。由于人们会以工作所处的场域为参照系，根据自己的生活共同体，以及从中获得的生活保障和社会尊重来确定自己的地位层级认同。[3] 因此，农村教师和社会会以农村社会和农村教育体系的等级结构、农村教师职业实际做出地位层级判断。就目前来看，农村教师社会地位无论个人认同，还是社会对其主

---

[1]　邬志辉、秦玉友：《中国农村教育发展报告 2012》，北京师范大学出版社 2014 年版，第 255 页。

[2]　马建堂：《科学发展，铸就辉煌》，《求是》杂志 2012 年第 12 期。

[3]　高勇：《地位层级认同为何下移》，《社会》2013 年第 4 期。

观评价均处于持续偏低状态，持续自我的边缘化认同。①

本章小结

本章旨在解析当代农村教师社会地位边缘化问题。在当代，道德性资源的式微以致生存性资源的占有情况构成群体（个体）社会地位。换言之，失去文教道统支撑的农村教师，需要凭借知识以获取生存性资源，借此生成社会地位。

---

① 2006 年的调研数据显示，4.8% 的农村教师认为自己的收入在当地处于中上等，32.9% 认为中等，62.2% 认为中下等甚至下等（参见雷万鹏《中国农村教育焦点问题实证研究》，华中科技大学出版 2007 年版，第 8—9 页）。2011 年的调研数据显示，若把社会阶层分为"上层、中上层、中层、中下层、下层"五层，92.3% 的农村教师认为自己属于"社会中下层"，96.4% 的村小学教师认为自己属于"社会下层"（参见李金奇《农村教师的身份认同状况及其思考》，《教育研究》2011 年第 11 期）。2013—2014 年的调研数据显示，社会对小学教师社会地位的评价是由省重点、省一般、市重点、市一般、县重点、县一般、中心校到乡村学校教师依次递减。而农村教师在当地社会地位的自我评价，乡镇教师认为处于上等的占 1.12%，中上等 3.27%，中等 25.46%，中下等 39.51%，下等 30.64%，村屯教师的相应值分别为 1.47%，4.82%，31.19%，38.02%，24.5%（参见邬志辉、秦玉友《中国农村教育发展报告 2013—2014》，北京师范大学出版社 2014 年版，第 308 页）。据东北师范大学农村教育研究所于 2015 年 12 月在浙江、江西、湖南三地调研的数据分析得知，近乎百分之百的城乡教师认为社会地位在当地处于社会中等偏下，其中县城和乡镇教师的这种社会地位认同较强，所占比例分别为 99.10%、97.40%，其次是城市，为 96.70%，再次是村屯，为 94.10%。另外，有过半的城市、县城和乡镇教师认为处于社会中下等，其中超过 1/5 的县城和乡镇教师认为处于下等地位。而村屯教师也有 1/10 认为处于下等（见表 5.4）。综合上述 2006 年、2011 年、2013—2014 年和 2015 年的调研数据可知，虽然 4 个时间段内存在些许偏差，但农村教师社会地位层级自我认同在总体上是持续偏低，均超过九成的农村教师认为处于当地的中下等。在城乡社会等级空间的结构下，农村社会本处于弱势一段，农村教师在弱势空间内处于中下等，可见其在总体性社会中的社会地位层级之低。

表 5.4　2015 年浙江、江西、湖南三省城乡教师在当地社会地位的自我评价

	上等	中上等	中等	中下等	下等
城市	0.50	2.80	45.40	39.30	12.00
县城	0.00	0.90	31.30	44.80	23.00
乡镇	0.70	2.00	33.80	42.80	20.80
村屯	1.20	4.70	47.30	36.70	10.10

　　通过考察,农村教师在历史上总体性历经"知识神秘化消弭与知识神圣性弱化""知识实用主义转向与知识工具性弱化""知识西方主义转向与知识权威弱化"三大演变,直至当代,知识城市化取向导致农村教师知识稀缺性弱化。这主要体现在"知识占有量的比较性劣势""未能有效地帮助农村学生实现城市化"。正因如此,农村教师处在教师职业群体、农村社会、师生关系和社会待遇四重体系中的边缘位置。此外,鉴于城乡社会等级空间在当代的强化,城乡社会和教育体系等级差距日益拉大,由此导致农村社会和农村教育之于农村教师在生存性资源的配给缺乏竞争性,在个人、职业和家庭发展支持的有限性,反而在城乡社会和教育发展累积性差距下日益边缘化。

　　综合而言,在知识稀缺性弱化,以及城乡社会和教育等级关系强化的三重作用下,农村教师在生存性资源的占有和支配过程中处于明显弱势,进而导致其社会地位的下沉有因而上升乏力。

第三部分

农村教师社会地位的未来展望

　　本书前述两大部分已对农村教师社会地位的理论构成和社会变迁做了总体性分析，这不仅仅在于分析农村教师社会地位是什么，如何形成，为何如此，也在于厘清其发展路径以及昭示其未来走向。农村社会作为我国社会结构的重要组成部分，这既是历史发展、文化传统所决定的，也是现实政治、经济、社会架构所决定的。虽然当前城镇化推进迅猛，但是鉴于我国既有城乡社会发展实际，农村、农业以及农民仍将继续且长期存在，且随着乡村振兴的步伐，以及乡愁的留存发展，必将成为国人的诗与远方。与此相对应，农村教师仍将长期继续存在，其社会地位问题仍需继续着力解决。近前有学者发出"重视并善待农村教师"[1] 的呼吁，问题在于如何重视？如何善待？如何着力？其中最为关键在于求得问题本因。至于问题的解释和对策，社会各界似乎莫衷一是，众说纷纭：有经济收入说，有法律地位说，有文化传统说，有职业或专业说，等等。似乎只要与农村教师相关的，均可成为农村教师地位的成因。而对策也多数陷入"要政策""要经费""要特殊化"等"三要"的"泥潭"之中。优惠政策和经费的大笔投入确实能够至少在短时间内促进农村教师队伍建设问题的解决，但也可能伤及农村教师建设本身：一是这种投入是否可持续，一旦投入减少和停滞，问题是否会反弹；二是这种投入是否破坏职业间自发形成的发展平衡，这种平衡的失衡是否会使问题需要更大的投入加以平衡。[2] 固然，农村教师社会地位问题长期以来"悬而未解"就已充分说明其复杂性、特殊性、艰巨性乃至些许的无解性。然而，农村教师社会地位问题的主因也可能在这种纷纷扰扰中被稀释和忽略。

　　事实上，基于既有相关研究与教育实际，为求得问题真解，我们不得不对如下几个问题作出反思：社会是否会以及是否愿意为不参与生产的农村教师群体提供社会地位？（农村）社会需要什么样的农村教师？或

---

　　[1]　杨东平：《重视并善待农村教师》，《中国教师报》2014年9月10日第10版。

　　[2]　在2013年颁布的《教育部、财政部关于落实2013年中央1号文件要求对在连片特困地区工作的乡村教师给予生活补助的通知》之前的补助标准设计和政策论证过程中，就有学者提出，同样是在连片特困地区工作的公共事业人员，为何只给教师发放生活补助，这是否会引起如医护人员、公务员等相关群体的意见，其次，这个标准和具体额度如何界定，农村教师是个广大的群体，设定的标准和额度既要起到激励农村教师安心从教的作用，也要保证国家财政能够可持续投入。

者什么样的人才能担当农村教师？农村教师社会地位构成主体是谁？是农村教师职业本身的社会地位还是身为农村教师的具体个人的社会地位？农村教师在经济收入提高后，社会地位能否得到提高？农村教师的法律地位提高后，社会地位能否能得到提高？农村教师职业化（专业化）后，社会地位能否得到提高？"尊师重教"舆论得到普遍且强化宣传，也为众人所知，农村教师社会地位能否提高？一个称职的农村教师能否得到尊重？一个"好"的农村教师能否拥有社会权威？一个备受学生欢迎和尊重的农村教师能否提高其社会地位？农村民办教师为何会以憧憬开始而以苦涩结束？农村教师离开农村，能否提高其社会地位？大学教授（抑或所谓社会上层群体）赴农村从教，是否还能获得与之前相配的社会地位？985高校毕业生赴农村从教，农村教师社会地位能否提高？农村教师离职后，能否提高社会地位？等等。

第 六 章

农村教师社会地位提升的可能性

我敢保证，倘若你能得到一个好教师，你决不后悔为此所花费的金钱；你必定永远会不无欣慰地感到，在你以往的投入中，这笔钱花得最恰当。

——［英］约翰·洛克《教育漫话》①

农村教师社会地位受知识稀缺性、礼制规约和城乡社会等级空间结构三大方面共同作用的影响。在生存性资源与道德性资源双重紧张的当下，道德性资源总体性式微而生存性资源成为决定社会地位的稀缺性资源，以致农村教师社会地位因文教道统的瓦解而失去文教道统的支持，因为知识稀缺性弱化而在获取生存性资源过程中缺乏竞争力，因城乡社会与教育等级的强化的社会变迁而处于生存性资源分配的末端位置，终致农村教师地位下沉与边缘化（见图6.1）。概言之，目前农村教师在生存性资源的占有和支配过程中缺乏竞争力导致其社会地位偏低。换而言之，提升农村教师地位的关键途径在于提升其对生存性资源的占有和支配量。

然而，问题并非如"农村教师社会地位——生存性资源"，或是"农村教师职业吸引力——工资待遇"简单的线性关系。当下，集体观念退潮而个体观念兴起，普遍获利乃至争利已然成为社会常态。人人均需凭借自致性能力参与对生存性资源占有和争夺过程中，而鲜有把已经获得和可能获得的资源让渡给公益性分配。此外，虽然多方举措意欲消解城

---

① ［英］约翰·洛克：《教育漫话》，杨汉麟译，人民教育出版社2007年版，第79页。

乡社会等级结构，"意欲破解乡村教育发展的系统性难题"①，但是城乡社会与教育的问题依旧且有日益严重之态势。对于当下的农村教师而言，其仅有可依托的就是知识。然而，就实际而言，农村教师知识稀缺性弱化已经使其在过去很长一段时间内处于社会边缘化位置。因此，缺乏道德性资源支持，以及远离生存性资源生产和支配的农村教师有何凭借能够在生存性资源的占有和支配过程中扭转劣势？若这种劣势难以扭转，农村教师何以能够实现社会地位的提升？

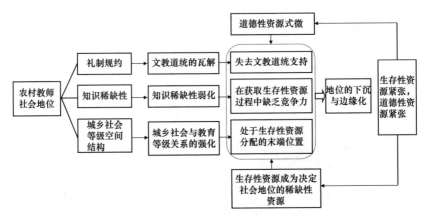

图 6.1　农村教师社会地位偏低之缘由

一　农村教师能否实现自身知识的相对稀缺性

占有知识并开展知识教学是（农村）教师的根基所在。提升农村教师社会地位第一大前提就是农村教师能否实现自身知识的相对稀缺性。只有实现此前提，诸如提升获取生存性资源竞争力以及赢得社会尊重才可达成。确如韦伯所指出，"他们（中国士人）接受过人文教育，尤其是书写方面的知识，而其社会地位也是基于这种书写与文献上的知识"。②

---

① 周兆海：《重视乡村教育衰落问题》，《中国社会科学报》2015 年 12 月 24 日第 4 版。
② ［德］马克斯·韦伯：《儒教与道教》，洪天富译，江苏人民出版社 2003 年版，第 92 页。

对于当代的农村教师而言更是如此，不仅要有一定的知识存量，更要实现知识的相对稀缺性。

（一）实现知识相对稀缺性是提升农村教师社会地位的前提

在实践中，群体（个体）之间的社会地位分殊立显，此间境况并非一时一地所造成，而是在生存性资源和道德性资源占有量和支配上的差异所致。任何群体（个体）均需依托某种媒介参与社会运行和竞争，凭此获取不同数量的生存性资源和道德性资源，进而获得相应的社会结构性安排，依此形成不同的社会地位。其中，这种媒介稀缺性与否则直接决定着在生存性资源和道德性资源占有和支配过程中的优劣态势。当群体（个体）拥有的这种媒介属于稀缺性资源，就能够在社会运行和竞争中处于优势，就能够获得具有竞争性的生存性资源或道德性资源；反之，则处于弱势。对于教师而言，这种媒介就是知识。知识是教师安身立命之所在，是教师参与社会分工与竞争的媒介之所在，是教师获得生存性资源和道德性资源的依据。换而言之，拥有的知识相对稀缺性与否直接决定着教师社会地位的境况。

在传统社会，文字与知识被社会上层所垄断，普通百姓鲜有能够识文断字，因此，知识属于稀缺性资源，拥有知识本身即构成社会优势。彼时拥有相对稀缺性资源的知识的教师，不仅享有制度和伦理等尊崇地位，还在生存性资源分配过程中处于优势。然而及至现代，教育扩展和文字下移使得知识稀缺性层次上移，另外道德性资源式微使得占有和支配生存性资源成为群体（个体）社会地位形成决定性因素，此二者叠加影响以致教师拥有知识的稀缺性总体性下移，以及在获取生存性资源过程中劣势明显。比较而言，教师与非教师群体之间，教师与公务员、金融行业、技术工程行业相比所获得的生存性资源数量尽显弱势，而与体力性行业相比优势也不明显；在教师群体内部，处在知识相对稀缺性层次不同的教师，其所获得的生存性资源数量悬殊，学校办学层级、学校教育质量、教师个体教学水平等方面的高低均折射出不同教师拥有知识的相对稀缺性程度，以此对应获得体量不同的生存性资源，分处不同社会地位。而目前农村教师拥有知识的相对稀缺性既处在教师行业之末，又处在农村社会空间内可有可无之状态。正是因为拥有知识的相对稀缺性不足，农村教师无法在社会分工与竞争过程中获得有竞争力的生存性资源，也即社会地位趋于下沉。因此，实现知识相对稀缺性是提升农村教师社会地位的前提。只有此前提的实现，农村教师方可能逐步提升社会竞争力，改善在社会分工和竞争体系中的弱势地位，进而获得较为充分的生存性资源，渐次提高社会地位。假若农村教师未能扭转自身拥有的知识稀缺性不足的处境，则仍将持续处在城乡社会和教育的双重边缘位置。

那么，农村教师拥有的知识在何种状况下实现相对稀缺性？主要可从三大方面来判定。

第一，了解、理解和把握教学内容知识前沿，并能够转化为实际教学。知识前沿既代表着知识发展的方向，更意味着稀缺性。掌握知识前沿是任何以知识为媒介参与社会竞争的群体（个体）实现占有资源稀缺性的首要标志。然而，相比于需基于科学的见解与合理技术的"确凿性"有专业而言，教师工作几乎是由"不确定性"所支配的。[①] 教师不仅要了解有关人的知识，还需要了解人类社会基本性知识，更需掌握学科知识、教学方法知识等。就此而言，教师是一个专于教学而兼及广博知识的知识通融者。因此，之于教师而言，任何既存的知识皆应纳入教师的教学知识体系之中，知识之间没有明确的边界，若有，那也仅是是否符合教育教学功用的边界。因此，教师拥有的知识稀缺性的首要前提是是否了解、理解和把握教学内容知识的前沿，并能够转化为实际教学。只有实现了对知识前沿的了解、理解和把握并转化为实际教学，教师方可不断地提高教育教学工作的社会价值和功用，进而彰显教师工作在社会分工体系中的作用和竞争性。称职的教师会及时地掌握最新的学习与教学管理……称职的教师也需要不断地更新知识和能力，以及应用技术开展有效教学的知识与能力。[②] 作为教师群体之一，农村教师因城乡社会空间的差异而产生。在传统城乡社会空间相对分割的背景下，农村教师所需把握的知识前沿仅是相对于农村社会空间而言即可，但在当代城乡社会空

---

① ［日］佐藤学：《课程与教师》，钟启泉译，教育科学出版社 2003 年版，第 212 页。

② ［美］James D. Klein 等：《教师能力标准》，顾小清译，华东师范大学出版社 2007 年版，第 26 页。

间立体交通，互通有无的背景下，知识前沿已是相对于总体性社会和教师群体而言。

　　第二，对教学内容有着充分的话语权、解释权乃至建构权，并能创造性地开展教学。教师的一切工作皆围绕教学内容展开。教师拥有知识的相对稀缺性具体体现在教学内容上，反映在实际的教学上。因此，从教师在教学内容的组织、设计、解释乃至创造性教授等所能扮演的角色，反映着教师拥有知识的存量、运用知识的能力和自主性。在传统的应试教育背景下，教学注重知识的传递性而轻知识的创造性。教师在校传授知识时采用的并在著名的"学习分类法"中备受推崇的因循守旧、次序分明的学习顺序，即先学习知识、然后理解、然后再应用，接着分析，接着是综合，最后是鉴定。[①] 教师也仅需定量的知识储备即可完成教学任务，履行好教学工作。但是当下知识体量庞大且更新加速，以及知识大众化且传输途径多元化，这均对教师拥有知识的数量和教育教学工作构成了巨大的挑战——教师拥有的知识应达到何种程度以及如何开展教学才能够赢得学生、家长、社会和教师群体的认可与尊重。如上所提及，教师作为知识通融者，既有专的一面，也有博的一面，在根本上是能够在教学内容上有着充分的话语权、解释权乃至建构权，并能够创造性地开展教学。从斯腾豪斯（Stenhouse，L.）的"教师成为研究者"到埃利奥特（Elliot，J.）的"教师成为行动研究者"，再到凯米斯（Kemmis，S.）等人的"教师成为解放性行动研究者"，我们看到的是对教师专业发展程度要求的不断提高和对教师获得专业自主和发展的强化。[②] 美国教师教育学者吉鲁也认为，教师必须要有能力决定时间、空间、活动与知识借以组织学校日常生活的种种形式。[③] 而（在当前世界顶尖教育体系之一芬兰教育中）芬兰教师拥有的职业尊重就像医师、工程师与经济学家一样崇高，所有教师都希望能够拥有完全的职业自主，实现所学之才：教

---

　　① ［美］伯尼·特里林、查尔斯·菲德尔：《21 世纪技能》，洪友译，天津社会科学出版社 2011 年版，第 46 页。

　　② 教育部师范教育司：《教师专业化的理论与实践》（修订版），人民教育出版社 2003 年版，第 27 页。

　　③ ［美］亨利·A. 吉鲁：《教师作为知识分子》，朱红文译，教育科学出版社 2008 年版，第 6 页。

育规划、教学、分析、执行与评估。① 在芬兰教师看来，职业自主是其选择教师职业和有质量完成工作的前提，一旦这一前提失去保障，他们会选择离开或者低效工作。换而言之，正是由于芬兰教师在教学内容和教学行为上的职业自主，并能够创造性地开展教学，才能够不断提升芬兰教育质量，才能够赢得社会认可和处于较高的社会地位。

第三，促进农村学生积极社会化，尤其是助其实现社会进阶。尽管"育人"是自人类诞生时起就存在的社会行为，尽管"教师"是一个非常古老的职业，但教师之于社会而言存在的主要价值是社会需要教师这一特定群体通过知识传授干预"未成年人"成长，促进其实现积极社会化，培养成为社会需要的个体，而教师之于个体而言的主要价值是借助教师拥有知识和以传授知识为工作的社会特质提高自身知识水平和社会竞争力。正如美国教师教育学者 Klein 所指出的那样，教师不仅有责任提高学生的知识、技能和态度，还有责任帮助他们在以后的生活中获得成功。② 随着社会生产与交换领域竞争的加剧，每个行业只有保持产品或服务的质量，从而获得起码的职业声誉，才能在竞争中不致被淘汰。③ 对于农村教师而言，虽然促进农村学生习得知识和身心健康发展，促进其实现积极社会化是工作旨归，但是基于城乡社会与教育等级构造的实际，农村社会与教育对农村教师最大的希求仍是通过知识习得实现社会进阶和生活质量的改善。教育历来被我国民众视为工具性存在，在农村更是如此。在有限的年收入中，农村民众愿意支出其中一大部分用于子女教育是会有所企求的。这种企求在实践中的达成程度也直接反映到农村民众对于农村教育和农村教师，以及知识的社会需求、支持和尊重程度。从这个角度而言，教师的社会地位似乎得益于人们对其作用和工作的普遍好感。④ 只有通过知识传授开展教育活动，使农村学生、家长、学校和社会

---

① ［芬兰］帕思·萨尔伯格：《芬兰道路》，林晓钦译，江苏凤凰科学技术出版社 2015 年版，第 106 页。

② ［美］James D. Klein 等：《教师能力标准》，顾小清译，华东师范大学出版社 2007 年版，第 90 页。

③ 陈桂生：《师道实话》，华东师范大学出版社 2009 年版，第 4 页。

④ ［美］丹·克莱门特·劳蒂：《学校教师的社会学研究》，饶从满等译，人民教育出版社 2011 年版，第 9 页。

得益乃至得利，农村教师的知识稀缺性才能得到具体体现，才能唤起人们对其知识稀缺性的认可，获得（农村）社会普遍的尊重。

（二）农村教师实现知识相对稀缺性的限度

在具体的教育实践中，农村教师拥有知识的相对稀缺性一般理解为学历层次、教学质量、研究水平等方面。相对应地，社会各界也已充分认识到农村教师在知识相对稀缺性方面的不足与问题，并采取了诸多改进措施，诸如设置入职招聘门槛、职后学历提升再教育、职后教学与研究能力培训等。这些举措虽为农村教师在知识相对稀缺性问题上做了些许补偿，但未能真正撬动问题的实质。农村教师知识相对稀缺性的实现除了受职前层面中学历水平和毕业院校层次等显性因素影响外，更受职后之于教学内容知识解释权、知识权威树立和农村学生社会进阶等隐性因素影响。然而，考虑到远离知识中心、获取知识途径多元化、城乡社会与教育极化发展三方面在当下存在且在未来较长时间段内将持续存在的实际，农村教师实现知识相对稀缺性的困境很多。

1. 远离知识中心使得农村教师缺乏知识解释权

虽然知识生产是极具个人主观色彩的社会行为，但是随着知识体量扩张和更新的加速使得知识生产愈加需要通过协同合作来完成，这就加剧了知识精英的集聚和知识生产的地理中心的产生——城市。无论是古代之文明古国，还是当今之知识发达的社会体系均产生于城市社会空间系统。文明的激情碰撞主要是在城市里进行的，知识通过城市从东方传播到了西方，也从西方传播到了东方。① 一直以来，城市就发挥着主导知识生产的作用，而农村则是扮演着模仿和学习的角色。而至近现代，以科技为代表的知识在社会发展中作用越发卓著，以致城乡社会角色愈加被强化乃至极化——城市持续占据知识生产高地，而农村呈现知识"荒漠化"。虽然互联网技术普及和城乡交通改善大大缩短了城乡社会的交流时间、降低了交流成本、提升了交流频率，但在当前知识爆炸的时代里，

① ［美］爱德华·格莱泽：《城市的胜利》，刘润泉译，上海社会科学院出版社 2012 年版，第 17 页。

"尽管远距离的交流成本已经下降，接近性却变得更有价值"。① "接近性"意味着能够在更短时间内获悉知识更新，参与知识生产，乃至主导知识发展，意味着在知识建构的世界发展体系中更有话语权、解释权和建构权，意味着更有机会和能力获得与支配生存性资源，意味着更有社会竞争力和社会地位。换而言之，城乡之间天然存在地理距离在当下的知识运行体系中反而加剧二者之间知识生产"中心—边缘"的差距。

比较而言，农村教师及其所工作的农村教育皆处农村社会场域，在地里空间上远离知识中心，造成远离知识的创造、传播、解释环境。尽管目前诸多农村教师居住在城镇，也可在农村学校借由互联网技术获取最新知识，但这仅仅是缩短了交流知识的时间，并未改变因城乡地理距离造成未能"亲近"城市知识中心，并未改变被动接受且无法主动参与的状态，更遑论引导知识生产了。因此，作为知识携带者和传播者的农村教师由于远离知识生产中心，也就远离知识精英群体，无法"接近"知识前沿，从而使得知识生产能力较低和知识解释权缺乏，以此造成在教育教学过程中服从于教学内容的刚性安排，缺乏专业自主性和自觉性，"日益严重地降低在课程的开发和计划以及课堂教学的决策与实施方面的自主性……不只是教师技能的退化，使他们远离思考和反省的过程，而且也将学习与课堂教学变成例行公事"②，无法给予学生以充分知识传授和创造性教学。

2. 知识网络化使得农村学生获取知识途径多元化

农村教师拥有知识的相对稀缺性也受到知识网络化的挑战。教师本职工作即是传授学生以知识，以助其认识自己与世界，培养其分析和解决问题能力，引导其融入社会并参与社会分工。教师赢得各方认可和尊重也有赖于拥有知识的相对稀缺性，能够以比之学生、家长乃至社会更多的知识为媒介促进学生成长，让学生以听从教师教导，习得课堂知识为荣。然而，网络技术的广泛运用一方面激发了知识交流、生产与更新速度，另一方面

---

① ［美］爱德华·格莱泽：《城市的胜利》，刘润泉译，上海社会科学院出版社 2012 年版，第 5 页。

② ［美］亨利·A. 吉鲁：《教师作为知识分子》，朱红文译，教育科学出版社 2008 年版，第 151 页。

也使得知识传输和分享途径多元化、立体化以及便捷化。网络技术使得获取知识由传统的"点对点""由上自下"的线性形式转变为超越年龄、阶层、时空的"点对面",乃至"点对空间"的立体形式。知识网络化让教师变得并不是学生的唯一知识源,让学生拥有的知识体量和涉及面超过教师成为可能。因此,当知识网络化之后,房间里最聪明的那个,已经不是站在屋子前头给我们上课的那个……房间里最聪明的人,是房间本身:是容纳了其中所有人的人与思想,并把他们与外界相连的这个网。①

众所周知,传统知识体系受制于传输与分享成本、时空区隔、社会控制等方面影响,因而有着明显的等级界限和知识优势群体,知识稀缺性与社会等级结构分布有着高度的吻合度,自社会上层至下层依次递减。知识权威与身份等级在某种程度上可以等同而论。在学校空间内,教师是天然的知识优势群体。而当知识网络化后,教师相对于学生的传统的知识优势不断被侵蚀,传统机械性灌输的教学方式和指令性师生关系既不得当也难以维持。教师的权威将不再建立于学生的被动与无知的基础上,而是建立在教师借助学生的积极参与以促进其充分发展的能力之上。② 正是如此,教师实现知识稀缺性不仅在于知识体量和涉及面需要占据比较性优势,而且需要在知识获取路径、分析判断以及未来把握等方面占据优势;不仅要专注于教学知识,而且要把握与教学相关的知识前沿;不仅要继续占得知识发展先机,而且要围绕知识建构思维系统。概言之,知识网络化时代的教师要实现知识稀缺性本质上要在知识思维和未来层面取得比较性优势。在实际的教学中,教师不仅要抽出时间安排与标准课时不易配套的长期项目作业,而且要抽出时间设计和安排与学生兴趣和需求相一致,与学校课程安排相符合的项目活动;不仅提供专业知识和引导,而且要学会承担协调员和教练的角色,促进其探索知识并重新理解学过的知识。③ 在知识网络化时代,一个有创造性的教师应该

① ［美］戴维·温伯格:《知识的边界》,胡泳、高美译,山西人民出版社 2014 年版,第 11—12 页。

② ［罗马尼亚］S. 拉塞克、［伊朗］G. 维迪努:《从现在到 2000 年:教育内容发展的全球展望》,马胜利等译,教育科学出版社 1997 年版,第 105 页。

③ ［美］伯尼·特里林、查尔斯·菲德尔:《21 世纪技能》,洪友译,天津社会科学出版社 2011 年版,第 105—106 页。

帮助学生在自学的道路上迅速前进，教会学生怎样对付大量的信息，更多地是一名向导和顾问，而不是机械传递知识的简单工具。①

尽管城乡存在地理距离，农村学生仍可通过网络技术以及城乡日益频繁交通享受知识网络化带来的知识扩展和各种便利，从而给农村教师带来知识稀缺性的挑战。为应对这种挑战，为引导农村学生自觉自主持续地把学习的兴趣、动力和专注点集中到教室中来，农村教师必须要做好两方面工作。一是拥有知识量的变革。不断扩大知识体量和了解知识前沿，既要充实教学知识，也要把握知识更新。二是教学方式的变革。由专断、指令型教学转向合作、引导型教学，由注重知识机械传授转向注重问题分析和创造性思维培养。而此二者又得基于农村教师如下三方面条件达成而达成的：一是拥有充足的知识体量；二是具有获得知识前沿的主动性和能力；三是具备优质的教学和研究能力。然而，纵观农村教师近三十年的发展史，上述三方面条件的实现又受制于以下两个因素的制约：一是农村教师长期处于教师群体的末端，难以在知识存量占得优势，并且教学和研究能力并不突出；二是农村教师远离知识中心，难以及时获得和把握知识前沿，难以给予农村学生充分的知识引导。尽管社会各界早已觉察到此中问题的关键，也推行了诸多改善措施，但效果不彰。

3. 城乡社会与教育极化发展制约农村教师促成农村学生社会进阶的机会

农村教师的知识相对稀缺性实现落到实处即是促成农村学生通过知识习得实现社会进阶。这既是由农村教师的社会价值，也是由农民的生存理性所决定的。尽管素质教育、新课程改革、减轻学生课业负担等旨在注重学生身心健康发展和能力提升的教育理念和举措陆续推行，但是城乡社会与教育的双重等级构造迫使农村社会依旧视教育为实现社会进阶的工具。然而，诸多事例表明当前城乡社会与教育趋于极化发展。这主要表现为如下两个方面：一是城乡背离式发展。城市繁荣与农村衰落长期并存且将有互为强化的态势，尤其是新型城镇化将进一步汲取农村劳动力以及推动城镇发展。二是城乡教育累积性差距持续扩大。尽管近

---

① ［罗马尼亚］S. 拉塞克、［伊朗］G. 维迪努：《从现在到 2000 年：教育内容发展的全球展望》，马胜利等译，教育科学出版社 1997 年版，第 106 页。

前国家实施诸多支农倾农的教育政策，但长期二元供给制度已致城乡教育发展出现"断裂"，城乡教育发展差距仍将继续扩大，其中主要体现在师生质量、教学理念和教学设备等方面。而这些分别会造成：一是城乡社会阶层距离的拉大。城乡社会背离式发展必然带来农村社会附着较为优质资本的人口的向城流动，从而导致城市集聚社会优势阶层，而社会弱势群体滞留农村，从而扩大农村人口与城市的社会差距和进阶距离。二是农村学生学业竞争力弱化和升学难度加大。我国升学体系是以学业考选为依据，大体由村向城呈阶梯状向上分布而构筑的。城乡教育差距的拉大必然导致农村学生学业竞争力下降和升学难度增大。并且，就目前城镇化快速推进，农村人口持续向城流动，以及社会优质资源向城集聚等方面来判断，城乡社会与教育极化发展仍将在长时间段内继续存在且有加剧的可能。正是基于此，在未来较长时间段内，农村教师促成农村学生实现社会进阶的可能与机会是极其有限的，亦即农村教师知识相对稀缺性很难在农村教育实际的功用价值层面得到实现。

二 社会能否提供农村教师具有 竞争性薪酬待遇

在道德性资源式微与生存性资源紧张的当下，生存性资源隶属社会的稀缺性资源而被社会各类群体（个体）普遍追逐。对生存性资源的占有量和支配程度成为当前群体（个体）社会地位的决定性因素。在实践中，薪酬待遇是现代社会各大职业群体（个体）参与社会分工与竞争而获取的具象的生存性资源。薪酬待遇情况基本等同群体（个体）的社会地位情况。农村教师也不例外，其过往较低的薪酬待遇已让其长期处于社会边缘。及至近年，鉴于促成城乡教育均衡发展和维护社会底线公平考虑，为提升农村教师职业吸引力和整体质量，国家已相继出台操作性极强的提升农村教师薪酬待遇的政策，这种倾斜性财政供给虽未实质性地破解难题，但已让社会各界备感振奋。然而，给予何种薪酬待遇或可得当，此类倾斜性政策能否持续，又受制于何种因素制约，这些均属关涉农村教师未来发展的关键问题。

（一）竞争性薪酬待遇是提升农村教师社会地位的关键

农村教师的职业特性决定其必须依赖于社会来配给生存性资源。一是农村教师并不参与生存性资源的生产。农村教师的本职工作在于知识传授、教书育人，促进农村学生积极社会化，并不参与生存性资源的生产，也就无法直接获得生存性资源，而需通过生存性资源的社会再分配。二是农村教师没有生存性资源的分配权。在社会再分配中，农村教师也没有生存性资源的分配权。生存性资源直接关系着群体（个体）的生存与发展，历来被视为社会竞争的基础性资源，并被社会优势群体通过暴力或是权力的形式把控其分配权。农村教师既无暴力优势更无权力优势，因此在生存性资源的分配过程中处于依附状态。三是农村教师处于生存性资源生产与分配的边缘地带。生存性资源的生产与分配具有区域和层级效应，越是接近于生产与分配的中心，越是能够在获取生存性资源过程中占得先机和取得数量优势。近现代以来，工业化发展使得传统上居于社会生产与管理中心的城市具备了远超农村的生产效能，既而城市成了社会生产与分配的双重中心。农村教师地处农村远离城市，即远离社会生产与分配的中心。若仅凭借职业特性，农村教师在获取生存性资源过程中是无法占得先机而处于数量劣势。概言之，农村教师对生存性资源的获取完全仰仗于社会提供。换言之，社会提供的态度与力度直接决定着农村教师能够获得生存性资源的数量。

进言之，生存性资源的社会提供直接决定着农村教师社会地位的走向。那么，何种样态的社会提供能够积极提升农村教师的社会地位呢？具体到教育实践，薪酬待遇是农村教师作为职业群体获得生存性资源的具象形式。在竞相逐利、经济至上的当下，薪酬待遇是农村教师社会地位的核心尺度，是其职业吸引力的指向标。在实践上的激励计划，尤其金钱和物质奖赏是最为有效的，尤其是当政策目标显得非常必要并具有一定吸引力的时候。[①] 正如经济合作与发展组织基于多年跟踪西方国家教师工资待遇政策发展后指出，"薪酬与工作条件对吸引、培养和稳定熟练

---

① ［美］德博拉·斯通：《政策悖论：政治决策中的艺术》，中国人民大学出版社 2009 年版，第 285 页。

的高素质教师至关重要"。① 只有薪酬待遇得到社会认可，农村教师社会地位才有提升空间，才能提高准入门槛，优先招得高学历且有能力的优质师资，进而增强职业的知识稀缺性和社会竞争力。那么，何种薪酬待遇能够得到社会认可呢？自不待言，是具有竞争性的。所谓竞争性薪酬待遇，即是群体（个体）依据职业特质获得，且与同等资质的职业群体相比具有比较性优势的薪酬待遇。

对于农村教师而言，其竞争性薪酬待遇体现在两点。一是以职业特质及其社会贡献为薪酬待遇的基准。职业群体（个体）的薪酬待遇属于社会再分配，这必须以其职业特质及其社会贡献作为分配准线。社会应充分考虑到农村教师知识稀缺性程度，以及其亲赴农村从教、以教育扶助社会弱势的社会贡献，给予其相应的薪酬待遇与激励。二是不低于城镇教师和乡镇公务员职业群体的薪酬待遇。社会会把高声望以及高报酬给予专业人员，主要是因为他们必须处理一般被认为更抽象、更复杂的信息，而且需要更严格的学术培养和资格许可认证。② 虽然农村教师的准入门槛与城镇教师、乡镇公务员存在差异，但是三者的职业资质同质化程度高，且三者或同属教育系统，或同属乡镇社会系统，是职业群体间较易也较经常互为比较和竞争。因此，农村教师薪酬待遇要具备竞争性的重要参考维度就是不低于较接近于生存性资源生产与分配重心的城镇教师和乡镇公务员。

薪酬待遇最基础的是月工资。基于 2013—2014 年的调研数据和国家统计数据的比较分析，我们可以大致判断农村教师竞争性薪酬待遇是月收入在 3500—5000 元（见表 6.1）。首先，鉴于城乡教师月均工资实际值的比较。城乡教师月均工资依次为县城教师（2346.39 元）＜乡镇教师（2353.29 元）＜村屯教师（2366.77 元）＜城市教师（2525.19 元），最高值是 2525.19 元。若把农村教师月工资定为 3500 元，基本可获得城乡教师中的比较优势。其次，鉴于城乡教师月均工资期望值与师范生对农村教师月均收入期望值的比较。此二者的期望值一方面意味着留住教师的薪

---

① 经济合作与发展组织：《教育概览 2012：OECD 指标》，中国教育科学研究院译，教育科学出版社 2012 年版，第 495 页。

② Eric Hoyle, "*Teaching: Prestige, Status and Esteem*", Educational Management and Administration (April 2001), pp. 139 – 152. 摘自程晋宽《劳动力市场中美国教师职业的供求关系与社会地位分析》，《比较教育研究》2014 年第 4 期。

酬待遇，另一方面意味着吸引优质师资的薪酬待遇。城乡教师月均工资期望值依次是村屯教师（4605.55 元）＜乡镇教师（4805.02 元）＜县城教师（4890.88 元）＜城市教师（5375.58 元），最高值是 5375.58 元。而各类师范生对农村教师期望月均收入依次是 211 校（5542.02 元）＜省重点（5796.92 元）＜省一般校（6044.15 元），最高值是 6044.15 元，平均值是 5836.46 元，众数均为是 3000 元。由两项比较可见，当农村教师月工资定在 3500 元，可以对各类师范生构成一定的吸引力；当定在 5000 元，既超出村屯教师的期待，又高于乡镇和县城教师的期待，也无限接近各类师范生的期待，如此既可留住教师，又可吸引优质师资。再次，鉴于城乡教师月均工资实际值和期望值与城镇单位职业月均收入的比较。城镇单位职员的月均收入在 3500—5000 元，远高于城乡教师月均工资（最高值为 2525.19 元）。若把农村教师月工资定在 3500 元，达到不低于城镇单位职员收入的底线，至少保证不落后于同质化群体的薪酬待遇。综上可判断，农村教师月收入达到 3500—5000 元之间，方可在一定程度维持比较性优势和职业竞争力。

表 6.1　　　2013—2014 年城乡教师、师范生月均收入的实际值和
期望值与城镇单位职员的比较　　单位：元

类别		实际值	期望值	类别		均值	众数	类别		月收入
城乡教师现实与期望月均工资差距[a]	村屯教师	2366.77	4605.55	师范生对农村教师期望月均收入[a]	平均	5836.46	3000.00	城镇单位职员月均收入[b]	城镇单位就业人员	4696.67
	乡镇教师	2353.29	4805.02		省一般校	6044.15	3000.00		城镇单位在岗职工	4780.08
	县城教师	2346.39	4890.88		省重点校	5796.92	3000.00		国有单位就业人员	4774.67
	城市教师	2525.19	5375.58		211校	5542.02	3000.00		城镇集体单位就业人员	3561.83

资料来源："a"——邬志辉、秦玉友：《中国农村教育发展报告 2013—2014》，北京师范大学出版社 2015 年版，第 290、294、300 页。

"b"——用年度数据值/12 个月得到月收入值，国家统计局：国家数据—2014 年年度数据，http：//data.stats.gov.cn/workspace/index？ m = hgnd，2015 - 12 - 22。

（二）提供农村教师具有竞争性薪酬待遇的限度

长期以来，农村教师社会地位提升问题深受薪酬待遇偏低之困。进入 21 世纪以来，财政供给位阶上移、津补贴政策和八项支持计划等一系列惠及农村教师薪酬待遇措施相继推出。这引起举国侧目，尤感农村教师队伍建设未来可期，但政策最终能否具体落实，能否终极推动农村教师社会地位提升仍需观察。然而，提高农村教师薪酬待遇的舆论未曾断续，但问题至今未获实质性解决。有关此的两项调研更是表明：社会提供农村教师具有竞争性薪酬待遇在过去、当下尤其是未来均存在较大的有限性。

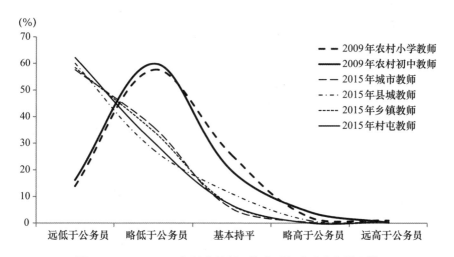

图 6.2　2009、2015 年城乡教师工资水平与当地公务员比较

资料来源：2009 年数据来自笔者所主持项目的调研数据整理。调研于 2009 年 1 月和 8 月开展了 2 次调查，涉及 7 个省 8 个县，调研学校包括 19 所农村小学和 18 所农村初中，共发放问卷 1300 份，收回问卷 1084 份。数据分析中，农村小学教师 N=549，有效百分比=94.5%，缺失值=29。农村初中教师 N=469，有效百分比=92.7%，缺失值=37。2015 年数据来自东北师范大学农村教育研究所于 2015 年 12 月在浙江、湖南和江西三省的调研数据整理。数据分析中 N=1516，有效百分比=95.5%，缺失值=72。

第一项农村教师普遍认为月工资收入低于当地公务员。虽然"教师月工资水平不低于当地公务员"被社会各界所呼吁并早已写入《教师法》，但是教师实际的工资水平一直以来总体上低于当地公务员，农村教师的更是如此，且情况有严重之态势。据调研数据分析可知，2009年有13.9%的农村小学教师认为"远低于当地公务员"，57.6%认为"略低于"，仅28.57%（不到三成）认为"不低于"；有16.2%的农村初中教师认为"远低于当地公务员"，59.9%认为"略低于"，仅23.9%（不到四分之一）认为"不低于"。而在2015年，城乡教师普遍认为"低于当地公务员"。其中，有62.2%的村屯教师认为"远低于"，30.5%认为"略低于"，仅7.8%（不到一成）认为"不低于"；有58.4%的乡镇教师认为"远低于"，34.6%认为"略低于"，仅有7%（不到一成）认为"不低于"。两相比较可见，农村教师的月工资水平不仅低于当地公务员，而且越到近前比较性弱势感增强，差距感越大（见图6.2）。

第二项是《乡村教师支持计划（2015—2020）》颁布后，农村教师对自我发展仍持观望态度。"乡村教师支持计划"是在乡村教师"留不住""进不来""教不好"等背景下提出来的，"这必将吸引更多的优秀人才投入乡村教育事业，充分地调动广大乡村教师的工作积极性"。① 此次所提出的"乡村教师支持计划"不仅含有广度和力度，而且具有针对性和可操作性，可见中央政府解决此问题的决心与魄力。然而，调研数据显示，仅有34.18%（大约三分之一）的村屯教师认为"'乡村教师支持计划'对当前工作促进作用"较大，有26.58%（约四分之一）认为"一般"，39.24%（接近四成）认为"比较小"或"无影响"。可见多数（近三分之二）村屯教师对"乡村教师支持计划"持观望态度（见图6.3）。

由以上两项分析可知，无论考量长期的社会供给，还是农村教师的自我测度，给予农村教师以竞争性薪酬待遇仍然时期难至。深究其原因，在于农村教师知识稀缺性有限性和生存性资源紧张制约着社会之于农村教师的供给力度和重心。

1. 农村教师知识稀缺性有限性决定着薪酬待遇的限度

薪酬待遇作为生存性资源的重要组成部分，社会提供给群体（个体）是必须有章可循。在一个稳定有序、文明开化的社会系统中，薪酬待遇

---

① 邬志辉：《破解乡村教育发展症结的良药》，《中国教育报》2015年6月10日第1版。

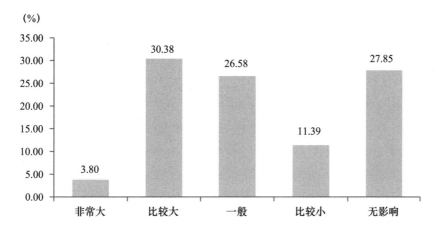

图6.3　村屯教师关于"乡村教师支持计划"对当前工作促进作用的看法

资料来源：东北师范大学农村教育研究所于 2015 年 12 月在浙江、湖南和江西三省的调研数据整理。

是社会依据群体（个体）参与社会分工与竞争的社会特质而供给的。群体（个体）所具备的社会特质是存在差异且是结构性的，因此薪酬待遇的群体（个体）分布是结构性的。当然，薪酬待遇的社会提供既会做适当的调节，具有一定的弹性与张力，又会保证社会公正，维持竞争秩序，旨在使群体（个体）"忠于本职，使得其所"。农村教师是以开展知识传授等活动来参与社会运行与竞争，其拥有的知识稀缺性程度决定着在生存性资源与道德性资源占有和支配过程中的具体位置。在注重生存性资源竞夺的当下，农村教师拥有知识稀缺性无论在职业内还是职业之间均处于比较性劣势[①]，且这种劣势将在未来较长时间继续存在。这就决定着社会提升农村教师薪酬待遇的有限性。

2. 生存性资源紧张决定着社会分配重竞争性而轻公益性

鉴于知识稀缺性程度处于比较性劣势，农村教师的薪酬待遇要实现竞争性最终还是需要仰仗于社会倾斜性提供。问题在于社会如何给予农村教师以倾斜性提供？群体（个体）间的薪酬待遇处于结构性稳定中，若单方面倾斜性支持某一群体，就可能打破既有的结构性稳定，可能带来损害社会公平、竞争秩序与工作激励，甚至危及社会稳定，最终极大

---

① 农村教师拥有的知识稀缺性的比较性劣势在本章第一节的第二小点已有论述。

地增加社会治理成本而问题无解。如给农村教师提高了薪酬待遇，那么乡镇医生、护士、公务员，乃至城镇教师等群体会作何诉求，又有何应对之道？若一并加以提高，一方面提升农村教师薪酬待遇竞争性的社会效应会有所折扣，另一方面上述所提及的群体在职人员数量庞大，提升所用经费将较大的财政支出。并且，如此循环递进，是否会引起其他职业群体的扶持诉求，此系列政策能否持续？因此，提供农村教师以竞争性薪酬待遇有着来自自身知识稀缺性不足与有悖社会分配秩序的双重挑战。

此项政策若要推动，只有来自社会各界形成共识，充分认识到农村教师工作之于社会发展与稳定有公益性。一是农村教师的工作具有针对特定对象开展帮扶社会弱势群体的性质。农村教师的工作对象——农村学生属于教育和社会双重系统的绝对底层和弱势群体，他们的成长既关涉农村社会未来，更关涉城市社会的未来，"三观"正处形塑关键期的他们更依赖也更需要来自强而有力的教育力量的引导与支持。二是农村教师的工作具有提升农村社会底层群体生存与发展能力，维护社会底线公平的性质。城镇化推进拉大城乡发展差距，向城人口的持续加剧强化了农村社会底层化，他们面临的最大困难即是如何维持体面的生存与发展，如何争取参与分享城镇化发展红利或是继续在农村有尊严地生活下去。农村教师正是选择"逆向城镇化"，深入农村基层，通过教育向农村底层递送社会支持，提升其生存与发展能力，维护其社会进阶的可能与机会。基于此，社会上下一心针对农村教师，扬弃社会竞争性分配，给予农村教师以倾斜性支持。

如上所论述，农村教师竞争性薪酬待遇是月收入在 3500—5000 元。目前农村教师月收入约为 2400 元，期待值约为 4500 元；师范生对农村教师期望月均收入众数为 3000 元，期待值约为 5500 元；对比城镇单位职员比较性优势的月收入约为 5000 元（见表 6.1）。基于此，我们大致设置出 4 个农村教师月工资档：第一档 3000 元，增加 600 元，对部分师范生构成职业吸引力，每年财政支出 2496 亿元，增加支出 499.20 亿元；第二档 4500 元，增加 2100 元，能够留住农村教师，每年财政支出 3744 亿元，增加支出 1747.20 亿元；第三档 5000 元，增加 2600 元，在城乡社会具有比较性优势，每年财政支出 4160 亿元，增加支出 2163.20 亿元，是现有农村教师工资财政总支出的一倍；第四档5500元，增加3100元，能够优质师资，每年财政支出4576亿元，增加支出2579.20亿元，是现有农村教师工资财政总支出的1倍多（见表6.2）。由此可见，若要实质性实现农村教师薪酬待遇的竞争性，预计每年需要增加财政支出在499.20亿—2579.20亿元。

表6.2　义务教育段镇区、乡村教师月工资增加后预计的年财政支出额度

单位：元

		镇区	乡村	合计
第一档	3000	141102819000	108497610000	249600429000
	增加600	28220563800	21699522000	49920085800
第二档	4500	211654228500	162746415000	374400643500
	增加2100	98771973300	75948327000	174720300300
第三档	5000	235171365000	180829350000	416000715000
	增加2600	122289109800	94031262000	216320371800
第四档	5500	258688501500	198912285000	457600786500
	增加3100	145806246300	112114197000	257920443300

注：表中增加数值＝各档工资额度－目前教师工资实际值（2400元）；年财政支出额度＝专任教师数×月工资×13个月。专任教师数依据的2014年全国义务教育阶段专任教师数镇区3618021人，乡村2781990人。参见中华人民共和国教育部官网—教育统计数据2014年。

　　然而，我国在当前乃至在未来长时间段内将处于生存性资源紧张状态。① 生存性资源紧张加之道德性资源式微，这必然激发群体（个体）竞相获取生存性资源，而轻视社会再分配之于公益的支持与倾斜。作为社会整体，群体（个体）互为依存与支撑。一个群体（个体）的良性发展既是以另一群体（个体）为前提，也是另一群体（个体）良性发展的条件。随着社会分工程度的提高，人际关系比以前关系更加密切，每个人对别人的依赖性，包括社会地位高的人对社会地位低的人的依赖性也越

---

　　① 当前我国生存性资源紧张的几种表现在第一章第三节第二小点"生存性资源与道德性资源分布情况下社会地位生成逻辑"中已有论述。

来越大。① 但是，生存性资源紧张稀释了群体（个体）之间的依存与支撑倾向，而加剧彼此之间的竞争和排斥关系。尤其是个体解放迸发出来的自我满足诉求、科技更新加速激发群体（个体）的物质消费欲、道德性式微使得群体（个体）对未来缺乏确定性追求以及社会资源分配缺乏秩序和极化特征明显，这些均使得群体（个体）具有压迫感地尽其所能地获取生存性资源的占有量与支配优势，极为强烈地期望实现占有资源的最大化，以实现自我的身份"镀金"和社会进阶，而鲜有把已占有的资源让渡给社会再分配，更遑论以提供竞争性薪酬待遇的方式倾斜性支持同为社会职业群体的农村教师。这如同形成社会拥挤效应，在有限交通道路上，各类车辆都想走在前面，谁都不想让谁，最终救护车来了也堵在路上，结局是达成目的的成本激增且公共道德急降。确如笔者了解到：一是大家认同农村教师待遇偏低。二是针对提高农村教师待遇问题则存有歧义，有的认为农村教师没有理由提高待遇，这是他们选择的；有的认为农村教师教学效果不好，不应提高其待遇；有的认为现在农村教师待遇已不低，再提高就缺乏正常的激励机制，等等。正是如此，当社会分配侧重竞争性而轻公益性，那么提供农村教师以竞争性待遇是难以达成的。

三　社会能否实现尊师与社会道德使命相吻合

文教道统的失却以及"长者""师者"社会结构的瓦解，使得传统倡导的"尊师重道"渐次落寞，以致在当代显得"口惠而实不至"② ——尊师的舆论口号仍有，但践行寥寥。而在这个利益至上和竞相争利的时代，多数人乃至社会一致也认为有必要"卸下"教师的道德功能和标识。其中缘由：一是历史进步论说，认为自古至今，教师的道德标签逐步去

---

① ［德］诺贝特·埃利亚斯：《文明的进程：文明的社会起源和心理起源的研究》，王佩莉译，生活·读书·新知三联书店 1998 年版，第 229 页。

② 有学者认为，"教师是太阳底下最光辉的职业"一说不太合乎逻辑。在实践中，包括优秀教师在内的许多教师对于"太阳底下最光辉的职业"这一美好称谓似乎并没有多少真切的"获得感"。如此来看，这句话就很有点口惠而实不至的味道了。参见吴康宁《太阳底下最光辉的职业，什么意思?》，《中国教师》2015 年第 10 期。

除的过程，这是历史进步。二是教师职业化说，认为教师作为职业，其本身缺乏道德制高点，故无必要给予其道德高度，也就无必要"尊师"。三是工作不匹配说，认为当前教师的工作质量没有达到给予道德高度的程度。凡此种种，均意在弱化教师的道德意义。暂且搁置上述三点缘由是否得当的分析，问题关键在于：为何社会应该给予教师以道德高度。若是基于教师与社会相互作用的长时段考察可做出判断，只有实现尊师与社会道德使命相吻合，一方面教师的社会地位得到充分的社会支持，另一方面学生也能够更好地积极社会化。而对于城乡社会与教育双重边缘的农村教师而言，更需要并且社会也应给予道德性支持。然而，生存性资源持续紧张与社会个体化过度使得短时间内难以实现尊师与社会道德使命相吻合。

（一）尊师的社会道德使命化是维续农村教师社会地位的长久之计

目前而言，农村教师在知识稀缺性程度以及生存性资源占有上均处于比较性劣势，这就意味着其社会地位在现时处境下处于边缘。然而，这并不意味着现时存在的恰当性。考究农村教师的道德属性，其理应获得社会道德性支持，借此保障社会地位，丰富和扩展社会道德性资源。

1. 农村教师的道德属性决定了社会应给予道德支持

对于个体而言，最优利益是生存性资源获取最大化，而对于群体抑或社会而言，最优利益是道德性资源扩展最大化。一个社会系统若要实现长期稳定有序的发展，核心在于如何整合平衡好个体与社会之间的诉求。一般情况下，个体的诉求个体能够借由自身能力直接达成，具有主动性、即时性和差异性等特征；而社会的诉求需要通过个体间协作达成，具有被动性、延后性和普世性等特征。假若个体均竞相为己，社会就"名存实亡"，而社会若要良序发展，个体之间就必须自觉主动作出互动互助和资源让度。可以想见，个体为己之事容易，社会良序发展很难。那么，社会良序发展如何实现呢？关键在于如何让个体之间认识且体悟到社会的重要性，个体之间是可以互信互助和资源让渡的，以及个体之间如何协作才能促进社会发展。而此问题的解决，除却社会中既有意识形态的传输和家庭内部的经验共享外，最为重要就是系统化的学校教育。众所周知，学校教育的关键人物是教师。因此，只有教师拥有珍爱万物生命和致力于社会建设的情怀，以及以此引导受众的能力，学校教育才能更好地实现，社会才能更有良序发展的可能。正如18世纪苏格兰启蒙思想家亚当·弗格森（Adam Ferguson）所指出的那样，"有品德的人都致力于为人类谋取福利。如果美德是至高无上的东西，那么它最美好、最杰出的作用就在于传播自身"。① 而道德不仅能够以自身的价值理性为资本服务，也可以在资本内部以自身的价值理性约束资本本身，以避免资本本性的非理性膨胀和资本逻辑的无度扩张。②

而在漫长的教育史上，教师往往被看成某种神圣的或社会主导性观念的传播者。③ 教师职业的传统使得追求金钱、名誉或权力的教师让人觉得不可靠，公共教育最具特征的风格就是，它会降低个人的抱负。服务的理想推崇的是付出多于回报的价值观，模范教师都是"奉献型的"。④本质上，教师的工作的确充满着德性。试想，具有血缘关系的群体（个体）之间可以借由先天存在的血缘和地缘关系认识彼此，形成互信和协作，共同面对和承担风险，而若是非血缘关系以及既往地理信息空间隔绝的群体（个体）之间如何实现共处，如何形成互信互助，显然这需要经由传承思想经验开新思维视野的教育来促进知识共享和身份认同，而这个过程的核心人物是教师。试想，面对"三观"处于形塑关键期且社会关系未结构化的学生群体，作为成年人的教师具有话语优先权，假若教师抱以"玩世不恭""颓废厌世""猜忌攻讦"的态度开展教学，可想对学生个体与社会群体的伤害之大。那些身处领导岗位而举止缺乏道德的人，不可能成为有效的行为榜样，也不可能保持组织的进步，这对教师来说也一样。⑤ 因此，教师之于社会具有无可替代的道德意义：在纵向上，继承与传递人类既有文明成果，而引导与开新未来发展；在横向上，

---

① ［英］亚当·弗格森：《文明社会史论》，林本椿、王绍祥译，辽宁教育出版社1999年版，第42页。

② 王小锡：《经济新常态需要"道德资本"》，《光明日报》2016年1月28日第13版。

③ 教育部师范教育司：《教师专业化的理论与实践》（修订版），人民教育出版社2003年版，第19页。

④ ［美］丹·克莱门特·劳蒂：《学校教师的社会学研究》，饶从满等译，人民教育出版社2011年版，第94页。

⑤ ［美］James D. Klein 等：《教师能力标准》，顾小清译，华东师范大学出版社2007年版，第92页。

既提升学生个体的生存与发展能力，又约束与教化其服务到社会良性发展的轨道上来。因此，只有教师占据道德制高点，才能位尊世范，发挥道德榜样与教化作用。

作为教师群体的重要组成部分，农村教师在过往历史长时段内被农村社会、家长、学生赋予道德标识并付诸实践，从而很好地促进血缘关系以及非血缘关系个体之间的耦合。然而，近现代文教道统失却、"长者""师者"社会结构瓦解和生存性资源紧张等一系列社会动迁导致农村教师在道德性资源和生存性资源的占有上日渐边缘。此种现实无法抹除：一是农村教师道德意义仍在但彰显不足；二是随着人口流动的加剧，城乡社会主导的关系交往逐渐由血缘关系替代为非血缘关系，在以非血缘关系交往过程中，正是个体缺乏约束与规训，以致城乡社会中不良事件频发。从这个意义上而言，正是农村教师的道德性资源弱化导致其无法发挥道德榜样和教化作用。进言之，若从城乡整体性与未来发展来考虑，社会有必要且应该提供给农村教师以道德性支持，实现尊师的社会道德使命化。

2. 道德性支持是保障农村教师社会地位的长久之计

如前文所论，农村教师三方面的比较性劣势致其难以通过占有社会竞争性生存性资源来维持体面的社会地位：一是知识稀缺性程度不足；二是处于生存性资源的占有与支配的末端；三是处于城乡社会与教育系统的末端。而农村教师具有道德意义与难以维持体面的社会地位之间的冲突，则决定了农村教师有赖于社会提供道德性支持以保障处于教化高位。确如世界优质教育系统之一的芬兰教育体系，其能够吸引优秀青年学子奉献教育的最重要方法是让教师可以在工作场所完全实现道德使命。芬兰的教育事业奠基于个人的内心信念，通过教育与他人合作、协助他人、奉献社会。[①]

（二）实现尊师与社会道德使命相吻合的限度

目前农村教师社会地位不彰，若要赢得尊师与社会道德使命相吻

---

① ［芬兰］帕思·萨尔伯格：《芬兰道路》，林晓钦译，江苏凤凰科学技术出版社2015年版，第106页。

合，需满足三大条件：一是社会充分认识到农村教师的社会道德意义，及其现状不足之处；二是社会倾斜性给予农村教师以生存性资源的同时，提升其道德性资源占有量；三是个体弱化自我最大利益取向，增强集体性认同和对"长者""师者"群体的尊重。然而，生存性资源持续紧张与社会个体化过度使得在未来长时段内难以实现尊师与道德使命相吻合。

1. 生存性资源紧张持续以致道德性资源扩展有限

实现尊师与社会道德使命相吻合道德性资源扩展的重要组成部分，决定于生存性资源均衡与否。当生存性资源相对均衡时，（群体）个体之间容易让渡彼此资源，社会注重人际关系的稳定构建，致力于道德性资源扩展；当生存性资源处于紧张时，群体（个体）之间竞相逐利，社会疏于人际关系的构建，懈怠于道德性资源扩展。目前而言，我国处于生存性资源紧张时期。生存性资源紧张既是生存性资源实际无法满足群体（个体）的需求，也是一种社会不公平的心理效应和自我生存焦虑的投射效应。其主要由三大方面决定：一是生存性资源生产能力；二是生存性资源的分配；三是群体（个体）之于生存性资源的需求。随着现代化推进，我国生存性资源的生产能力迅速提高，数量与种类极大丰富。然而，基于现代化阶段的限制，我国生存性资源将持续分配不均，且无法充分满足群体（个体）的需求。

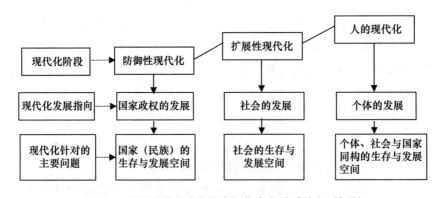

图6.4　不同现代化阶段的发展指向和针对的主要问题

一般意义上讲，现代化被认为是政治民主化、经济工业化，以及相对应的文化变迁。实质上，现代化是一个不断释放社会和个体能量的过程，是一个社会发展空间扩展和个体自我价值实现的过程，是一个社会结构开放化和流动自由化的过程，也是近代以来各个后发展国家竞相发展的目标。纵观世界现代化史，可把现代化分为三类或是高低有别的三个阶段：防御性现代化、扩展性现代化和人的现代化。防御性现代化是统治集团中远见卓识者为了维护传统统治体制，通过自上而下的改革促进现代化，由此形成了一种防御性的现代化模式，[①] 其发展指向于国家政权的发展，主要解决的问题是国家（民族）的生存和发展空间，旨在建构民族国家、实现经济的工业化转向等。扩展性现代化是"通过有计划的经济技术改造和学习世界先进，带动广泛的社会改革，以迅速赶上先进工业国和适应现代世界环境的发展过程"[②]，其发展指向于社会的发展，主要解决社会的生存与发展空间。人的现代化是个体在"心理、思想、态度和行为"适应现代化发展，以及促进个体发展自主性与自我价值的实现，其发展指向于个体的发展，主要解决个体、社会与国家同构的生存与发展空间，旨在实现三者协同共生的现代化（见图6.4）。因此，处在不同阶段的国家，现代化的任务和重心不同，社会结构给予个体的发展空间也不同。

　　总体而言，我国尚处在且将在未来较长时间段内处在扩展性现代化阶段。在本阶段，主要是落后与先进之间的矛盾，核心问题是社会发展与转型问题，国家目标是实现现代化改造和进入发达国家行列。[③] 因此，在本阶段国家发展重心在于丰富社会总体性资源以接近发达国家行列，扩张社会的生存与发展空间以激发社会转型动力，而略于扩展群体（个体）的生存与发展空间，促进其自我价值的实现；经济制度上主要采取"汲取性经济制度"[④]，走的是自上而下的发展道路，沿袭竞相占有资源以

---

①　陈晓律：《世界现代化历程·西欧卷》，江苏人民出版社2012年版，第228页。

②　罗荣渠：《现代化新论》，华东师范大学出版社2013年版，第13页。

③　具体而言，在纵向上要解决传统的现代性转化与开新具有中国特色的现代化道路；在横向上要解决区域之间、群体之间、个体之间的发展不公平与不均衡问题。

④　所谓汲取性经济制度是指在制度设计上，从根本上就是为了从社会一部分人那里攫取收入和财富，让另一部分受益。参见［美］德隆·阿西莫格鲁、詹姆斯·罗宾逊《国家为什么会失败》，李增刚译，湖南科学技术出版社2015年版，第513页。

实现向上发展的社会激励机制。在此阶段，生存性资源因集举国资源力推，加之个体力量得到释放而极大丰富，但锢于重心在社会以及向上的发展取向，生存性资源积聚到社会管理者和社会优势阶层之中，从而导致广大社会中下层在劳动与获得之间难有匹配。在此背景下，社会各阶层一方面竞相占有生存性资源，试图取得或者强化资源性优势，另一方面无论占有量多少以及处于何种支配地位均感到无法达到需求。在这种生存性资源紧张的情况下，群体（个体）之间的生存与发展关系是竞争性和排斥性，由此难以让度资源，难以发育和扩展良性的群体（个体）之间的互动关系。而文教道统与"长者""师者"社会结构的近现代化"遗弃"，更加使得当代失去培育良性社会关系的内里和理据。因此，群体（个体）之间侧重于自我利益的实现，而疏于扩展道德性资源。正因如此，在扩展性现代化阶段，社会很难赋予既处在社会竞争体系边缘，又无法促进农村学生（乃至自我）社会进阶的农村教师以充分的道德性支持，践行尊师的社会道德使命化。

2. 社会个体化过度以致难以重拾"尊师"遗风

除了生存性资源紧张这一因素外，当前社会个体化过度也导致我国难以重拾"尊师"遗风。尽管"尊师"也为当代所提倡，也为多数人所认可，但总体而言是建立在教师的社会功用价值的判断上，而非充分体悟到教师的道德意义。"尊师"在表面上是给予教师以道德尊重，但在本质上是遵从人类传世至今乃至延及万世的根本性伦理秩序——以"长者""师者"为中心的社会结构与社会轴心。虽然传统行之日久的"长者""师者"社会结构至于后期渐渐转向"保守""故步自封""打压新进""无法开创新生活、开启新纪元"等，显然滞后于社会的发展与进步，但是此并非"长者""师者"群体"先天之恶"，问题在于彼时社会结构与意识形态的僵化，以及"长者""师者"群体的自利性抵抗。为开启新社会，必然触及"长者""师者"群体，改造社会结构，以此解放个体激发社会活力，但确不可以此一概否定"长者""师者"社会结构与"长者""师者"群体，否定"长者""师者"群体道路指引、联结上下和凝结大众等社会文化、伦理、心理作用。①

　　然而，我国近现代化拟定的任务之一是在政治上瓦解传统的"长者""师者"社会结构，在文化上否定"长者""师者"群体。正是由此，我国近现代化虽然削弱以"长者""师者"群体为核心的自利性抵抗力量，实现了解放个体约束、建立新社会的目的，但是未能建立一个以通达开明、引领示范、有责任且有奉献精神的"长者""师者"群体结构，以致"个体—社会"联结的"长者""师者"重心结构失却。如胡适先生在1932 年曾提醒说——我们中国这六七十年的历史之所以一事无成，中国的民族自救运动之所以失败，都只因为我们把六七十年的光阴抛掷在寻求建立一个社会重心而终年不得。② 在"长者""师者"群体失位而广泛的社会运动加速个体解放的时代背景下，我国社会个体化已然缺乏约束与引导，乃至过渡。这表现在三大方面：一是个体的自我中心和自利化倾向严重。个体存在的价值应以社会为前提，个体化应具有有限性，而目前个体为求得生存与发展多数以自我中心为行为逻辑，以是否自我利益的思考基点，而忽略社会整体的生存与发展，缺乏人人互助共生与命运共同体意识。二是个体之间信任关系、责任担当缺乏。作为社会组成部分，每个个体均应相应地履行信任和承担责任，以联结个体、维续社会良序。目前个体之间互动不足，建构信任与责任关系的动力不足，以致"杀熟"事件频仍。三是社会制度建设滞后于个体化程度。在某种程度上，个体化如同江河湖海，看似波澜壮阔，一旦泛滥则不可收拾。对此的治理之道也是宜疏不宜堵，但是当前的社会制度滞后于个体化程度，也就很难规训、引导乃至培育积极的个体化。个体之间也难以有待健全的社会制度为准线开展互动、调解纠纷和公正分配等。

　　总体而言，社会个体化过渡则会出现三方面问题：一是扭曲理解个体解放的内涵和意义，认为个体化是无限的个体解放，是自我利益最大

---

　　①　正如当代思想家李泽厚先生所指出，"敬老尊长"是儒学传统中所保存积累至今仍有巨大社会影响的氏族遗风。它并不只是个简单的礼仪形式问题，而是一种文化现象和心理情感……如何在制度上、思维中排除它（负面影响），而又在心理上、情感上有选择地保留它、肯定它，是一种非常复杂而需要充分研究的问题。参见李泽厚《中国古代思想史论》，生活·读书·新知三联书店 2009 年版，第 318—319 页。

　　②　周积明、宋德金：《中国社会史论》（下卷），湖北教育出版社 2005 年版，第 489 页。

化。在错误理念的道路上累积性发展，而"无法折返"。对个人主义的这种不全面或失衡的理解不仅让个体变得自我中心毫无公德，也扩大了个体化的负面影响。① 二是个体之间信任与责任弱化，个体之间所建构的关系呈现排斥性、竞争性、利益性等特征。三是社会个体化过渡的再强化，而难以重建良性的"长者""师者"社会结构。确如美国社会政治学家亨廷顿所指出——在一个缺乏政治共同体感的政治落后的社会里，每个领袖、每个个人、每个集团皆在追逐被看作追逐自己眼前的物质目标，而置更广泛的公益于不顾。② 因此，社会个体化过渡相对于农村教师而言：一是个体之间竞相逐利，社会强调以占有和支配生存性资源为社会地位的判断尺度，这可能加剧本已处于生存性资源占有弱势的农村教师社会地位的下沉；二是个体均以自我为中心，而忽略社会公益性，这可能使得社会无法理解到农村教师工作的道德意义和公益属性，而无法给予农村教师以倾斜性且充分的生存性资源和道德性资源支持。三是良性的"长者""师者"社会结构难以重建，"尊师"的社会道德使命化难以落到实处。社会个体化过渡难以再次以社会结构的形式凝结个体，难以把个体再次嵌入以"长者""师者"为中心的社会系统中，也就难以希冀个体能够主动自觉地把资源让渡给"长者""师者"群体。

本章小结

本章旨在解析两大问题：一是提升农村教师社会地位的可能性；二是提升农村教师社会地位的限度。首先，实现占有知识的相对稀缺性是农村教师社会地位提升的前提，主要体现在：一是了解、理解和把握教学内容的知识前沿并能够转化为实际教学；二是对教学内容有着充分的话语权、解释权乃至建构权；三是促进农村学生积极社会化，尤其是助其实现社会进阶。其次，社会提供竞争性薪酬待遇是关键。这体现在：一是以职业特质及其社会贡献为薪酬待遇的基准。二是不低于城镇教师

---

① 阎云翔：《中国社会的个体化》，陆洋等译，上海译文出版社2012年版，第344页。
② ［美］塞缪尔·P. 亨廷顿：《变化社会中的政治秩序》，王冠华、刘为等译，上海世纪出版集团2010年版，第24页。

和乡镇公务员职业群体的薪酬待遇。基于 2013—2014 年的数据分析，农村教师月收入达到 3500—5000 元，方可在一定程度维持比较性优势和职业竞争力。最后，尊师的社会道德使命化是维续农村教师社会地位的长久之计。这体现在两点：一是农村教师的道德属性决定社会应给予道德支持；二是道德性支持是保障农村教师社会地位的长久之计。

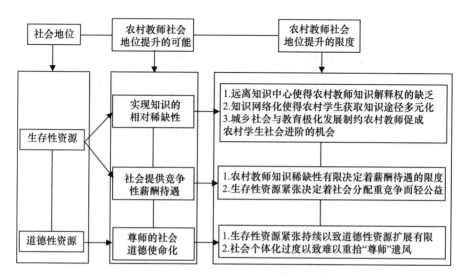

图6.5　农村教师社会地位提升的可能与限度

　　然而，农村教师社会地位提升又存在诸多方面的限度。首先，远离知识中心、知识网络化以及城乡社会与教育极化发展制约农村教师知识相对稀缺性的实现；其次，农村教师知识稀缺性的有限性和生存性资源紧张决定着社会分配重竞争性而轻公益性则制约着社会对农村教师竞争性薪酬的提供；最后，生存性资源紧张持续和社会个体化过渡则制约着尊师的社会道德使命化的践行。因此，基于我国城乡社会与教育的综合分析，未来农村教师社会地位的提升空间有限，且不容乐观。

结　语

从道德关怀到制度关怀再到双重关怀：
农村教师政策的重心转移与农村
教师社会地位走向

> 解决社会问题是一个社会道德问题，人相互间的观念是决定性的，不改变人们的观念就不可能达到解决问题的目的……更关键的是，将这种意识体现到秩序建设中。
>
> ——［德］瓦尔特·欧肯《经济政策的原则》①

当前，国际社会普遍"认可并强调了教师地位与教育质量的相互依赖性"。② 我国也历来重视农村教育质量与农村教师社会地位的提升问题，遗憾的是此两大问题时至今日未获实质性破解。深究其因，在于两点：一是农村教师政策缺乏一致性，以致有政策而效果不彰；二是对农村教师社会地位的前置性问题缺乏研究，以致政策缺乏统一的逻辑框架加以引导和规范。如此，农村教师政策陷入"问题—政策—旧问题未解决，新问题出现—既有政策有待执行，呼吁新政策出台"的不良循环中，从

---

① ［德］瓦尔特·欧肯：《经济政策的原则》，李道斌、冯兴元、史世伟译，中国社会科学出版社 2014 年版，第 332 页。

② 张源源：《义务教育教师职业城乡分层问题研究》，东北师范大学博士学位论文，2011 年，第 150 页。

而出现政策的层叠和"坏账"，以及问题的累积与严重化。就此而言，尽管农村教师社会地位问题属于"老"问题且成果繁多，但是接续开展针对性研究仍然具有重大的教育与社会意义以及必要性。

一 农村教师政策的重心转移

一直以来，有关农村教师社会地位及其相关政策问题受制于两大疑惑的困扰：一是农村教师社会地位是由农村教师自身所具备的条件和能动性决定的，还是由社会之于农村教师的主观能动性决定的。一般而言，群体（个体）的社会地位来自其具体的经济、权力和声望占有量。依此逻辑，基本采取刺激取向的农村教师政策，意欲制定相应的经济性制度，来不断刺激特定群体的弱点，[①] 以求达到破解问题的目标。这种显性且易操作的社会地位判定尺度显然忽略了前置性问题：这种占有量又依何而来。二是农村教师社会地位提升是在农村教师具备何种条件，或是社会提供何种条件方能实现。农村教师社会地位提升的决定性力量是什么？是由农村教师还是社会所左右？目前，一方面农村教师的教学质量受到普遍的诟病，也出现了排斥农村教师的舆论；另一方面国家陆续出台倾斜性支农政策，但无法确保这种政策的力度与效果。受此影响，既有政策的出台确实发挥了遏制问题恶化的作用，但是并未能彻底地消除损害农村教师社会地位的结构性因素和巩固其积极促进的结构性因素。

在既往的政策中，我们侧重于通过舆论宣传来重塑农村教师的道德形象，鼓励其践行道德操守，并呼吁社会各界给予其以道德尊重。实际效果可想而知，这不仅徒增农村教师的道德负重，也在反面弱化了农村教师的身份认同。在一个文教道统瓦解、人人竞相逐利的时代，给予本处于社会弱势的农村教师以道德尊重既缺乏社会基础，更缺乏社会合理性。及至近前，政策重心转向构建以经济激励为核心的制度关怀。在经

---

① 农村教师政策针对的是两大核心问题："留得住"和"引进来"，在此基础上提升整体质量。因此，政策具有明确的群体指向：在职的农村教师和有可能有意向赴农从教的准大学毕业生。而后者集中于农村大学生或是家庭资本较弱的大学生的群体中。这两类群体均有愿意接受一份相对"边缘"的工作的同时，急于获得经济上改善。现行多数政策也在围绕"经济待遇"做文章。

济至上的社会环境下，增加工资或者奖金的确能够起到激励作用。但问题在于何种程度上经济性支持计划是积极的：一方面能够留住农村教师和吸引优质师资，推动农村教师队伍的改进升级和地位提升，另一方面又不破坏职业群体间的工资平衡，维护农村教师经济性支持制度的稳定性和长期性。除此之外，改革开放至今的农村教师政策的实施效果已然表明，农村教师社会地位的提升仅有道德性关怀或是制度性关怀显然不够，其需要从本源上探明地位的作用机理，以此为基础制定系统性阶段性的政策设计，依次破解长期累积的"沉疴固疾"。

二　农村教师社会地位的再审视

社会地位是社会冲突和社会规约双重影响的结果，而农村教师在社会系统中社会冲突的境况和获得社会规约的实际就决定了其社会地位。在本质上，农村教师社会地位是农村教师作为一个社会群体凭借自身所具有的社会特质在社会运行中相应地占有稀缺性资源和获得社会规约体系的认可，进而在与其他社会群体互动、竞争、排斥过程中获得在社会结构中的相应位置。在宏观层面，农村教师社会地位受制于三大因素影响：一是占有何种稀缺性资源，是农村教师获得何种社会地位的根本性前提，是其能否得到社会认同和支持的前提；二是获得何种社会规约体系的认可程度，是农村教师社会得到强化和巩固的保障，尤其在农村教师不能直接参与生存性资源生产的情况下，社会规约就显得尤为重要；三是处于何种社会系统，决定了以何种方式开展社会冲突和社会规约，在不同的社会系统中，冲突和规约取向有别。通俗地讲，农村教师社会地位高低之分不是平白无故的结果，而是农村教师本身拥有的社会特质比之其他群体是否存有社会优势。

事实上，对于农村教师而言，首先，是否拥有知识是其立身根本。教师之所以为教师，教师之所以能够被聘为教师，教师之所以能够教育学生均在于教师本身拥有可以从教的知识，这既是教师与其他群体的根本差异所在，也是其获得社会地位的决定因素所在；其次，人类社会发展进程中渐次建构起来的关于教师方面的社会规约，是其生存与发展的保障。教师既是社会群体中的一类，又是极为特殊的一类。由于其工作具有育化万民、匡扶社会的特殊功能,人类发展自始至今都极为依赖教师群体,也针对其建构起程度不一的社会规约体系,以维护其尊严。除此之外,在我国的社会情境中,农村教师因"农村"而具有文化、政治和经济等方面的特殊意蕴。传统的城乡社会架构以及现代的城乡二元体制均使得农村教师所处的农村社会运行系统极为特殊,进而使得农村教师社会地位在农村社会结构和城乡社会结构的位置升降不定。

因此,在城乡社会等级结构既存的情况下,农村教师社会地位的提升有赖于实现知识的相对稀缺性,社会提供竞争性的薪酬待遇以及尊师的社会道德使命化。然而,考虑到远离知识中心、知识网络化、城乡社会与教育极化发展、社会分配重竞争性而轻公益性以及社会个体化过渡等社会实际,农村教师在未来较长时间段内难以实现知识相对稀缺性、获得竞争性薪酬待遇和道德尊重。换而言之,其地位提升是存在限度的。

三 研究反思与展望

行文至此,掩卷反思,本书始终意欲解答四大问题:一是农村教师社会地位由何决定;二是如何提高农村教师的社会地位;三是提高农村教师社会地位的现实可能性;四是农村教师社会地位问题如何治理以达良序。进而,也试图回应实践层面的八大问题:一是为何农村教师社会地位现状会是如此;二是为何人们对农村教师多有同情,但支农扶农赴农的意愿偏低;三是为何社会需要对农村教师给予关注和帮助;四是为何针对农村教师队伍建设的倾斜性供给力度加大,但农村教师社会地位未获实质性改观;五是改善农村教师社会地位的难度、关键问题和突破口在哪里;六是支持农村教师队伍建设前提与限度是什么,如何促进城乡教师队伍的互动良序发展;七是农村教师队伍发展现状能否在短时间内得以改善;八是农村教师队伍是否有未来,未来在哪儿,未来由什么决定等。

针对此,本书在前人研究的基础上构建以生存性资源与道德性资源来区分社会形态,以社会特质、稀缺性资源和社会规约为三大维度判定群体(个体)社会地位的理论框架,进而建构农村教师社会地位的分析维度:知识稀缺性、礼制规约和城乡社会等级空间结构。以此为基础,考究了我国农村教师社会地位的历史变迁与未来走向。总体而言，本书试图为分析（农村教师）社会地位提供新的方向和理念，试图建构一个系统性且有解释力的农村教师社会地位解释模型，试图突破意识形态判断、阶层对立和经验道德评价的社会地位分析视角，转向基于人性彰显与人类社会秩序建设的思维来探析社会地位的生成机制，从而充分揭示深负道德意义的农村教师的社会地位为何在当下黯淡且提升难期，也期望能够唤醒人们关注当下存在深刻的生存性资源紧张与道德性资源紧张并存的深层性社会危机，唤起人们扩展道德性资源与恢复社会良序的重要性与紧迫性，指出农村教师作为"长者""师者"结构的重要组成部分具有鲜明的社会道德功能和公益性，呼吁社会各界不可忽视（农村）教师之于个体化社会的秩序再建的重要作用，以及建议社会给予处于城乡社会与教育双重弱势的农村教师以道德与制度双重关怀的必要性和可行路径。

当然，在本书中，无论社会地位的理论框架还是农村教师社会地位的分析维度，均需进一步明晰内涵与边界，并且还需结合我国历史文化变迁脉络再细化农村教师社会地位变迁理路，精细化提升农村教师社会地位的理论分析。综合而言，本书有待完善的方面包括：一是细化生存性资源、道德性资源与稀缺性资源的具体所指，并尝试用于可量化分析乃至其他教育问题的研究，提升其理论适用范围与解释力；二是细化（农村）教师知识稀缺性的具体所指，并尝试用于（农村）教师队伍质量提升的实践；三是深化我国"长者""师者"社会结构的生成、瓦解与重建的研究，以及个体化社会与社会教化的互构研究，再塑（农村）教师之于社会的道德意义。

参考文献

著作类

[印] 阿玛蒂亚·森:《身份与暴力——命运的幻想》,李风华、陈昌升等译,中国人民大学出版社 2009 年版。

[英] 彼得·丹尼尔斯等:《人文地理学导论:21 世纪的议题》,邹劲风等译,南京大学出版社 2014 年版。

[美] 巴顿·摩尔:《专制与民主的社会起源:现代世界形成过程中的地主与农民》,王茁、顾洁译,上海译文出版社 2013 年版。

边燕杰:《市场转型与社会分层》,生活·读书·新知三联书店 2002 年版。

[美] C. 赖特·米尔斯:《社会学的想象力》,陈强等译,生活·读书·新知三联书店 2001 年版。

[美] 查尔斯·蒂利:《身份、边界与社会联系》,谢岳译,上海世纪出版集团 2008 年版。

陈桂生:《师道实话》(增订版),华东师范大学出版社 2009 年版。

陈旭麓:《近代中国社会的新陈代谢》,上海人民出版社 1992 年版。

[美] 丹·克莱门特·劳蒂:《学校教师的社会学研究》,饶从满等译,人民教育出版社 2011 年版。

[美] 道格拉斯·C. 诺思、约翰·约瑟夫·瓦利斯、巴里·R. 韦格斯特:《暴力与社会秩序:诠释有文字记载的人类历史的一个概念性框架》,杭行、王亮译,上海格致出版社 2013 年版。

[美] 戴维·波谱诺:《社会学》,李强等译,中国人民大学出版社 2007 年版。

[美] 丁韪良:《汉学菁华:中国人的精神世界及其影响力》,沈弘等译,

世界图书出版公司 2010 年版。

［波兰］弗落里安·兹纳涅茨基：《知识人的社会角色》，郏斌祥译，译林出版社 2000 年版。

［美］弗朗西斯·福山：《大分裂：人类本性与社会秩序的重建》，中国社会科学出版社 2002 年版。

费孝通：《乡土中国》，上海世纪出版集团 2007 年版。

［美］费正清、赖肖尔：《中国：传统与变革》，陈仲丹等译，江苏人民出版社 2012 年版。

国家教育行政学院：《基础教育：政策与制度热点》，山东大学出版社 2005 年版。

［美］格里德尔：《知识分子与现代中国：他们与国家关系的历史叙述》，单正平译，广西师范大学出版社 2010 年版。

顾明远：《改革开放 30 年中国教育纪实》，人民教育出版社 2008 年版。

葛兆光：《中国思想史》，复旦大学出版社 2001 年版。

何东昌：《中华人民共和国重要教育文献 1949—1975》，海南出版社 1998 年版。

郝大海：《流动的不平等：中国城市居民地位获得研究（1949—2003）》，中国人民大学出版社 2010 年版。

［美］格尔哈斯·伦斯基：《权力与特权：社会分层的理论》，关信平等译，浙江人民出版社 1988 年版。

黄光国：《社会科学的理路》，中国人民大学出版社 2010 年版。

［美］亨利·A. 吉鲁：《教师作为知识分子——迈向批判教育学》，朱红文译，教育科学出版社 2008 年版。

［英］亨利·萨姆奈·梅因：《古代法》，高敏等译，江西教育出版社 2014 年版。

［美］哈罗德·R. 克博：《社会分层与不平等》（第 7 版），蒋超等译，上海人民出版社 2012 年版。

［美］哈伊姆·奥菲克：《第二天性：人类进化的经济起源》，张敦敏译，中国社会科学出版社 2004 年版。

金观涛、刘青峰：《兴盛与危机：论中国社会超稳定结构》，法律出版社 2011 年版。

金观涛、刘青峰:《开放中的变迁:再论中国社会超稳定结构》,法律出版社 2011 年版。

[美] 吉尔伯特·罗兹曼:《中国的现代化》,国家社会科学基金"比较现代化"课题组译,江苏人民出版社 2003 年版。

金耀基:《从传统到现代》,中国人民大学出版社 1999 年版。

[匈牙利] 卡尔·波兰尼:《巨变:当代政治与经济的起源》,黄树民译,社会科学文献出版社 2013 年版。

[德] 科塞:《社会冲突的功能》,孙立平译,华夏出版社 1989 年版。

[澳] L. J. 萨哈:《教育大百科全书·教育社会学》,刘慧珍译审,西南师范大学出版社 2011 年版。

[英] 罗宾·科恩、保罗·肯尼迪:《全球社会学》,社会科学文献出版社 2001 年版。

[美] 理查德·谢弗:《社会学与生活》,赵旭东等译,世界图书出版公司 2012 年版。

李春玲、吕鹏:《社会分层理论》,中国社会科学出版社 2008 年版。

[美] 兰德尔·柯林斯等:《发现社会》(第 8 版),李霞译,商务印书馆 2014 年版。

刘大鹏:《退想斋日记》,山西人民出版社 1990 年版。

[美] 李怀印:《乡村中国纪事业:集体化和改革的微观历程》,法律出版社 2010 年版。

[美] 罗兰·斯特龙伯格:《西方现代思想史》,刘北成、赵国新译,金城出版社 2012 年版。

[美] 劳伦斯·纽曼:《社会研究方法:定性与定量的取向》(第 5 版),郝大海译,中国人民大学出版社 2007 年版。

李立志:《变迁与重建》,江西人民出版社 2002 年版。

[法] 雷蒙·阿隆:《社会学主要思潮》,上海译文出版社 2005 年版。

李培林:《中国社会》,社会科学出版社 2011 年版。

李强:《社会分层十讲》,社会科学出版社 2008 年版。

李强:《转型期的中国社会分层结构》,黑龙江人民出版社 2002 年版。

罗荣渠:《现代化新论》,华东师范大学出版社 2013 年版。

[法] 卢梭:《社会契约论》,何兆武译,商务印书馆 2010 年版。

［美］拉塞尔・哈丁：《群体冲突的逻辑》，刘春荣、汤艳文译，上海世纪
　　出版集团 2013 年版。

李书磊：《村落中的"国家"》，浙江人民出版社 1999 年版。

梁漱溟：《乡村建设理论》，上海人民出版社 2014 年版。

李小融：《中国基础教育问题》，湖南教育出版社 2000 年版。

陆学艺：《当代中国社会结构》，社会科学文献出版社 2010 年版。

刘英杰：《中国教育大事典》，浙江教育出版社 1993 年版。

刘云杉：《从启蒙者到专业人：中国现代化历程中教师角色演变》，北京
　　师范大学出版社 2006 年版。

刘祖云：《从传统到现代——当代中国社会转型研究》，湖北人民出版社
　　2004 年版。

［英］麦克・F. D. 扬：《知识与控制：教育社会学新探》，谢维和等译，
　　华东师范大学出版社 2002 年版。

［德］马克斯・韦伯：《马克斯・韦伯社会学文集》，阎克文译，人民出版
　　社 2010 年版。

［德］马克斯・韦伯：《支配社会学》，康乐、简惠美译，广西师范大学出
　　版社 2010 年版。

［德］马克斯・韦伯：《经济与历史，支配的类型》，康乐等译，广西师范
　　大学出版社 2010 年版。

马戎、［加］龙山：《中国农村教育问题研究》，福建教育出版社 2000
　　年版。

［德］米歇尔・鲍曼：《道德的市场》，肖君等译，中国社会科学出版社
　　2003 年版。

南京师范大学教科所（教育系）：《农村教育学》，人民教育出版社 1988
　　年版。

［芬兰］帕思・萨尔伯格：《芬兰道路：世界可以从芬兰教育改革中学到
　　什么》，林晓钦译，江苏凤凰科学技术出版社 2015 年版。

庞守兴：《困惑与超越——新中国农村教育忧思录》，广西师范大学出版
　　社 2003 年版。

瞿葆奎：《教育学文集・教师》，人民教育出版社 1991 年版。

［美］乔尔・查农：《社会学与十大问题》，汪丽华译，北京大学出版社

2009 年版。

［英］齐格蒙特·鲍曼、蒂姆·梅：《社会学之思》（第 2 版），李康译，社会科学文献出版社 2010 年版。

渠进东：《缺席与断裂——有关失范的社会学研究》，上海人民出版社 1999 年版。

［德］齐美尔：《社会是如何可能的：齐美尔社会学文选》，广西师范大学出版社 2002 年版。

钱民辉：《教育社会学概论》（第 3 版），北京大学出版社 2010 年版。

［法］让·卡泽纳弗：《社会学十大概念》，杨捷译，上海人民出版社 2003 年版。

［美］斯蒂芬·K. 桑德森：《宏观社会学》（第 4 版），高永平译，中国人民大学出版社 2013 年版。

司洪昌：《嵌入村庄的学校》，教育科学出版社 2009 年版。

［美］塞缪尔·P. 亨廷顿：《变化社会中的政治秩序》，王冠华、刘为等译，上海世纪出版集团 2010 年版。

［英］T. H. 马歇尔、安东尼·吉登斯等：《公民身份与社会阶级》，郭忠华等编，江苏人民出版社 2008 年版。

［美］塔尔科特·帕森斯：《社会行动的结构》，张明德、夏翼南等译，译林出版社 2012 年版。

［英］提姆·梅伊、詹森·L. 鲍威尔：《社会理论的定位》（第 2 版），姚伟等译，中国人民大学出版社 2013 年版。

唐松林：《中国农村教师发展研究》，浙江大学出版社 2005 年版。

［德］瓦尔特·欧肯：《经济政策的原则》，李道斌、冯兴元、史世伟译，中国社会科学出版社 2014 年版。

魏峰：《弹性与韧性》，上海三联书店 2009 年版。

吴康宁：《教育社会学》，人民教育出版社 2007 年版。

王露露：《乡土伦理》，人民出版社 2008 年版。

翁乃群：《村落视野下的农村教育》，社会科学文献出版社 2009 年版。

王先明：《乡村社会文化与权力结构的变迁》，人民出版社 2002 年版。

邬志辉：《教育全球化：中国的视点与问题》，华东师范大学出版社 2004 年版。

邬志辉、秦玉友：《中国农村教育发展报告 2012》，北京师范大学出版社 2014 年版。

邬志辉：《中国农村教育评论：教师政策与教育公正》，北京师范大学出版社 2013 年版。

徐辉、黄学溥：《中外农村教育的发展与改革》，西南师范大学出版社 2000 年版。

萧楼：《夏村社会》，生活·读书·新知三联书店 2010 年版。

许烺光：《祖荫下》，王芃、徐隆德译，南天数据有限公司 2001 年版。

许欣欣：《当代中国社会结构变迁与流动》，社会科学文献出版社 2000 年版。

杨东平：《艰难的日出——中国现代教育的 20 世纪》，文汇出版社 2003 年版。

袁方、姚裕群：《劳动社会学》，中国劳动社会保障出版社 2003 年版。

杨懋春：《一个中国村庄：山东台头》，江苏人民出版社 2001 年版。

阎云翔：《中国社会的个体化》，陆洋等译，上海译文出版社 2012 年版。

周德昌：《中国教育史研究·明清卷》，华东师范大学出版社 1995 年版。

郑杭生：《中国社会结构变化趋势研究》，中国人民大学出版社 2004 年版。

周积明等：《中国社会史论》（上、下卷），湖北教育出版社 2005 年版。

张鸣：《乡村社会权力和文化结构的变迁（1903—1953）》，陕西人民出版社 2008 年版。

[美] 詹姆斯·C. 斯科特：《农民的道义经济学》，程立显等译，译林出版社 2013 年版。

[美] 詹姆斯·D. 克莱因等：《教师能力标准》，顾小清译，华东师范大学出版社 2007 年版。

周荣德：《中国社会的阶层与流动》，学林出版社 2000 年版。

张人杰：《国外教育社会学基本文选》，华东师范大学出版社 1991 年版。

张秀兰：《中国教育发展与政策 30 年》，社会科学文献出版社 2008 年版。

转型期中国重大教育政策案例研究课题组：《缩小差距——中国教育政策的重大命题》，人民教育出版社 2005 年版。

张仲礼：《中国绅士研究》，上海人民出版社 2008 年版。

学位论文类

蒋纯焦：《一个阶层的消失》，华东师范大学博士学位论文，2006 年。

李伯玲：《群体身份与个体认同——A 县五名农村教师的叙事探究》，东北师范大学博士学位论文，2013 年。

李涛：《底层社会与教育》，东北师范大学博士学位论文，2014 年。

庞守兴：《中国当代农村教育改革发展史研究》，华东师范大学博士学位论文，2004 年。

王安全：《一个西部县农村教师结构五十年的变迁》，陕西师范大学博士学位论文，2012 年。

王献玲：《中国民办教师始末研究》，浙江大学博士学位论文，2005 年。

杨卫安：《我国城乡教育关系制度的变迁研究》，东北师范大学博士学位论文，2010 年。

杨晓军：《区域视野中的乡村、学校与社会》，吉林大学博士学位论文，2009 年。

闫引堂：《国家与教师身份》，华东师范大学博士学位论文，2006 年。

周润智：《被规约的教师职业》，南京师范大学博士学位论文，2002 年。

张源源：《义务教育教师职业城乡分层问题研究》，东北师范大学博士学位论文，2011 年。

期刊类

毕艳锋：《从职业走向专业——改革开放 30 年来教师社会地位变化的回顾与反思》，《中国教师》2008 年第 8 期。

边燕杰、李路路等：《结构壁垒、体制转型与地位资源含量》，《中国社会科学》2006 年第 5 期。

储朝晖：《全球化视野中的中国乡村教育边缘化问题研究》，《清华大学教育研究》2002 年第 5 期。

晁福林：《论周代国人与庶民社会身份的变化》，《人文杂志》2000 年第 3 期。

慈鸿飞：《二三十年代教师公务员工资及生活状况表》，《近代史研究》1994 年第 3 期。

仇立平：《回到马克思：对中国社会分层研究的反思》，《社会》2006 年第
　4 期。

仇立平：《上海市平职业地位评价及其意义》，《社会》1996 年第 7 期。

陈丽萍：《教师的社会地位应该是"老九"吗》，《现代中小学教育》1998
　年第 2 期。

陈鹏：《经典三大传统社会分层观比较》，《社会科学管理与评论》2011 年
　第 3 期。

陈胜：《尴尬的转变——清末民初乡村教育变革的困境》，《华南师范大学
　学报》（社会科学版）2011 年第 2 期。

陈向明：《实践性知识：教师专业发展的知识基础》，《北京大学教育评
　论》2003 年第 1 期。

陈向明、王红艳：《从实践性知识的角度看教师的知识分子属性》，《全球
　教育展望》2010 年第 1 期。

陈永明：《教师社会地位：虚像还是实像》，《集美大学学报》2010 年第
　3 期。

陈赟：《20 世纪 90 年代教师工资问题研究》，《清华大学教育研究》2003
　年第 1 期。

陈振华：《论新的教育知识生产观》，《华东师范大学学报》（教育科学版）
　2001 年第 3 期。

段会冬：《乡村教师文化困境的再思考》，《上海教育科研》2011 年第
　11 期。

段华明：《中国不发达地区农村社会的阶层结构》，《甘肃理论学刊》1990
　年第 5 期。

冯梅：《20 世纪二三十年代广州小学教师薪资及生活状况》，《西南交通大
　学学报》（社会科学版）2008 年第 1 期。

顾明远：《关于提升我国中小学教师质量的思考——基于世界各国的政策
　经验》，《比较教育研究》2013 年第 1 期。

郭兴举：《论教师作为社会代表者——与吴康宁老师商榷》，《教育研究与
　实验》2003 年第 1 期。

高小强：《乡村教师阶层分化及其社会文化后果》，《中国教育学刊》2011
　年第 12 期。

何朝银：《人口流动与当代中国农村社会分化》，《浙江社会科学》2006 年第 2 期。

郝锦花：《清末民初乡村精英离乡的新学教育原因》，《文史哲》2002 年第 5 期。

郝锦花、田正平：《民国时期乡村小学教员收入情况考察》，《教育与经济》2007 年第 2 期。

胡金平：《从教师称谓的变迁看教师角色与知识结构的转变》，《南京师大学报》（社会科学版）2007 年第 3 期。

贺来：《"道德共识"与现代社会的命运》，《哲学研究》2001 年第 5 期。

侯明喜、曾崇碧：《试论民初乡村小学教师的社会地位——以 20 世纪 30 年代四川为例》，《四川师范大学学报》（社会科学版）2007 年第 4 期。

黄书光：《论中国传统教化的近代解构》，《浙江大学学报》（人文社会科学版）2005 年第 6 期。

洪舜仁：《教育改革与教师地位》，《殷都学刊》1992 年第 1 期。

黄伟娣：《教师职业、资格与专业化》，《集美大学教育学报》2001 年第 2 期。

贺喜：《编户齐民与身份认同：明前期海南里甲制度的推行与地方社会之转变》，《中国社会科学》2006 年第 6 期。

贺雪峰：《中国传统社会的内生村庄秩序》，《文史哲》2006 年第 4 期。

何一民：《第一次"城市革命"与社会大分工》，《甘肃社会科学》2014 年第 5 期。

黄裕生：《论卢梭的"自然状态"及其向社会过渡的环节》，《浙江学刊》2014 年第 6 期。

姜朝晖：《浅析民国乡村教育运动中乡村教师的角色》，《鲁东大学学报》（哲学社会科学版）2014 年第 5 期。

姜朝晖、朱汉国：《民国时期乡村教师的生存状况》，《史学月刊》2015 年第 4 期。

经君健：《论清代等级制度》，《中国社会科学》1980 年第 6 期。

姜良芹：《抗战时期高校教师的工资制度及生活状况初探》，《南京师范大学学报》（社会科学版）1999 年第 3 期。

金美福：《知识人：教师角色的知识社会学研究视角》，《外国教育研究》

2003 年第 4 期。

[苏] 济亚季诺娃:《教师的社会地位》,《国外社会科学文摘》1991 年第 5 期。

贾应生:《社会类型与现代社会的性质》,《社会学评论》2014 年第 6 期。

刘爱玉:《社会转型过程中的职业地位评价——以北大本科学生调查为例》,《青年研究》2005 年第 6 期。

李长吉:《农村教师:改造乡村生活的灵魂》,《教师教育研究》2011 年第 1 期。

李春玲:《当前中国人的社会分层意识》,《湖南社会科学》2003 年第 5 期。

刘晖:《改革开放 30 年教师职业地位的变迁》,《中国教师》2008 年第 11 期。

李汉林等:《社会变迁过程中的结构紧张》,《中国社会科学》2010 年第 2 期。

李金奇:《农村教师的身份认同状况及其思考》,《教育研究》2011 年第 11 期。

李江涛:《阶层关系:对传统身份社会的冲击》,《开放时代》1999 年第 4 期。

刘良华:《教育自传中的个人知识:关于"好教师"的调查研究》,《北京大学教育评论》2008 年第 1 期。

李路路:《论社会分层研究》,《社会学研究》1999 年第 1 期。

娄立志、张济洲:《乡村教师疏远乡村的历史社会学解释》,《当代教育科学》2009 年第 21 期。

鲁品越:《资本逻辑与当代中国社会结构趋向》,《哲学研究》2006 年第 12 期。

李强:《转型时期冲突性的职业声望评价》,《中国社会科学》2000 年第 4 期。

李强:《政治分层与经济分层》,《社会学研究》1997 年第 4 期。

李琼、倪玉菁:《从知识观的转型看教师专业发展的角色之嬗变》,《华东师范大学学报》(教育科学版) 2002 年第 4 期。

李强、王昊:《中国社会分层结构的四个世界》,《社会科学战线》2014 年第 1 期。

李荣华、赵芙：《关于农村教师弱势地位的研究》，《当代教育论坛》2004
年第 6 期。

刘思达：《职业自主性与国家干预——西方职业社会学研究述评》，《社会
学研究》2006 年第 1 期。

鲁卫东：《20 世纪二三十年代安徽小学教员及其生计初探》，《安徽史学》
2011 年第 4 期。

刘晓东：《"道体下移"与晚明基层社会的教育困境：兼及晚明塾师职业
生存伦理的异变》，《东北师大学报》（哲学社会科学版）2009 年第
2 期。

乐先莲：《教师与知识——教师角色的知识社会学分析》，《全球教育展
望》2006 年第 8 期。

李彦花：《成为文化人——乡村教师公共性回复的关键》，《大学教育科
学》2008 年第 5 期。

刘应杰：《中国城乡关系演变的历史分析》，《当代中国史研究》1996 年第
2 期。

陆益龙：《中国农村社会阶级阶层结构六十年的变迁》，《马克思主义与现
实》2009 年第 6 期。

刘云杉：《精英的选拔：身份、地域与资本的视角》，《清华大学教育研
究》2009 年第 10 期。

林宗弘、吴晓刚：《中国的制度变迁、阶级结构转型和收入不平等：
1978—2005》，《社会》2010 年第 6 期。

罗志田：《科举制废除在乡村中的社会后果》，《中国社会科学》2006 年第
1 期。

刘祖云：《社会转型与社会分层——四论当代中国社会的阶层分化》，《武
汉大学学报》（社会科学版）2003 年第 1 期。

马忠才：《从职业变迁到社会分化：一个回族村落的现代转型》，《宁夏社
会科学》2007 年第 6 期。

［荷兰］尼克·温鲁普等：《教师知识和教学的知识基础》，《北京大学教
育评论》2008 年第 1 期。

庞雪群：《对我国教师职业声望低的原因及对策的思考》，《广西师范学院

学报》（哲学社会科学版）1997 年第 4 期。

蒲阳：《教师知识分子特征的失落与复归——教师专业化背景下的反思》，《教育发展研究》2010 年第 6 期。

曲秀君、王松涛：《略论从身份到契约的转变：兼论其对中国身份社会的影响》，《枣庄师范专科学校学报》2003 年第 6 期。

曲正伟：《教师的"身份"与"身份认同"》，《教育发展研究》2007 年第 4 期。

阮成武：《论传统教师地位的文化负累与消解》，《皖西学院学报》2001 年第 1 期。

阮成武：《中国教师现代化的路径选择》，《安徽师范大学学报》（人文社会科学版）2011 年第 3 期。

容中逵：《他者规训异化与自我迷失下的乡村教师》，《教育学报》2009 年第 5 期。

孙立平：《"自由流动资源"与"自由活动空间"》，《探索》1993 年第 1 期。

孙立平：《关系、社会关系与社会结构》，《社会学研究》1996 年第 5 期。

孙立平：《对社会二元结构的新认识》，《学习月刊》2007 年第 1 期。

孙立平：《走向积极的社会管理》，《社会学研究》2011 年第 4 期。

邵书龙：《等级的、文化的分层模式：中国社会结构变迁机制分析》，《社会科学战线》2012 年第 7 期。

石秀印：《晚清以来中国社会的阶层分化、合化及其社会后果》，《江苏社会科学》2002 年第 4 期。

邵燕：《我国教师地位的历史检视与现实思考》，《当代教育论坛》2006 年第 6 期。

石中英：《知识性质的转变与教育改革》，《清华大学教育研究》2001 年第 2 期。

田国秀：《试论判断教师社会地位的标准》，《思想理论教育导刊》1994 年第 12 期。

唐松林：《公共性：乡村教师的一个重要属性》，《大学教育科学》2008 年第 5 期。

唐松林：《理想的寂灭与复燃：重新发现乡村教师》，《中国教育学刊》

2012 年第 7 期。

唐松林、丁璐:《论乡村教师作为乡村知识分子身份的式微》,《湖南师范大学教育科学学报》2013 年第 1 期。

唐松林、李科:《角色神圣与符号暴力:传统教师隐喻的伦理悖论》,《湖南师范大学教育科学学报》2012 年第 4 期。

唐松林、聂英栋:《乡村教师的专业化模式选择:批判、创新与辩证》,《教师教育研究》2012 年第 5 期。

唐松林、王祖霖:《"厚"乡村教师之"生":城乡教师均衡发展之策略》,《湖南师范大学教育科学学报》2015 年第 3 期。

唐贤兴、张爱阳:《现代化进程中的世俗化及人们对它的误解》,《学术探索》1997 年第 2 期。

田正平、陈胜:《清末及民国时期乡村教育的困境及其调适》,《华中师范大学学报》(人文社会科学版)2008 年第 5 期。

田正平、章小谦:《中国教育者概念从传统到现代的演变——从"教官"到"教师"称谓变化的历史考察》,《社会科学战线》2007 年第 1 期。

王长纯:《教师专业化发展:对教师的重新发现》,《教育研究》2001 年第 11 期。

王春光:《城乡结构:中国社会转型中的迟滞者》,《中国农业大学学报》(社会科学版)2007 年第 1 期。

王春光:《当前中国职业流动中的社会不平等问题研究》,《中国人口科学》2003 年第 2 期。

魏峰:《从熟人到陌生人:农村小学教师的角色转变》,《南京师范大学学报》(社会科学版)2010 年第 5 期。

王健:《发达国家教师社会地位演进及其启示》,《集美大学学报》2010 年第 3 期。

吴康宁:《教师是"社会代表者"吗?》,《教育研究与实验》2002 年第 2 期。

王璐:《提升社会地位、提高职前教育质量——英国教师教育改革最新趋势》,《比较教育研究》2012 年第 8 期。

王铭铭:《教育空间的现代性与民间观念——闽台三村初等教育的历史轨迹》,《社会学研究》1999 年第 6 期。

王宁:《消费流动:人才流动的又一动因》,《学术研究》2014 年第 10 期。

吴琼:《民国时期教师薪俸的历史演变》,《教育评论》1999 年第 6 期。

王新兵、杜学元:《社会转型时期我国教师职业声望的现状、成因及对策》,《教师教育研究》2006 年第 1 期。

王先明:《20 世纪前期乡村社会冲突的演变及其对策》,《华中师范大学学报》(人文社会科学版)2012 年第 4 期。

王先明:《近代绅士阶层的分化》,《社会科学战线》1987 年第 3 期。

王先明:《清代社会结构中绅士阶层的地位与角色》,《中国史研究》1995 年第 1 期。

王先明:《士绅构成要素的变异与乡村权力》,《近代史研究》2005 年第 2 期。

王先明、尤永斌:《略论晚清乡村社会教化体系的历史变迁》,《史学月刊》1999 年第 3 期。

王彦:《从"顶礼膜拜"走向"自我赋权"——信息社会背景下学校教师获取知识的必由之路》,《学术论坛》2008 年第 11 期。

王玉波:《深化社会结构史研究》,《历史研究》1995 年第 6 期。

王忠武:《当代中国城乡关系的三重建构机制》,《学术月刊》2012 年第 12 期。

熊和平:《教师是谁——现代教育理念下教师身份的重构》,《上海教育科研》2005 年第 3 期。

徐静、任顺元:《探讨教师的社会地位》,《现代教育论坛》2009 年第 1 期。

徐继存:《中国传统社会的乡绅阶层及其衰落》,《当代教育与文化》2015 年第 1 期。

徐继存、高盼望:《民国乡村教师的社会形象及其时代特征》,《教师教育研究》2015 年第 4 期。

许纪霖:《重建社会重心:近代中国的/知识人社会》,《学术月刊》2006 年第 11 期。

许纪霖:《寻求自由与公道的社会秩序》,《开放时代》2000 年第 1 期。

谢遐龄:《中国社会是伦理社会》,《社会学研究》1996 年第 6 期。

许欣欣:《从职业评价与择业取向看中国社会结构变迁》,《社会学研究》

2000 年第 3 期。

徐勇：《阶梯性社会与"三农"的提升》，《华中师范大学学报》（人文社会科学版）2004 年第 6 期。

肖瑛：《差序格局与中国社会的现代转型》，《探索与争鸣》2014 年第 6 期。

肖瑛：《从"国家与社会"到"制度与生活"：中国社会变迁研究的视角转换》，《中国社会科学》2014 年第 9 期。

阎光才：《教师"身份"的制度与文化根源及当下危机》，《北京师范大学学报》（社会科学版）2006 年第 4 期。

杨华：《"结构—价值"变动的错位互构：理解南方农村自杀潮的一个框架》，《开放时代》2013 年第 6 期。

杨洪：《印度的教师地位》，《贵州教育学院学报》2002 年第 5 期。

杨建华：《论社会分化的三个维度》，《浙江学刊》2010 年第 1 期。

杨建华：《中国乡土社会与现代社会发展》，《浙江学刊》2015 年第 2 期。

杨乔萍：《论改革开放以来知识分子社会地位的历史变迁》，《彭城职业大学学报》2004 年第 3 期。

杨起予：《改革深化中的道德省思》，《探索与争鸣》2015 年第 6 期。

杨晓、李路路：《对中国社会分层的理论研究》，《社会学研究》1989 年第 10 期。

杨永恒、胡鞍钢、张宁：《中国人类发展的地区差距和不协调：历史视角下的"一个中国，四个世界"》，《经济学》2006 年第 6 期。

叶映华、刘宣文：《专业化与教师社会形象的重建》，《教育发展研究》2006 年第 7 期。

阎云翔：《差序格局与中国文化的等级观》，《社会学研究》2006 年第 4 期。

杨运鑫：《平民精神：乡村教师公共性回归之所》，《大学教育科学》2008 年第 5 期。

昝宝毅：《社会地位与角色》，《社会》1987 年第 1 期。

赵昌木：《社会阶层中的教师职业》，《课程·教材·教法》2008 年第 6 期。

周富轩、张小红：《教师职业内涵历史考察与教师地位发展探究》，《江西师范大学学报》（哲学社会科学版）2005 年第 2 期。

张鸿雁：《论当代中国城乡多梯度社会文化类型与社会结构变迁》，《南京社会科学》2007 年第 11 期。

张济洲：《国家与社会关系视野下的乡村教师社会功能的弱化》，《菏泽学院学报》2009 年第 1 期。

张济洲：《历史人类学视野下乡村教师的社会功能重释》，《鲁东大学学报》（哲学社会科学版）2010 年第 4 期。

郑明哲：《贫乏的道德性——现代性道德的症结与出路》，《浙江学刊》2009 年第 5 期。

张儒辉：《外在规约：乡村教师公共性旁落的根源》，《大学教育科学》2008 年第 5 期。

周守军、袁小鹏：《农村教师的社会资本及其社会地位》，《教育发展研究》2010 年第 23 期。

左松涛：《晚清民国私塾与塾师的"权势"问题研究》，《中山大学学报》（社会科学版）2006 年第 2 期。

赵卫：《教师职业权威及社会地位问题的教育学考察》，《教育研究》1994 年第 10 期。

张宛丽：《非制度因素与地位获得》，《社会学研究》1996 年第 1 期。

周晓虹：《经典社会学的历史贡献与局限》，《江苏行政学院学报》2002 年第 4 期。

张学敏、张翔：《教师职业专业化的异化与转型》，《教育研究》2011 年第 12 期。

郑新蓉：《教师的阶层身份、社会功能与专业化》，《教育学报》2005 年第 3 期。

郑新蓉：《论教师社会地位及法律地位》，《教育研究与实验》1998 年第 1 期。

翟学伟：《个人地位：一个概念及其分析框架》，《中国社会科学》1999 年第 4 期。

赵轶峰：《身份与权利：明代社会层级性结构探析》，《求是学刊》2014 年第 5 期。

张玉林：《关于当代中国乡村教师的边缘化问题》，《华南师范大学学报》

（社会科学版）2006 年第 1 期。

赵晔琴：《身份建构逻辑与群体性差异的表征》，《社会学研究》2013 年第 6 期。

周兆海：《农村教育研究：现状、逻辑起点与路径选择》，《现代教育科学》2012 年第 3 期。

周兆海、邬志辉：《城乡社会关系演进及其对城乡教育发展的影响》，《教育科学》2015 年第 2 期。

周兆海、邬志辉：《社会地位的内涵、演进及其类型》，《理论月刊》2015 年第 7 期。

报刊类

程念祺：《"王道"政治的理想是如何被毁弃的》，《南方周末》2015 年 10 月 22 日第 29 版。

范先佐：《农村教师拿什么留住你》，《中国教育报》2013 年 10 月 17 日第 5 版。

姜涛：《山区教师拿什么留住你》，《人民政协报》2013 年 9 月 16 日第 B2 版。

刘建国：《中国教师职业地位的历史演变》，《凉山日报（汉）》2005 年 9 月 10 日第 6 版。

林日新：《拿什么留住乡村教师》，《中国妇女报》2014 年 11 月 23 日第 A3 版。

李涛、邬志辉：《让乡村教师职业"香"起来》，《光明日报》2014 年 10 月 21 日第 15 版。

魏本貌：《乡村教师，拿什么留住你》，《人民日报》2013 年 10 月 11 日第 12 版。

邬志辉：《如何提高农村教师社会地位》，《光明日报》2014 年 9 月 2 日第 11 版。

邬志辉：《"重城轻乡"的教育发展观念亟待纠偏》，《中国教育报》2015 年 5 月 5 日第 5 版。

袁新文：《农村教师何时不往城里挤》，《人民日报》2010 年 1 月 15 日第 18 版。

周豫、刘龙飞:《拿什么留住你,乡村骨干教师》,《南方日报》2011 年
  12 月 23 日第 A18 版。

周兆海:《重视农村教育的三重面向》,《中国社会科学报》2015 年 10 月
  8 日第 4 版。

周兆海:《重视乡村教育衰落问题》,《中国社会科学报》2015 年 12 月 24
  日第 4 版。

外文文献

Byron Auguste, Paul Kihn, Matt Miller. *Closing the talent gap*: *Attracting and
  retaining top-third graduates to careers in teaching* [EB/OL]. http://
  www. mckin sey. com/clientservice/Social _ Sector/our _ practices/Education/
  Knowledge _ Highlights/ ~ /media/Reports/SSO/Closing _ the _ talent _
  gap. ashx, 2011 – 12. 3.

Claudia Buchmann1, Emily Hannum, "Education and stratification in develo-
  ping countries: A Review of Theories and Research" *Annual Review of Soci-
  ology* , 2001 (27).

Dan Goldhaber, Kate Destler, Daniel Player, "Teacher Labor Markets and
  The Perils of Using Hedonics to Estimate Compensating Differentials in The
  public Sector " *Working Paper*, 2007 (17).

Eric Eide, Dan Goldhaber, Dominic Brewer, "The teacher label market and
  teacher quality" *Oxford Review of Economic Policy*, 2004, 20 (2).

Harold R. Kerbo, *Social Stratification and Inequality*: *Class Conflict in Histori-
  cal and Comparative Perspective* (New York: McGraw-Hill, 2003).

House of Commons Education Committee. *Great teachers*: *attracting*, *training and
  retaining the Best* [EB/OL]. https://books. google. com. hk/books? hl =
  zh-CN&lr = &id = 2yGHtQWpGZ8C&oi = fnd&pg = PA10&dq = Great + teach-
  ers: + attracting, + training + and + retaining&ots = R885lH0 _ Hh&sig =
  ctighjuQm2hvUtTCb4gtHZv – 1Ao&redir _ esc = y#v = onepage&q = Great%
  20teachers% 3A% 20attracting% 2C% 20training% 20and% 20retaining&f =
  false, 2015 – 3 – 20.

Jing Lin, "Chinese Teachers' Social Status and Authority in the Classroom: A historical perspective" *Mc Gillloumal of Education*, 1993, 28 (2).

John Halsey, "Space, Spatiality and Educational Leadership Formation for Rural Contexts" *Leading & Managing*, 2013, 19 (2).

Marja-Terttu Tryggvason, "Why is Finnish teacher education successful? Some goal Finnish teacher educators have for their teaching" *European Journal of Teacher Education*, 2009 (4).

Ministry of Education in Finland. *Attracting, Developing and Retaining Effective Teachers-Country Background Report for Finland* [EB/OL]. http://www. oecd. org/dataoecd/43/15/5328720. pdf, 2012.

Paulo Santiago. *Teachers Matter: Attracting, Developing and Retaining Effective Teachers* [EB/OL]. http://www. uhr. no/documents/oecd_teachersmatter_Paulo-santiago. pdf, 2015 – 3 – 20.

Richard Ingersoll. *Teacher Turnover and Teacher Shortages: An Organiza-tional Analysis* [EB/OL]. http://depts. washington. edu/ctpmail/PDFs/Turn-over-Ing – 01 – 2001. pdf.

Stina Hacklin, Ritva Kantelinen, Kari Sormunen, Pertti Väisänen. *Country descriptions Induction Country: Finland* [EB/OL]. http://www. minedu. fi/export/sites/default/OPM/Julkaisut/2001/liitteet/opm _ 14 _ opekoeng. pdf? lang = fi, 2013 – 3 – 10.

Varkey GEMS Foundation. 2013 *Global Teacher Status Index* [EB/OL]. http://www. scoop. it/t/learner-driven/p/4008686236/2013/10/03/2013globalteacherstatusindex-pdf, 2015 – 3 – 20.

后　记

　　尽管当前针对农村教师队伍建设的政策陆续颁布且支持力度有持续增强的态势，但"农村教师社会地位"研究在当下仍是一个老且难，并是相对边缘且似乎"无解"的问题。如此现状，就可想象本书推进的难度和创新的限度。然而，鉴于自本科以来之于农村教育与农村教师的情感关注与研究探求，我深切地认为，在社会等级运作模式犹存和城乡社会距离拉大的情境下，"农村教师社会地位"是一个高度凝聚着农村教师队伍建设、农村教育发展走向和社会运行机理的研究问题。为何作出如此判断，主要基于如下两点。

　　一是农村教师作为三重弱势群体（教育是社会发展各项事业中的弱势，农村教育是教育发展事业中的弱势，农村教师是农村教育发展事业中的弱势）集中反映了当前社会之于教育、农村教育和农村教师的基本定位，而这种定位恰恰与我国引以为傲的历史传统以及时下舆论宣传之间存在明显冲突。显然，这种"道理大家都懂"却又长时段存在的冲突或可表明此问题在当代社会情境中处于无解，或可表明社会各界无意于真正解决农村教师队伍建设问题，或是其他。其中的种种推断均衬托出本问题的复杂性与沉重性。二是农村教师作为提升农村教育质量的突破口，是解决农村教育发展中问题的关键环节。换而言之，其社会地位状况不仅反映着农村教师主体的情况，更体现着农村教育发展的实际以及社会推动农村教育发展的执行力、意志力与决心。就实践而言，农村教师社会地位偏低已是社会共识，并伤及农村教育发展，以及最广泛且底限的教育公平。

　　正因如此，本书立意于农村教师社会地位，期以探求"农村教师社会地位由什么决定"这一根本性问题和"农村教师社会地位提升的可能性"这一现实观照问题。以此为核心，分解和细化问题以便最大可能地形成问题系统和接近问题本质。同时，批判性分析与借鉴前人研究成果分别建构了"社会地位""农村教师社会地位"的理论解释模型，也借用和提炼了诸如"生存性资源""道德性资源""稀缺性资源""稀缺性知识"等概念，并用此缕析农村教师社会地位的历史变迁和审视当下境况，进而讨论在当下与未来提升农村教师社会地位的可能性。在论著推进过程中，随着材料的丰富和问题研究的深入，不断调整和修正研究思路和框架，只为寻得问题的本真与有效解释。

　　总体而言，本书有一显一隐的两大努力。显性的努力在于突破传统节点式思维模式，在理论上努力回归"社会地位""农村教师社会地位"的原点，以此为基础来解释农村教师社会地位如何形成与提升限度两大问题。隐性努力在于以人的生存与发展为逻辑起点来分析人类社会秩序建构，分析当下社会结构的形成脉络以及诊断社会秩序"失范"的缘起，期以唤起人们关注在生存性资源紧张、道德性资源式微和个体化过度的三重背景下亟待优化配置生存性资源、扩展道德性资源和彰显个体的公共性。可以说，行文伊始，本书就一方面着重于分析农村教师社会地位问题，另一方面以分析农村教师社会地位为媒介来探讨社会结构性秩序是如何构建，如何安排社会弱势群体，以及未来走向的可能。撰写之余，每每想起若拙作有幸被读者阅览，很想告知：与其索求于本研究之于农村教师社会地位问题的解释，不如品味于本书之于社会地位生成逻辑、社会运作模式与时下社会发展问题的探讨。当然，这一显一隐的两大努力也构成本研究的两大主线而贯穿全书。在研究推进过程中，也力求二者互为印证。

　　拙作能得以完成并出版，得感谢我的恩师——东北师范大学中国农村教育发展研究院邬志辉教授。在拙作的选题、撰写与修改过程中，恩师通过不断追问和引导帮助笔者不断地厘清思路，框定问题域，搭建研究框架，指出创新的可能空间和突破口。尤其"稀缺性知识与农村教师社会地位的互动关系"这一核心观点就是在讨论过程中，恩师提出并对研究思路作了方向性指导。此后拙作的修改，恩师亦抽出宝贵的时间，从语意表达、语句通顺、标点符号到排版格式等方面予以修订校正。同时，感谢师母张培老师一直以来给予的支持与鼓励。

　　还得感谢杨卫安师兄、凡勇昆师兄和李涛师兄在拙作的选题调整、问题聚焦、框架设计和理论选择等方面给予的帮助与建议。感谢北京师范大学袁桂林教授，吉林教育学院张旺教授，东北师范大学秦玉友教授、刘善槐教授、杨兆山教授、于海波教授为拙作撰写提出提炼核心概念、简化研究问题、深化研究方法、压缩研究内容、提升学术理论追求等富有可操作性且建设性的建议。感谢东北师范大学教育学部众多老师给予笔者诸多学术启蒙和引领，感谢大家对学生的抬爱，也特向老师扶掖学术后生的师者风范致敬！

　　拙作的出版意味着一段学术旅程的结束，也意味着新的学术探索之旅的开始。限于社会体验、资料占有量、学术能力等方面的因素，本书难免言有尽而意不达，文有形而神不彰。也正因为此，研究视角较为宏大有余而微观不足，强于抽象而弱于具体，注重理论而忽略实践。确如有学者指出"研究选题很有意义，但读后不解渴"，也有学者指出"合理的农村教师社会地位是什么""与其他职业比较，应有什么社会地位"，更有学者指出"农村教师社会地位能否提高需要关注国家财政和分配体制"，等等。鉴于本书原点式分析，故而难以有效回答诸多具体细微的问题。这既是本书的不足，也是未来需要进一步着力分析的主旨方向。

周兆海

2020 年 12 月